# 船舶动力装置原理

Chuanbo Dongli Zhuangzhi Yuanli

盛晨兴　主编

武汉理工大学出版社
·武　汉·

## 内 容 简 介

全书共七章，主要包括绪论、船舶轴系的组成与设计、船舶推进系统的传动设备、船舶管路系统、船舶推进装置的特性与配合、船舶新能源推进装置、船舶机舱规划与设备布置。

本书内容全面，图文并茂，可作为船舶类、航海类院校的船舶与海洋工程、轮机工程等涉海专业的“船舶动力装置原理”课程的教材，也可作为高等职业技术学院船舶及轮机类专业的教材或教学参考书，还可供船舶航运系统有关工程技术人员、管理人员参考。

**图书在版编目（CIP）数据**

船舶动力装置原理/盛晨兴主编.—武汉：武汉理工大学出版社，2024.9
ISBN 978-7-5629-6987-7

Ⅰ.①船… Ⅱ.①盛… Ⅲ.①船舶机械—动力装置 Ⅳ.①U664.1

中国国家版本馆 CIP 数据核字(2024)第 044055 号

**武汉理工大学本科教材建设专项基金项目**
**项目负责人**：王兆国
**责 任 编 辑**：马首鳌
**责 任 校 对**：雷红娟
**版 式 设 计**：正风图文
**出 版 发 行**：武汉理工大学出版社
**地　　　址**：武汉市洪山区珞狮路 122 号
**邮　　　编**：430070
**网　　　址**：http://www.wutp.com.cn
**经　　　销**：各地新华书店
**印　　　刷**：武汉邮科印务有限公司
**开　　　本**：787×1092　1/16
**印　　　张**：13
**字　　　数**：360 千字
**版　　　次**：2024 年 9 月第 1 版
**印　　　次**：2024 年 9 月第 1 次印刷
**定　　　价**：49.00 元

# 前　言

近二十多年来，我国造船事业取得了很大成就，正由造船大国迈向造船强国，由浅海走向深蓝。随着造船事业的发展，《船舶动力装置原理》教材也应与时俱进，得到完善与修订。本教材此次修改，仍保留原来章节逻辑架构，在内容取舍上，坚持“删繁就简，重在应用”，以讲述船舶动力装置原理为主，兼顾船舶动力装置原理的基本计算以及新技术、新工艺与新设计理念的应用。第一章船舶动力装置绪论，增加了电力推进装置；第二章船舶轴系的组成与设计，增加了传动轴的材料一节；第三章船舶推进系统的传动设备，对船用液力耦合器理论推导作了部分删减，对船用摩擦离合器扭矩的传递作了理论上的推导与计算；第四章船舶管路系统中，燃油、滑油、冷却水等动力系统增加了实例分析；舱底水系统、压载水系统增加了防止船舶对海水污染的设计要求；第五章船舶推进装置的特性与配合中，对某些特殊船舶，如拖网渔船、扫雷艇、工程船等的机桨匹配作了详细的分析；第六章船舶机舱规划与设备布置作了删减，编为第七章；另增加一章船舶新能源推进装置，编为第六章。

本书第1章、第2章由盛晨兴编写，第3章由程国瑞编写，第4章由胡义、盛晨兴编写，第5章由胡义编写，第6章、第7章由徐立编写，全书稿中的插图、表格由程国瑞编排。本书由中国长江航运集团原青山船厂船舶设计公司高级工程师王年生和喻孟军评审。最后由盛晨兴对全书进行整理定稿。

# 目　录

# 第1章　绪　　论

## 1.1　船舶动力装置的含义及组成

### 1.1.1　船舶动力装置的含义

船舶动力装置是保证船舶正常航行、作业、停泊及船员、旅客正常正作和生活所必需的机械设备的综合体。船舶动力装置的主要任务是:主机、副机发出一定功率,产生各种能量,实现能量转化和分配,以利于船舶正常航行和作业。所以,它有船舶"心脏"之称。

船舶的动力装置由木制船桨发展到风帆、蒸汽机、内燃机等,还有与其配套的各类设备,到今天已变得十分复杂、完备、现代化。船舶在向远洋深海发展的过程中,作为船舶的心脏——船舶动力装置,所包含的内涵范围扩大了。例如,远洋货船推进装置就是由内燃机、传动设备、轴系、推进器及为其服务的燃油、滑油、冷却、起动、排气、操纵诸系统组成。为了作业,要装置先进的起吊设备,机舱里就配置船舶电站和各类液压动力泵。为保鲜冷冻冷藏物,就要配置制冷压缩机和速冻装置。为了船舶的安全及防止对海洋的污染,机舱上增设了压载、舱底、消防及防污染设备。

### 1.1.2　船舶动力装置的组成

船舶动力装置主要由船舶推进装置、辅助装置、船舶管路系统、甲板机械和自动化设备等部分组成。

**1. 船舶推进装置**

船舶推进装置是指发出一定功率,经传动设备和轴系带动螺旋桨,推动船舶保证以一定航速前进的设备。它是船舶动力装置中最重要的组成部分,包括:

(1) 主机。主机是指推动船舶航行的动力机械,如柴油机、汽轮机、燃气轮机等。

(2) 传动设备。传动设备的功能是隔开或接通主机传递给传动轴和推进器的功率,同时还可使后者达到减速、转向和减振目的。其设备包括离合器,减速齿轮箱和联轴器等。

(3) 船舶轴系。船舶轴系用来将主机的功率传递给推进器,它包括传动轴、联轴节、轴承和密封件等。

(4) 推进器。推进器是能量转换设备。它是将船舶主机发出的功率转换成船舶推力的设备,主要包括螺旋桨、明轮和喷水推进器等。

现代大多数海洋船舶使用的推进器是螺旋桨,通过其在水中旋转推动水流产生的推力推动船舶运动。如图 1-1 所示为典型的船舶推进装置的示意图。图中示出了主机、传动设备、轴系和螺旋桨的连接情况。主机(2)的转矩通过传动设备(3)和轴系(4)传递到螺旋桨(5),使其在水中转动,能使船舶前进或后退。图中驾驶员在驾驶室,通过车钟与机舱的值班轮机员取得联系或直接遥控主机,改变主机的转速和轴系的转动方向,从而控制船舶前进或后退。

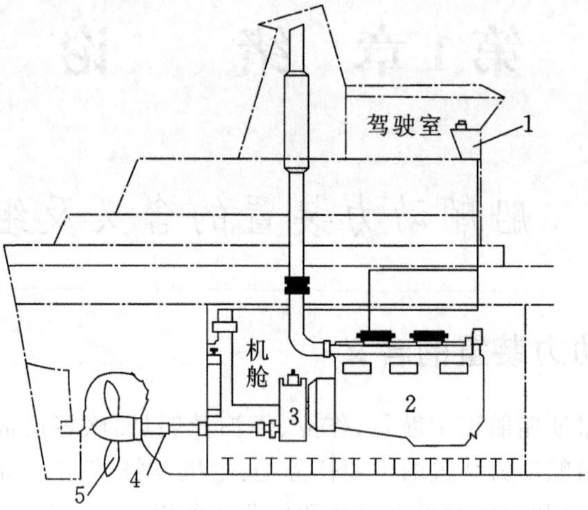


**图 1-1 船舶推进装置示意图**

1—遥控操纵台;2—主机(柴油机);3—传动设备(包括离合器和减速齿轮箱);4—轴系;5—推进器(螺旋桨)

**2. 辅助装置**

辅助装置是用以保证船舶作业,冷冻冷藏,船舶安全及船上船员生活需要的其他各种能量设备。它包括:

(1) 船舶电站。船舶电站的作用是供给各类辅助机械及全船所需要的电能。由发电机组、配电板及其他电气设备组成。

(2) 辅助锅炉装置。在民用船舶上,辅助锅炉装置一般提供低压蒸汽,以满足货船加工作业、燃料加热及其他生活需要。它由辅助锅炉及为其服务的燃油、给水、鼓风、送气及相应的管路阀件等组成。

**3. 船舶管路系统**

船舶管路系统是用来连接各种机械设备并输送相关流体的管系,由各种阀件、管材、泵、滤器、热交换器等组成,它包括:

(1) 动力系统管路。它是为推进装置和辅助机械服务的管路系统,主要包括燃油管路系统、滑油管路系统、海淡水冷却管路系统、蒸汽管路系统、压缩空气管路系统和排气管路系统等。

(2) 船舶系统管路。是为保证船舶平衡稳性、船员生活和安全服务的管路系统。它主要包括压载水管路系统、舱底水系统管路、消防系统、日用海淡水系统、通风系统、空调系统及疏排水系统等。

**4. 甲板机械**

甲板机械是保证船舶航行、作业、停泊、装卸货物所设的机械设备。主要包括舵机、锚机、绞缆机、起货机、电动绞盘及吊艇机等。

**5. 船舶自动化设备**

为改善船员工作条件，减轻劳动强度和工作量，提高工作效率以及减少人为操作错误，船舶机械设备向遥控及自动化方向大力发展，主要包括对主辅机和有关机械设备等的遥控、自动调节、检验、监控和报警等。

在上述船舶动力装置的组成部分中，船舶推进装置是最重要的部分。它影响到整个船舶动力装置的性能，其工作的好坏，又直接涉及到船舶的正常作业和安全，故在进行设计选型和建造工作时要特别注意。船舶推进装置在船上发挥着重要的作用，又必须依赖于船舶动力装置其他各个组成部分的配合，故对其他部分也不能忽视，这样才能保证整个船舶动力装置的正常工作。船舶动力装置的设计是一个系统工程，必须全盘权衡各个方面，才能做好其设计。

## 1.2　船舶动力装置的类型及特点

船舶动力装置中的主机和辅机可以具有不同的型式，但主机的功率比辅机的功率通常要大得多，因此船舶动力装置的类型一般是以主机的结构型式来命名的。船舶主机的作用在于把燃料燃烧所产生的热能转化为机械能，用以推动船舶前进。随着船舶向大型化、快速化和专用化及高速自动化的方向发展，要求动力装置能耗低、单机功率大、寿命长和可靠性好，同时具有较高的推进效率。因此，出现了各种各样的动力装置型式以满足各类船舶的发展需要。目前，常见的有柴油机动力装置、燃气轮机动力装置、汽轮机动力装置、联合动力装置、核动力装置和电力推进装置等。

### 1.2.1　柴油机动力装置

柴油机动力装置具有比较优良的性能，在现代船舶中，不论是在商船、渔船、工程船还是军用舰艇上都得到了极为广泛的应用。目前以柴油机作为主机的船舶占98%以上，柴油机船总功率占造船总功率的90%以上。可见柴油机动力装置占绝对的统治地位。

柴油机动力装置具有如下优点：

(1) 有较高的经济性。柴油机耗油率比蒸汽机、燃气轮机动力装置低得多。高速柴油机耗油率为0.16～0.18 kg/(kW·h)，中速柴油机耗油率为0.125～0.170 kg/(kW·h)，低速柴油机耗油率为0.126～0.14 kg/(kW·h)。一般汽轮机装置耗油率为0.180～0.35 kg/(kW·h)，燃气轮机装置耗油率则更大，为0.24～0.40 kg/(kW·h)。这一优点使柴油机船舶的续航力大大提高。换句话说，柴油机在一定续航力下所需的燃油储备量较少，从而使营运排水量相应增加。

(2) 重量轻。柴油机动力装置中除主机和传动机组外，不需要主锅炉、燃烧器及工质输送管道等，所以，辅助设备和机械相应较少，布置简单，因此单位重量指标较小。

(3) 具有良好的机动性。操作简单、启动方便、正倒车迅速。一般正常启动到全负荷只需10～30 min，紧急时仅需3～10 min。虽然启动比燃气轮机装置差一些，但它不需要像燃气轮机装置那样一套复杂的启动和倒车设备。柴油机动力装置停车只需2～5 min，主机本身停机只要几秒钟即可。

柴油机动力装置存在如下缺点：

(1) 由于柴油机的尺寸和重量按功率比例增长快，因此单机组功率受到一定限制。低速柴油机功率仅达 $4\times10^4$ kW 左右，中速柴油机功率也仅 $2\times10^4$ kW 左右，而高速柴油机仅 $8\times10^3$ kW或更小，这就限制了它在需要大功率的船上使用的可能。因为大功率舰船希望功率有 $3\times10^4$～$5\times10^5$ kW，故柴油机无法胜任。

(2) 柴油机工作时噪声、振动较大。

(3) 中、高速柴油机的运动部件磨损比较严重，高速强载柴油机的整机寿命仅 1000～2000 h。

(4) 柴油机在低转速时稳定性差，因此不能有较小的最低稳定转速，影响船舶的低速航行性能。另外柴油机的超载能力较差，在超负荷 10%运行时，一般只能运行 1 h。

## 1.2.2 汽轮机动力装置

汽轮机动力装置是由锅炉、汽轮机、冷凝器、轴系、管系及其他有关机械设备组成。在这种装置中，燃料的燃烧是在发动机的外部，即在锅炉中进行的。汽轮机动力装置的基本工作原理如图 1-2 所示。

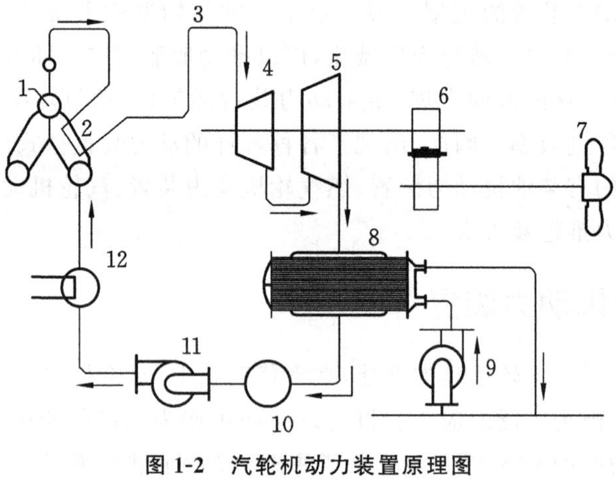


**图 1-2 汽轮机动力装置原理图**

1—锅炉；2—过热器；3—主蒸汽管路；4—高压汽轮机；5—低压汽轮机；6—减速齿轮；7—螺旋桨；8—冷凝器；9—冷却水循环泵；10—凝水泵；11—给水泵；12—给水预热泵

由图中可知，燃料在锅炉(1)的炉膛里燃烧，放出热量，水在水管中吸热，汽化成饱和蒸汽，饱和蒸汽在蒸汽过热器(2)中吸热成为过热蒸汽，过热蒸汽进入高压汽轮机(4)和低压汽轮机(5)膨胀做功，使汽轮机叶轮旋转，再通过减速齿轮(6)带动螺旋桨(7)工作。作过功的乏汽在冷凝器(8)中将热量传给冷却水，同时本身凝结成水，由凝水泵(10)抽出，并经给水泵(11)通过给水预热器(12)打入锅炉中(1)的水鼓中，从而形成一个工作循环。冷凝器的冷却水用循环泵(9)由舷外打入，吸热后又排至舷外。

在大功率船舶动力装置中，汽轮机占有一定优势，统计资料表明，功率小于 $2\times10^4$ kW 的船舶，多采用柴油机动力装置，功率大于 $2\times10^4$ kW 的船舶多采用汽轮机。高速客船和大型集装箱船以及大型油轮多采用汽轮机动力装置。

汽轮机动力装置具有如下优点：

(1) 由于汽轮机工作过程的连续性有利于采用高转速工作轮，所以单机功率比活塞式发动机功率大。现代舰船用汽轮机的单机组功率已达 $25\times10^4$ kW 以上，若不受推进器尺寸和制造的影响，如陆用电站汽轮机一样可做成 $60\times10^4\sim100\times10^4$ kW 的巨型动力装置。正由于此，主机本身的单位重量尺寸指标优越。

(2) 汽轮机叶轮转速稳定，无周期性扰动力，因此机组振动小、噪声小。

(3) 摩擦部件少，工作可靠性高，使用期限可高达 $10^5$ h 以上。

(4) 可使用劣质燃料油，滑油消耗率也很低，仅 0.1～0.5 g/(kW·h)，而柴油机的滑油消耗率为 3～10 g/(kW·h)。

汽轮机动力装置存在以下缺点：

(1) 装置的总重量及尺寸大。因为它配置了主锅炉，以及为其服务的辅助机械和设备，占去了船体许多营运排水量。

(2) 燃油消耗大，装置效率低，额定经济性仅为柴油机的 1/2～2/3；在部分工况下运行，甚至为仅为柴油机的 1/3～2/5；在相同燃料储备下续航力减少。

(3) 机动性差，启动前准备时间约为 30～40 min；紧急情况下，也需要 15～20 min；在舰艇上为保证能立即起锚要求，在暖机状态下停泊，从而增加了燃料的消耗。另外从一种工况变到另一种工况的过渡时间比柴油机装置要长 2～3 倍。

### 1.2.3 燃气轮机动力装置

燃气轮机是近几十年发展起来的一种新型发动机，它的基本工作原理与汽轮机大致相似，只是在做功的方面有所不同。汽轮机中使用的燃料是在锅炉内部燃烧，使锅炉中的水加热产生蒸汽，推动叶轮做功；而燃气轮机则利用燃料在燃烧室内燃烧，所产生的燃气推动叶轮做功。如图 1-3 所示是燃气轮机动力装置的基本工作原理图。一般由三部分组成：

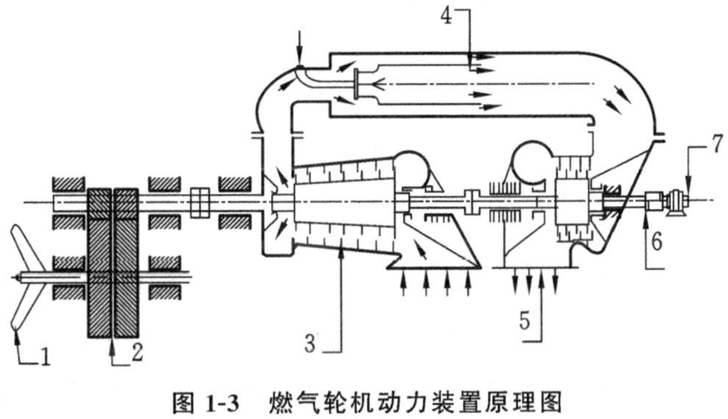


**图 1-3　燃气轮机动力装置原理图**

1—螺旋桨；2—减速齿轮装置；3—压气机；4—燃烧室；5—燃气涡轮；6—联轴器；7—启动电动机

(1) 压气机。压气机用来压缩进入燃烧室的空气。

(2) 燃烧室。燃料在其中燃烧成燃气。

(3) 燃气轮机。它将燃气的热能转变为转动轴系和螺旋桨的机械功。

如图 1-3 所示，供燃料燃烧的空气首先进入压气机(3)，经压缩后温度升高到 100～200 ℃左右，然后再送到燃烧室(4)(燃气发生器)中去；与此同时，燃料油通过喷油嘴喷入燃烧室，与高温高压的空气混合后即点火燃烧，这时温度可高达 2000 ℃左右。高温高压的燃气进入燃气涡轮(5),在叶片槽道内膨胀,将其动能转换为机械功,使燃气轮机旋转,驱动压气机(3),随后通过减速齿轮(2)带动螺旋桨(1)工作。装置的启动是利用电动机(7)进行的,电动机通过联轴器(6)与燃气轮机连接。

燃气轮机动力装置能够较好地满足近代舰艇对动力装置提出的高速、高机动性和极低的单位重量技术要求,故在军用舰艇中较常使用。

燃气轮机动力装置有如下优点:

(1) 单位功率的重量、尺寸极小。加速用燃气轮机动力装置的单位重量可达 0.65～1.3 kg/kW,全工况用燃气轮机动力装置的单位重量为 2～4 kg/kW。机组功率也较大,复杂线路的燃气轮机动力装置机组功率可达 $6\times10^4$ kW(指中间有冷却、加热、回热装置)。

(2) 良好的机动性。从冷起动到全负荷时间,一般为 1～2 min,大功率复杂线路的燃气轮机装置启动也只需要 3～5 min。

(3) 燃料消耗率比柴油机高,一般达到 200～390 g/(kW·h)。

燃气轮机装置有以下缺点:

(1) 主机没有反转性能,必须设置专门的倒车设备。

(2) 必须借助于启动电机或其他启动机械启动。

(3) 由于燃气高温,燃气轮机的叶片材料用的合金钢,材质昂贵,工作可靠性较差,寿命短,寿命仅 500～1000 h。

(4) 由于燃气轮机工作时耗气量很大,一般为 16～23 kg/(kW·h),因此进排气管道尺寸较大,机舱内布置困难,甲板上有较大的管道切口通过,影响船体强度。

### 1.2.4 联合动力装置

军用舰艇为提高战斗力要求,应尽可能提高航速和机动能力。舰艇在全速航行时要求动力装置全功率运行,但它在舰艇总航行时间中所占比例极小,一般不超过 1%。为此它要占用足够的排水量来安置全功率的机械设备重量。而常规舰艇的巡航时间极长,要求有良好的经济性以提高续航力。为解决全速航行时的大功率和巡航时的经济性,就出现了用两种发动机联合工作的联合动力装置。目前有三种联合动力装置:汽轮机＋加速燃气轮机(COSOG 或 SOSAG)、柴油机＋加速燃气轮机(CODOG 或 CODAG)、燃气轮机＋加速燃气轮机(COGAG 或 COGOG)。

(1) 汽轮机动力装置带加速燃气轮机动力装置的特点:汽轮机与燃气轮机装置联合后,积两者之长,能适用于功率较大的轻型舰艇,其经济及重量尺寸指标最为有利。

(2) 柴油机与燃气轮机装置联合的特点:这类装置中,柴油机作巡航动力时,与燃气轮机两者都通过离合器与主减速器相连,采用倒顺离合器或调距桨实现倒车。这类装置常被小型舰艇使用,它的常用功率一般小于全功率的 50%。

(3) 全工况燃气轮机装置带加速燃气轮机装置的特点:此种装置中,巡航燃气轮机装置可以采用带中间冷却器及回热的开式燃气轮机,燃料消耗和重量尺寸都可减少。

联合动力装置的优点是:

(1) 重量尺寸小,舰艇在一定排水量下可提高航速或增加配置功率。

(2) 操纵方便,备车迅速,紧急情况下可将燃气轮机立即启动,用调距桨或倒顺离合器实现倒车。

(3) 自巡航速度到全速工况加速迅速,可立即发出全功率。

(4) 两个机组共同使用一个减速器,具有多机组并车的可靠性。

(5) 管理与检修费较低。

由于两种机型联合,因此有下列不足之处:

(1) 必须配备适用不同机种的燃料及相应的管路和燃料储存设备,不同类燃料的储存比例会影响舰艇战术性能。

(2) 共同使用一个主减速器,小齿轮数目多,结构复杂。

(3) 在减速器周围布置两种不同类型机组占用较大空间,布置相对困难。

### 1.2.5　核动力装置

核动力装置是以原子核的裂变反应所产生的巨大热能,通过工质(蒸汽或燃气)推动汽轮机或燃气轮机工作的一种装置。现有的核动力船舶,几乎全部采用压力水型的反应堆。

如图 1-4 所示为船用压力水型核反应堆原理图。

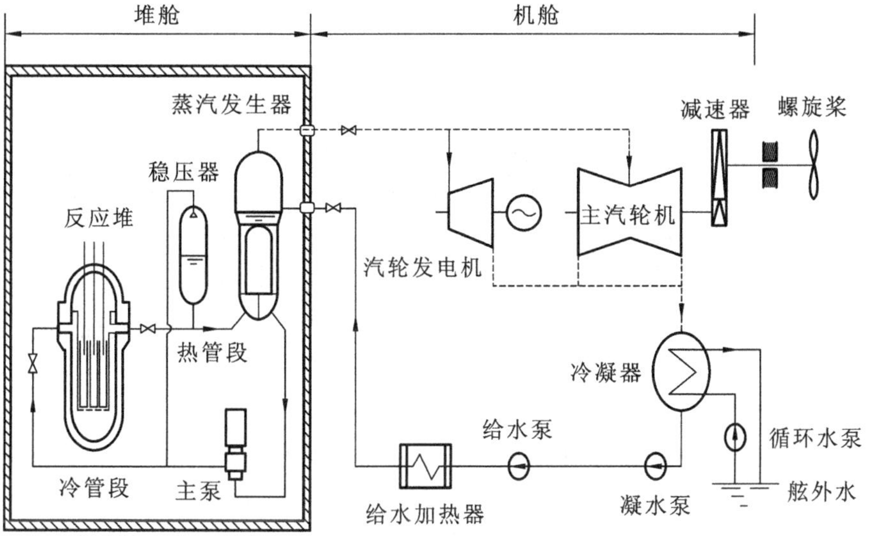


**图 1-4　船用压力水型核反应堆原理图**

它的工作原理是:

第一回路中,主泵将高压冷却剂(压水堆以加压的未发生沸腾的轻水(即普通水)作为反应堆的慢化剂和冷却剂)送入反应堆,一般冷却剂保持在 120～160 atm(现在的压力可达 147～196 atm)。在高压情况下,冷却剂的温度即使达到 300 ℃也不会汽化。冷却剂把核燃料放出的热能带出反应堆,进入蒸汽发生器,通过蒸汽发生器中数以千计的传热管,把热量传给管外的第二回路中的水,使水沸腾产生蒸汽,然后再通过主泵将高压冷却剂送回反应堆。这样就形成了一个具有放射性的密闭的循环回路。

第二回路中,从蒸汽发生器出来的高温高压蒸汽,推动汽轮机做工。做过功的废汽在冷凝器中凝结成水,再由凝结给水泵送入加热器,重新加热后送回蒸汽发生器。

第三回路中,冷凝器中用循环泵抽来的舷外水作冷却剂,冷却后又排回到舷外。这也是为什么核电站都要建在有水的地方的原因。

如图 1-5 所示为核动力装置在某船舶机舱内的安装示意图。

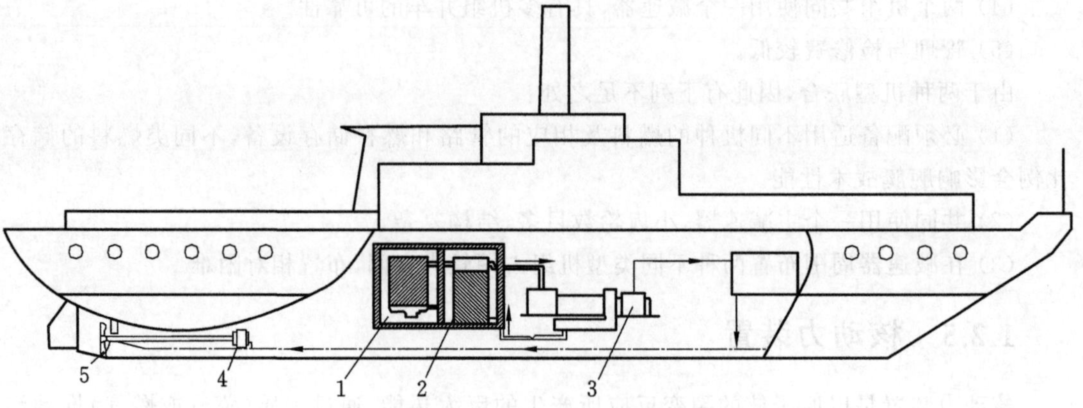


**图 1-5　核动力装置示意图**

1—原子反应堆；2—热交换器；3—发电机组；4—推进电机组；5—螺旋桨

核动力装置的优点是：

（1）核动力装置只需要极少量的核燃料就释放出巨大的能量，保证船舶以较高的航速航行极远的距离，如 $1.1\times10^4$ kW 核动力装置工作一昼夜仅消耗核燃料 15～18 g。

（2）核动力装置在限定舱室空间内能供给的能量比其他型式的动力装置要大得多。

（3）核动力装置的最大特点是不消耗空气而获得热能，这就不需要进、排气装置，这对潜艇具有重大意义，这也是潜艇广泛使用核动力装置的主要原因之一。它可以大大提高潜艇的战斗力，使它能长期隐蔽在深水中，不易被敌人发现。同样，此特点对水面舰艇也有较大意义，因不需要进排气口，没有烟囱，减少甲板开口，从而在核战争中降低进入放射性杂质的危险性，易于进行核防御，而且能减少敌人观察器材和热反应器材的发现，以及降低被红外线制导武器命中的概率。

核动力装置存在以下缺点：

（1）核动力装置的质量和体积较大。因为核燃料分裂反应释放出大量的放射性物质，对人体有严重的杀伤作用且污染海洋环境，为了阻止放射性物质逃离反应堆外，核反应堆容器要加装数层屏蔽系统。这些屏蔽系统具有很大的质量和体积，使得装置的质量显著增加。如 $5\times10^4$ t 以上的核动力舰艇的单位功率重量达 34～37 kg/kW，其中屏蔽系统重量占整个动力装置的 30%以上。

（2）操纵管理检查系统比较复杂。在防护层内的机械设备必须远距离操纵，而且在核动力船舶上还必须配置独立的其他形式能源，来供给核反应堆启动时的辅助设备和反应堆停止工作后冷却反应堆的设备所需的能量，这就增加了动力装置的复杂性。另外，在核动力船舶上还必须设有专门的机器和设备，用来装卸核燃料和排除反应堆中载有放射性的核废料。

（3）核动力装置造价昂贵。核反应堆活性区的材料都是价格昂贵的稀有高温合金（镉合金、铍合金、硼钢等）。据统计，建造一个核潜艇反应堆比建造同样排水量潜艇的柴油机电推装置造价要高 10 倍。另一方面，核燃料也非常昂贵，尤其浓缩铀，浓缩度越高价格越贵。如核动力潜艇反应堆加满一次核燃料（约用 2～2.5 年），要比一般常规动力潜水艇在同一时间内所需的燃料费用高 10 倍左右。

目前，核动力装置主要用在军用舰艇或破冰舰船上，在民用船舶上进展不大。

### 1.2.6 电力推进装置

电力推进装置主要是由电源系统、配电系统、电动机螺旋桨推进系统、控制系统组成。

**1. 电源系统**

(1) 电源系统由3～6套柴油发电机组成，其总功率根据推进、侧推及船上其他耗电总要求而定。

(2) 柴油机应选用中高速柴油机。

(3) 如发电机为交流发电机，则输出电压可采用高压。一般机组功率在3000 kW以下者可采用600 V，而在3000 kW以上则应采用6.6 kV。

(4) 尽可能使所配的柴油发电机组为同一型号、同一规格。

**2. 电动机螺旋桨推进系统**

(1) 螺旋桨数量如表1-1所示。

**表1-1 螺旋桨数量**

| 型式及数量 | 适用船舶 |
|---|---|
| 双电动机配双桨 | 旅游客船、车辆渡船、破冰船、调研船等 |
| 双电机(并车)配单桨 | 电缆敷设船等 |
| 单电动机配单桨 | 油船、化学品船、研究船等 |

(2) 螺旋桨型式如表1-2所示。

**表1-2 螺旋桨型式**

| 螺旋桨型式 | 对推进电动机要求 | 使用情况 |
|---|---|---|
| 常规定距桨 | 电动机需调速 | 使用最多，仅需电动机调速 |
| 常规调距桨 | 电动机不需调速 | 使用较少，机械部件多 |
| 全回转螺旋桨 | / | 操纵性要求高的船舶 |

(3) 推进电动机。从转速要求考虑，电动机调速形式与螺旋桨有关，如表1-2所列。对定距桨，电动机调速范围可从零到额定转速，而额定转速则与螺旋桨直径有关，调速方式有变频调速、变极调速、变阻调速等；对调距桨，电动机为定速，在大多数情况下只设一个速度。

**3. 典型电力推进装置**

螺旋桨由推进电动机带动，如图1-6所示，这是最常用的电力推进方式。主发电机除供电给推进电动机外，有时还把多余部分电能供给船舶电网。

**4. 柴油机电力推进装置的优缺点**

优点：

(1) 原动机(柴油机)与螺旋桨之间为软连接，机舱可设在船舶任意位置，有利于船舶总体布置，也便于建造和营运管理。

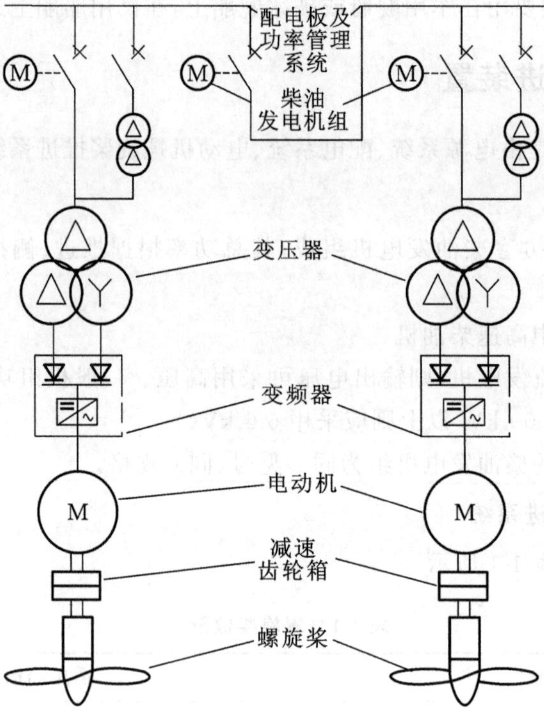


**图 1-6 典型电力推进装置的推进形式**

(2) 推进电动机设在船尾部,轴系长度减小,不需要尾轴隧,提高了船舶舱室的水密性,便于轴系安装,这些都可加快船舶的建造速度。

(3) 可采用中、高速柴油机,以减小体积和重量,同时柴油机无需倒车反向,可平滑、均匀、大范围地调节螺旋桨的转速。

(4) 螺旋桨与柴油机无机械连接,推进电动机的机械特性能承受螺旋桨受波浪或冰块的冲击,甚至能承受短时堵转,这一点对于破冰船等具有十分重要的意义。

(5) 电力推进装置易于实现驾驶室遥控和机舱自动化。由于电动机操纵灵活机动,可无级调速、快速逆转,故船舶机动性好。同时,在推进用功率需求较少时,可把多余电能输送给船舶电网,用于冷藏及船舶其他用电设备。

缺点:

(1) 能量经过两次转换,即机械能到电能,再由电能到机械能,因而比柴油机直接传动螺旋桨推进效率低。在柴油机与螺旋桨之间,增加了电气设备,如发电机、变压器、变频器和电动机等,加大了功率传输的损耗。

(2) 由于增加了电气设备,如发电机、变压器、变频器和电动机等,故整个动力装置的质量增加了,船舶建造初期投资费用增加。

(3) 对轮机管理人员技术水平要求较高,需配备熟练的电气技术人员。

综上所述:由于柴油机动力装置具有热效率高、重量相对轻且设备简单的优点,目前在民用船舶中占主导地位,故本书着重研究和介绍船舶柴油机动力装置的有关内容。

# 1.3 船舶动力装置的基本特性指标

各种船舶的动力装置虽存在着类型、传动方式及航区等差异，但对某些基本特性指标却有着共同的要求。动力装置的特性指标是指技术指标、经济指标和性能指标。这些指标是我们对设备进行选型、设计和判断性能好坏的重要依据。

## 1.3.1 技术指标

技术指标是标志船舶动力装置的技术性能和结构特征的参数。它主要指下列几个指标：

**1. 功率指标**

它表示船舶做功的能力。为了保证船舶具有一定的航行速度，就要求船舶的推进装置提供足够的功率。而船舶动力装置的功率是按船舶的最大航速和阻力来确定的。随着船舶在海洋上航行作业时间的延长，船体水线以下的附生物会增多，使船舶附体阻力增加，因而航速降低。为了保持船舶的航速，所以船舶动力装置的功率往往取大一些(一般大10%)。在船舶以一定的航速前进时，螺旋桨产生的推力必须克服船体对水和风的阻力，这些阻力取决于船舶的线型、尺度、航行速度，以及风浪大小和航道深浅等。

(1) 船舶有效功率：如已知船舶的航行速度为$V_s$(m/s)时，其运动阻力为$R$(N)，则推进船舶所需的有效功率：

$$P_e = R \cdot V_s \times 10^{-3} \tag{1-3-1}$$

式中，$P_e$常称为拖曳功率，可以从船模或者实船试验测出；阻力$R$相当于以速度$V_s$拖动船模(或实船)时拉索上的拖曳力。

(2) 主机的输出功率：即主机的制动功率或供给功率。考虑推进效率$\eta_d$(包括船身效率$\eta_h$、螺旋桨相对旋转效率$\eta_r$和螺旋桨敞水效率$\eta_0$)和轴系传动效率$\eta_s$后，则主机的输出功率$P_b$：

$$P_b = \frac{R \cdot V_s}{\eta_s \eta_d} \times 10^{-3} \tag{1-3-2}$$

在进行新船设计时，若要确定推进船舶的有效功率，若已知母型船的排水量、功率及航速等技术参数，一般可采用“海军系数法”进行估算：

$$P_e = \frac{\Delta^{\frac{2}{3}} \cdot V_s^3}{C} \tag{1-3-3}$$

式中，$\Delta$为船舶排水量(t)；$V_s$为船舶航速(kn)；$C$为海军系数，与船型有关，根据弗劳德数($F_r$)相同的母型船来估算。若已知母型船的航速$V_0$，排水量$\Delta_0$和功率$P_{e0}$，则有：

$$C = \frac{\Delta_0^{\frac{2}{3}} \cdot V_0^3}{P_{e0}} \tag{1-3-4}$$

(3) 相对功率：对于排水量相同的船舶，由于其性质不同，任务不同，船舶动力装置所要求的功率相差很大，为便于比较，通常用相对功率来表示。所谓相对功率，就是对应于推进船舶每吨排水量所需的主机有效功率，即相对功率 $P_r$：

$$P_r=\frac{P_b}{\Delta} \tag{1-3-5}$$

式中，$P_b=\frac{\Delta^{\frac{2}{3}}\cdot V_s^3}{C_2}$，$C_2=C\cdot\eta_d$，$\eta_d$ 为推进效率，$\eta_d=\frac{P_e}{P_b}$，式 1-3-5 可以改为：

$$P_r=\frac{P_b}{\Delta}=\frac{\Delta^{\frac{2}{3}}\cdot V_s^3}{C_2\cdot\Delta}=\frac{V_s^3}{C_2\cdot\Delta^{\frac{1}{3}}} \tag{1-3-6}$$

由此可见，相对功率 $P_r$ 与船速 $V_s$ 的三次方成正比，与排水量 $\Delta$ 的立方根成反比，速度越高，船舶所需要的功率越大。

**2. 重量指标**

重量指标通常是相对于主机功率或者船舶的排水量而言。在一定的排水量下，为了保证船舶具有足够的载重量，要求船舶动力装置设备的重量越轻越好。装置的重量指标常采用以下几项比值系数表示：

(1) 主机的单位重量 $g_z$，指主机单位有效功率的重量，表达式为：

$$g_z=\frac{G_z}{P_b} \tag{1-3-7}$$

式中，$G_z$ 为主机重量(kg)；$P_b$ 为主机的有效功率(kW)。

(2) 装置的单位重量 $g_\varepsilon$，指主机单位有效功率所需动力装置的重量

$$g_\varepsilon=\frac{G_\varepsilon}{P_b} \tag{1-3-8}$$

式中，$G_\varepsilon$ 为动力装置的总重量(kg)，包括主机辅机、管路、轴系、制冷装置、电站及锅炉等。

动力装置重量有三个不同的内涵，即动力装置干重(代表所有的机器设备和管系的重量，不包括内部的工质和消耗品及其存储量)，湿重(包括内部的工质和消耗品重量，但不包括消耗品存储量)和总重(包括上述全部重量)，一般计算时用湿重。

(3) 主机的相对重量 $g_{zr}$，指主机重量 $G_z$ 与船舶满载排水量 $\Delta$ 之比，即：

$$g_{zr}=\frac{G_z}{\Delta} \tag{1-3-9}$$

式中，$\Delta$ 为船舶满载排水量(t)。

(4) 装置的相对重量 $g_{\varepsilon r}$，指动力装置重量 $G_\varepsilon$ 与船舶满载排水量，即：

$$g_{\varepsilon r}=\frac{G_\varepsilon}{\Delta} \tag{1-3-10}$$

对于装置本身而言，其单位重量 $g_{\varepsilon r}$ 越小，表示该装置越轻，所消耗的船用金属材料愈少。但考虑船舶种类不同，装置重量对船舶整体的影响往往还要考虑相对重量，即 $g_{zr}$ 和 $g_{\varepsilon r}$ 这两个因素。

**3. 尺寸指标**

动力装置的机械设备绝大多数集中布置在机舱内，机舱的大小应该能够把这些机械设备合理地安排在舱内，并便于维修保养管理。从这点出发机舱应宽敞些为好，但从增加船舶有效装载容积方面考虑，又要求机舱小些为好。对于不同类型的船舶，对机舱尺寸要求也不统一，为了表征机舱的面积和容积利用率情况，特引用面积饱和度和容积饱和度两个概念。

（1）面积饱和度 $K_S$，每平方米机舱面积所分配的主机有效功率，用公式表示为：

$$K_s=\frac{P_b}{S} \tag{1-3-11}$$

式中，$S$ 为机舱所占的面积（$m^2$）。

（2）容积饱和度 $K_V$，每立方米机舱容积所分配的主机有效功率，用公式表示为：

$$K_V=\frac{P_b}{V} \tag{1-3-12}$$

式中，$V$ 为机舱所占的容积（$m^3$）。

$K_s$ 和 $K_V$ 大，表示机舱内机械设备布置得紧凑，机舱利用率高，这是在保证动力装置的机械设备正常工作、方便维修的条件下应该努力做到的。不同类型的船舶，其指标是有差别的。

## 1.3.2　经济指标

动力装置的经济指标，常用以下三个指标表示。

（1）主机燃料消耗率 $b_z$，指在单位时间内主机单位有效功率所消耗的燃料量，即：

$$b_z=\frac{B_z}{P_b} \tag{1-3-13}$$

式中，$B_z$ 为主机每小时燃料消耗量（kg/h）；$P_b$ 为主机有效功率（kW）。

（2）船舶动力装置燃料消耗率 $b_\varepsilon$

$$b_\varepsilon=\frac{B_\varepsilon}{P_b} \tag{1-3-14}$$

式中，$B_\varepsilon$ 为主机、辅机、锅炉每小时燃料总消耗量（kg/h）；$P_b$ 为主机有效功率（kW）。

（3）推进装置的有效热效率 $\eta_e$，指推进装置的有效功的热和所消耗的热之比，用公式表示为：

$$\eta_e=\frac{3600P_e}{B_\varepsilon \cdot H_u} \tag{1-3-15}$$

式中，$H_u$ 为燃料低热值（4.18 kJ/kg）；$\eta_s$ 为轴系传动效率；$\eta_0$ 为螺旋桨敞水效率；$\eta_r$ 为螺旋桨相对旋转效率；$\eta_h$ 为船身效率；$\eta_e$ 为推进船舶的有效热效率；$P_e$ 为推进船舶的有效功率（kW）。计算公式如下：

$$P_e=P_b \cdot \eta_S \cdot \eta_0 \cdot \eta_r \cdot \eta_h \tag{1-3-16}$$

从上公式分析看出，提高推进装置的有效热效率 $\eta_e$ 的方法之一是降低 $B_\varepsilon$，由于 $B_z$ 在 $B_\varepsilon$ 中占有很大比例，因此选择耗油率低的发动机作为主机。研究船、机、桨工况配合以减少 $B_Z$ 耗量，也是船舶动力装置设计的热点。

（4）每海里航程的燃料消耗量 $b_n$，指船舶航行 1 海里，装置所消耗的燃料量，即：

$$b_n=\frac{B_\varepsilon}{V_s}=\frac{B_\varepsilon \cdot t}{V_s \cdot t} \tag{1-3-17}$$

$$b_n=\frac{b_z \cdot P_b}{V_s}+\frac{B_f+B_g}{V_s} \tag{1-3-18}$$

式中，$V_s$ 为船舶航速（kn）；$t$ 为航行时间（h）。

一般，$B_f$ 和 $B_g$ 与航速无关。主机每海里消耗的燃料量为

$$b_{nz}=\frac{b_z \cdot P_b}{V_s}=\frac{B_z}{V_s} \tag{1-3-19}$$

又因为

$$P_b=\frac{\Delta^{\frac{2}{3}} \cdot V_s^3}{C_2} \tag{1-3-20}$$

所以

$$b_{nz}=\frac{b_z \cdot \Delta^{\frac{2}{3}} \cdot V_{sb}^3}{V_s \cdot C_2}=\frac{\Delta^{\frac{2}{3}}}{C_2} \cdot b_z \cdot V_s^2 \tag{1-3-21}$$

可见 $b_{nz}$ 既与 $b_z$ 有关，还与 $V_s$ 有关，这项经济指标与船舶营运管理水平和轮机管理水平密切相关。

如图 1-7 所示为燃料消耗率和每海里航程燃料消耗量随航速而变化的关系曲线。当船舶处于慢速航行时，虽然 $b_z$ 会有所增加，但 $b_n$ 因航速的降低仍将下降。图中 $b_n$ 的最小值所对应的航速常称为经济航速。这里的经济航速，并非船舶最大的盈利航速，欲获得船舶最大的盈利航速，还需考虑船舶的折旧费、货物的周转量、运输成本及利润等因素。不同的航区和航种都有其相应的最大盈利航速，这需要通过调研、统计及综合分析加以确定。

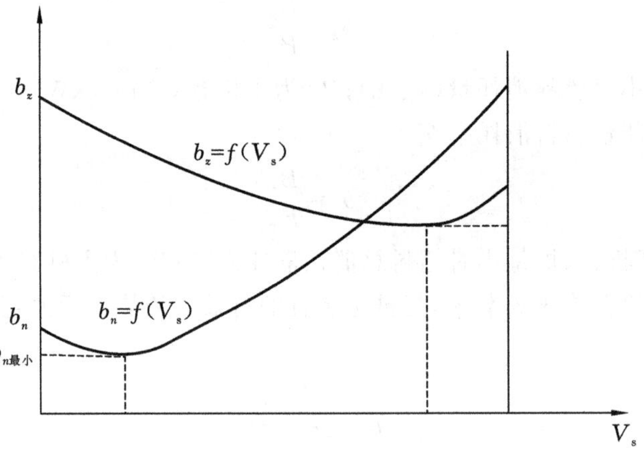


**图 1-7　$b_z$ 和 $b_n$ 随 $V_s$ 变化特性线**

(5) 节能投资的经济标准。为了评定船舶某项节能措施在经济上是否可行，必须有一个经济标准，符合标准的节能措施就采用，否则就不用；在多方案比较中，经济性最优的就采用，差的就不用。这样可以避免投资的盲目性，使所采用的节能措施技术上可行，经济上也合理。评价节能措施的经济性主要看投资回收期 $n_1$，现仅将 $n_1$ 的计算方法介绍如下：

$$n_1=\frac{\lg \frac{A}{A-iP}}{\lg (1+i)} \tag{1-3-22}$$

式中，$P$ 为节能措施的投资额，它等于所用节能设备的成本、运费、安装费、税款等；$A$ 为节能增加的年收益；$i$ 为贷款年息。

一般回收期 $n_1$ 越小越好，在我国技术改造项目投资回收期一般为 3～5 年。

### 1.3.3 性能指标

性能指标是船舶进行动力装置设计选型的重要依据，也是反映装置好坏及特点的重要指标。它主要包括：船舶动力装置的可靠性、机动性、使用寿命、振动噪声以及机舱自动化程度等。下面分别加以说明：

（1）可靠性。可用船舶动力装置在使用阶段的故障发生率和因此而发生的停航时间来考核，并常以主、辅机修理间隔期作为衡量依据，故要求其主要零部件及易损件的使用寿命较长。例如发动机活塞组在大修前的使用寿命应为：

| | |
|---|---|
| 低速柴油机 | 40 000～80 000 h |
| 中速柴油机 | 8000～12 000 h |
| 高速柴油机 | 3000～5000 h |

（2）机动性。指船舶动力装置中的各种机器设备改变工况时的工作性能。

在发动机准备启动阶段，有关辅机及其系统应处于工作状态。给发动机注油、盘车和暖机等，所需时间为 2～10 min。一般希望此时间短一些为好。

对于柴油机主机，工作的机动性、灵敏性尤为重要。要求其曲轴在任何位置，环境温度在 8～10 ℃时，能迅速而可靠地启动。从冷态启动到全负荷状态下运行，应不超过10 min，在应急情况下不应超过 4 min。为改善主机的灵敏度，往往采用预热滑油的办法来降低零件的热应力及减少启动时的摩阻力。

迅速而可靠地倒车对船舶动力装置也十分重要。由于传动方式的不同，在倒车时所需的时间也是有差别的，以下数据可供选型时参考：

| | |
|---|---|
| 直接传动所需时间 | 8～10 s |
| 间接传动所需时间 | 3～8 s |
| 可调桨传动所需时间 | 2～5 s |

为了保证船舶低速航行，要求发动机在最低转速下能较长时间可靠而经济地运行。一般发动机的最低稳定转速是全速的 30％～40％，要求柴油机的停车时间约为 2～5 min，在紧急情况下应缩短时间。

（3）振动和噪声的控制。轴系的扭振许用应力不得超过许用的范围，否则将导致断轴，使柴油机的正常工作遭到破坏，故必须对它进行控制或回避，一般可从轴系结构设计或加装弹性联轴器等方式入手，使扭振的附加应力不超过规范规定的范围。一旦扭振许用应力超过正常值时，则应在其共振转速附近设“转速禁区”，在此禁区内，机器不应持续运转，且应避开一定的转速范围，具体要求可参考规范有关规定。

船动力装置的噪声会严重地影响轮机人员的健康，如损害轮机人员的听力或诱发其他疾病。为此船舶噪声标准中，对机舱区的噪声做出如下规定：

| | |
|---|---|
| 无控制室机舱主机操纵处 | ⩽90 dB |
| 无人机舱或有控制室机舱 | ⩽110 dB |
| 机舱控制室 | ⩽75 dB |
| 工作间 | ⩽85 dB |

（4）主机遥控和机舱自动化。这两者是改善船员劳动条件和提高船舶生产能力的重要措施，也是衡量一艘船舶现代化程度的标志，在船舶进行动力装置设计选型时也应注意。

(5) 动力性能和配合性能。指柴油机动力的发挥和利用情况及与螺旋桨的配合性能。一般应使柴油机的功率得到充分发挥,并与所驱动的螺旋桨匹配得当,既不能供大于求,也不可求大于供。对拖网渔船,在作业时既要有足够的拖力,而自航时又要有较高的航速。

## 1.4 对船舶动力装置的要求

对船舶动力装置一般有如下的要求。

(1) 机电设备安全可靠

动力装置是船舶的"心脏",是船舶活动能力的来源。如果机电设备发生故障,船舶将会失去活动能力和作业能力,严重影响船员和旅客的工作、生活以及船舶的安全,并将造成严重的经济损失,所以船舶动力装置安全可靠是极为重要的。对船舶推进装置而言,要求能长期安全地运行。船用机电设备必须符合有关安全规定,必须经过严格的质量检查。

(2) 提高船舶动力装置经济效益

船舶运量越多,消耗越少,其经济效益高。因此,要求船舶动力装置无论在设计、建造和使用管理上都要着眼于提高经济效率。一般从以下几个方面加以研究。

第一,降低燃料消耗。船舶动力装置的燃料油费用一般约占船舶总开支的30%～40%,故降低燃料费用对提高船舶动力装置的经济效益有着重要意义。为此,在动力装置方面,采用热效率较高的发动机和高效率的推进装置,可使耗油率降低。油耗降低,不但在节省燃料开支方面带来显著好处,而且在同样的航程及工作时间内,可以减少所携带的燃料重量和相应装载燃料的空间,从而增加载货吨位,提高船舶生产工作能力,降低营运成本。由于科学技术的进步,国内外节能型发动机不断出现,故在船舶动力装置选型时应优先考虑。

第二,采用廉价燃料。重油比轻柴油价格便宜,燃料油价格更便宜。在保证发动机正常运转的情况下,应尽量采用以重油或燃料油代替轻柴油的措施,这对降低运营成本是大有收益的。

第三,废热利用。燃料油在柴油机气缸中燃烧所产生的热量,一部分转变为有用的机械功,另一部分由冷却水带走和由机体表面散发至大气,还有一部分被排出的废气所带走。这三者约各占燃料总热量的三分之一。为了提高船舶动力装置的热效率,降低燃料消耗,往往从柴油机排出的废气及冷却水中回收部分热量,加以利用。如有的船在排气系统中安装废气锅炉,用废气热能加热锅炉中的水使其成为蒸汽,再用蒸汽加热燃料油、滑油及供生活之需。还有的船利用柴油机排出的冷却水热量淡化海水,供船上生活淡水的需要。总之,利用废热是提高船舶动力装置热效率的重要途径,是船舶节能的重大步骤,目前已得到航运业界、科研、设计院所的重视和应用。

(3) 具有一定的续航力

续航力是指船舶不需要到基地或者港口去补充任何一种物质(如燃油、滑油、淡水、食品及备件等)所能航行的最长时间或最大距离。这与船舶动力装置的经济性、每海里航程燃料消耗及其他物质储备等有关。所以在设计船舶动力装置时,必须满足船舶续航力的要求。续航力是根据船舶的用途及航区提出来的。

(4) 具有良好的操纵性

所谓具有良好的操纵性，就是要求船舶动力装置起动迅速，主机在较短的时间内从起动工况达到全速工况并能保持稳定运行，同时使船舶具有迅速改变航速和航向的能力。船舶的倒航和回转性能也是很重要的，因此要求船舶动力装置应具有足够的倒车功率，以保证在任何情况下能控制船舶。船舶规范规定，船舶上可直接倒转的主机，其倒车功率一般应不小于额定功率的70%。

(5) 主、辅机选型合理

主、辅机的技术、经济和性能指标既要有一定的先进性，又必须从现实条件出发，并且应主要立足于国内。主、辅机之间的配套应合理，避免大马拉小车或供不应求的现象。

(6) 其他方面的要求

包括：

1) 在不同工况下机桨的配合要得当。

2) 具有相应的主机遥控和机舱自动化的设施。大型船应采用集控机舱或无人机舱，中型船也要向集控机舱过渡，小型船则可因地制宜地实行主机和舵机的遥控。

3) 船舶的建造成本要低。

4) 重量宜轻，结构尺寸要紧凑，机舱的面积和容积饱和度要合理。

5) 检测与维修保养管理应方便。

6) 所选用的各种机械设备应满足各类船舶建造规范的要求。

# 第2章 船舶轴系的组成与设计

## 2.1 概 述

### 2.1.1 船舶轴系的任务、含义及组成

船舶轴系是船舶动力装置的基本组成部分，它的主要任务是将主机的功率传递给螺旋桨，同时又将螺旋桨所产生的推力传递给船体，以实现推动船舶的使命。

轴系位于主机(或齿轮箱输出法兰)至螺旋桨之间，起着连接它们的桥梁作用。轴系主要包括以下部件：用来传递主机功率的传动轴(推力轴、中间轴、螺旋桨轴以及连接轴与轴用的联轴器)，支承传动轴用的轴承(中间轴承、推力轴承及尾轴承)以及其他附件等，其具体组成如图 2-1 所示。

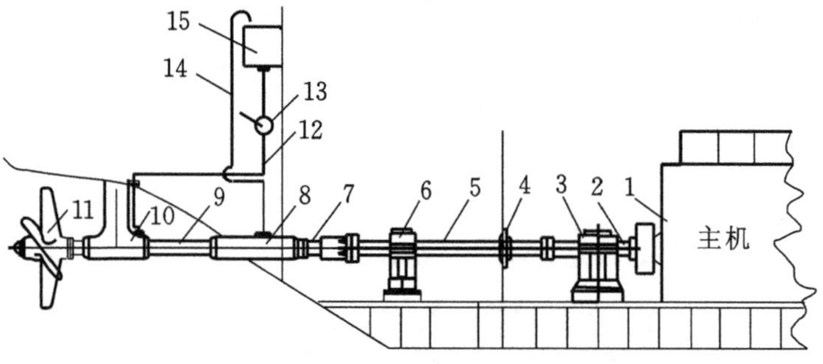


**图 2-1 轴系组成简图**

1—主机；2—推力轴；3—推力轴承；4—隔舱填料函；5—中间轴；6—中间轴承；7—螺旋桨轴；8—尾管支承；9—尾轴管；10—人字架；11—螺旋桨；12—进油管；13—尾轴润滑油泵；14—回油管；15—尾轴滑油柜

主机(1)：图中所示为直接传动的主机。如采用中、高速不可反转的主机，其后面需设有传动设备(即离合器和齿轮箱)。

推力轴(2)：它的前端有法兰与主机(或齿轮箱)的输出法兰相连，其后端的法兰则与中间轴法兰相连。推力轴和推力轴承是一套组合部件。

推力轴承(3)：用以承受推进器产生的推力，并通过它将推力传递给船体。

隔舱填料函(4)：用以保持轴系穿过水密隔舱处的水密。

中间轴(5)：用来连接推力轴和尾轴，传递主机的功率和推进器产生的推力。

中间轴承(6):支承中间轴及其径向负荷和重量。

螺旋桨轴(或尾轴)(7):一端联接中间轴,另一端联接螺旋桨轴。

尾管支承(8):用来连接尾管及前尾轴承。

尾轴管(9):用来支承尾轴承和螺旋桨轴,同时密封组件装在尾轴管两端,用以封水封油。

其他附件:尾管轴承润滑系统(件 12、13、14、15)用来保证尾管轴承中滑油的供给。此外还有给尾轴管、中间轴承、推力轴承供给冷却水的冷却管路等。

由上可知,轴系是由带有多支承的某些传动轴构成。从机舱到船尾一般有一段距离,特别是机舱设在中部的客货运输船,其传动轴往往较长,对于这种轴,如果只用一整根轴制成,那是很困难和不便的,而且也没有必要。故为了加工、制造、运输、拆装方便,常把传动轴分为许多节,并用数个联轴器将各轴段联接起来组合而成,而每段轴按其所担负任务分为推力轴、中间轴、螺旋桨轴(或尾轴)等,这些轴段靠相应的轴承所支承。传动轴的数目、总的长度、分段数目及其附件的配置等常与船舶的大小、船类型、船体线型、机舱位置以及动力装置型式等有关。一般来说,只要船体总布置和机器设备布置许可,应尽量使轴系缩短,以节省轴系的材料和附件。对于有的小型船舶,甚至只用一根螺旋桨轴直接将主机与齿轮箱的输出法兰相连。

### 2.1.2　轴系的工作条件和要求

船舶设计单位和船厂在设计建造新船时,船舶的主要机电设备是向专门的工厂订货的,船舶轴系需要专门的设计和制造。轴系工作条件比较恶劣,在其传递功率和推力的过程中,受力比较复杂,对于轴系较长、支承多的轴系,还要受到船壳变形及船舶装载变化的影响。若轴系设计、布置和安装不当,在工作时,往往会导致其摩擦部位发热、剧烈磨损和摩擦功增加,甚至会发生断轴,造成严重的经济损失和船舶事故。因此,轴系的设计要慎重考虑,除了满足布置上的要求外,还应满足如下设计要求:

(1) 有足够的强度和刚度,工作可靠并有较长的使用寿命。

(2) 有利于制造安装,即满足工作要求的基础上,力求简单,使制造和安装方便并便于日常的维护保养。

(3) 传动损失小。设计时正确进行轴系布置,合理选择轴承种类,数目及润滑型式。

(4) 要适应船体的变形,力求避免在正常作业航行状态下,由船体的变形引起轴承的超负荷。

(5) 保证在一般作业航行期间,不发生扭转共振和横向共振。

(6) 避免海水对尾轴的腐蚀,尾管装置应具有良好的密封性能。

(7) 尽可能减小轴系的长度和质量。

### 2.1.3　轴系布置实例

如图 2-2 所示是 1000 t 沿海货船的轴系布置图。该船主机是 6350ZC-1 型中速柴油机。它是尾机型轴系布置,由一根短轴、一根推力轴和一根尾轴组成,比较短且简单。为了防止扭转振动对轴系的损坏,在推力轴之前安装有弹性联轴节。在轴系中推力轴承是单独设置的。

如图 2-3 所示是 6500 t 油船的轴系布置图。该船主机采用 6RTA58 二冲程低速柴油机。单机单桨直接传动，尾部机舱短轴系，结构简单。整个轴系由一根螺旋桨轴和一根中间轴及相应的轴系附件组成，包括带油润滑系统的白合金的尾轴管装置、尾管密封装置、中间轴承等。

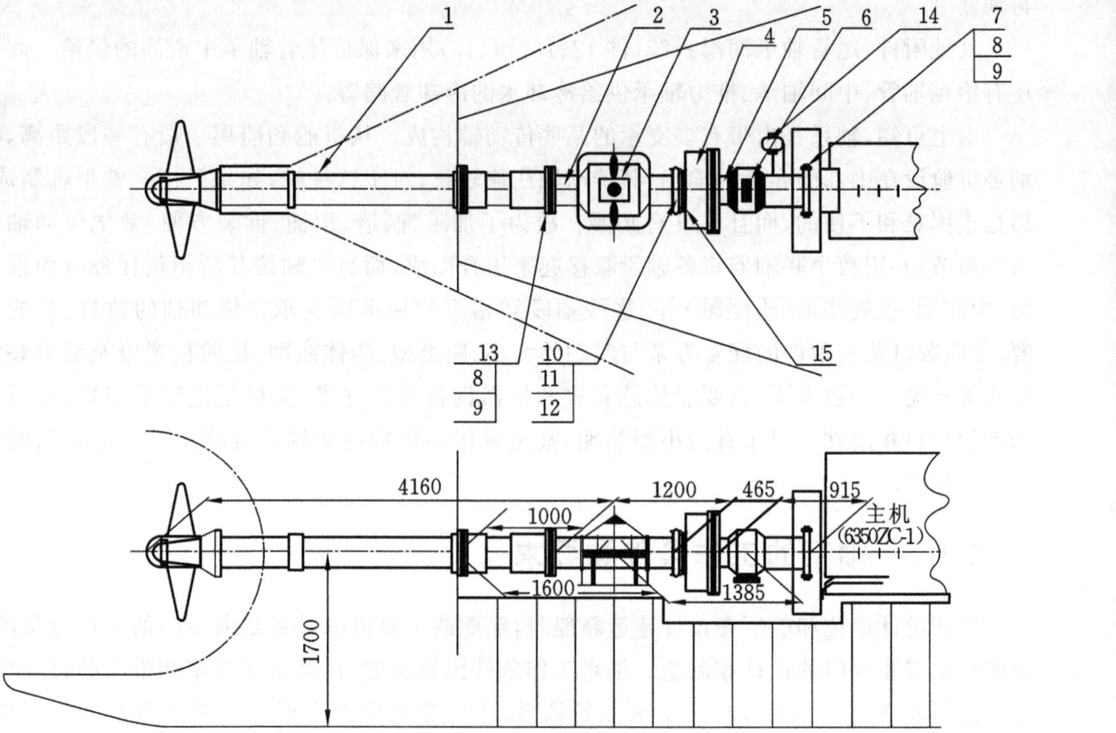


**图 2-2**　1000 t **沿海货船轴系布置简图**

1—艉轴管；2—推力轴；3—推力轴承；4—高弹性联轴节；5—短轴；6—短轴轴承；7—曲轴飞轮连接螺栓；8—螺母；9—开口销；10、11、12—螺栓、垫圈、螺母；13—螺栓；14—测速；15—法兰

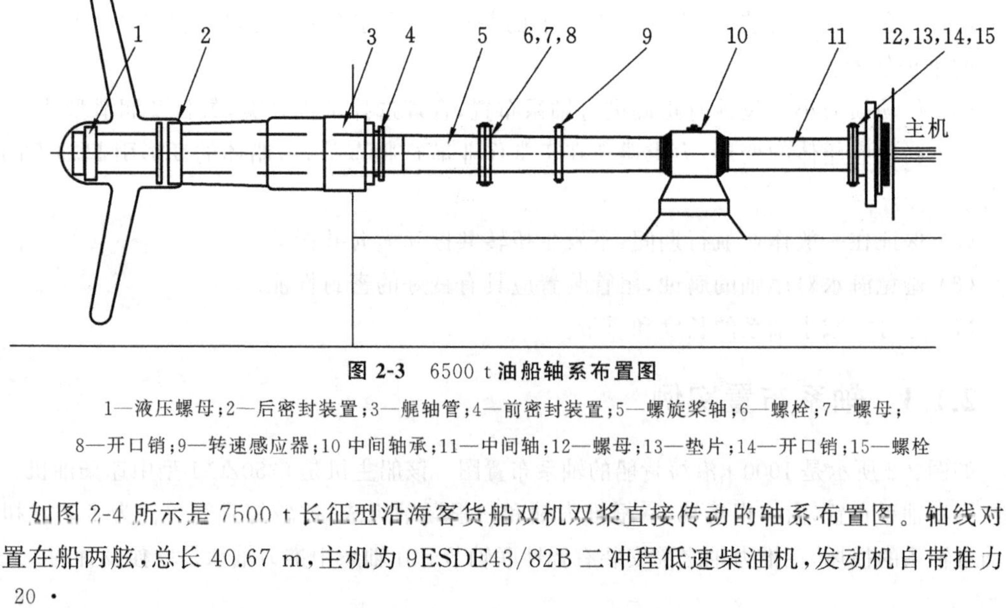


**图 2-3**　6500 t **油船轴系布置图**

1—液压螺母；2—后密封装置；3—艉轴管；4—前密封装置；5—螺旋桨轴；6—螺栓；7—螺母；8—开口销；9—转速感应器；10 中间轴承；11—中间轴；12—螺母；13—垫片；14—开口销；15—螺栓

如图 2-4 所示是 7500 t 长征型沿海客货船双机双桨直接传动的轴系布置图。轴线对称布置在船两舷，总长 40.67 m，主机为 9ESDE43/82B 二冲程低速柴油机，发动机自带推力轴

承，飞轮直接和中间轴联系。由于该船属于客货船，采用中部机舱，所以轴系较长。

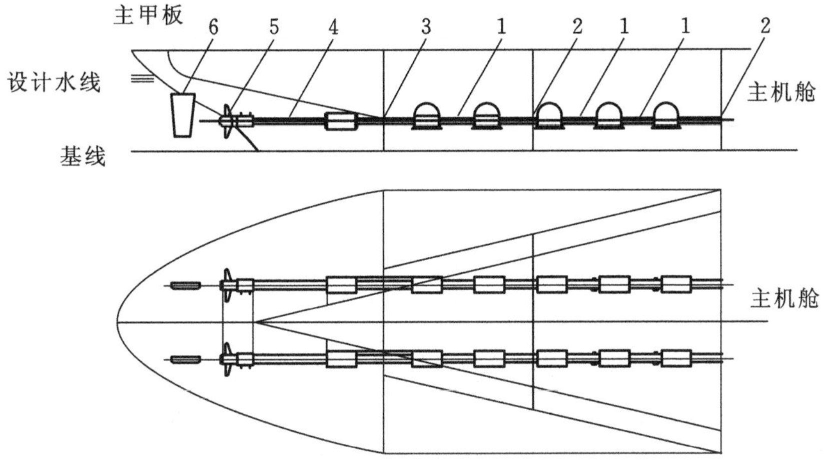


**图 2-4　7500 t 沿海客轮轴系布置图**

1—中间轴；2—隔舱填料函；3—尾轴（或螺旋桨轴）；4—轴管装置；5—螺旋桨；6—舵

# 2.2　轴系的布置设计

船舶轴系的设计工作一般是从轴系的布置开始。当机舱、主机和螺旋桨位置已初步确定，并对船体尾部线型与结构和轴系结构有充分了解和考虑后，首先是确定轴系的长度、位置和轴线数目，初步选定轴承位置与间距后，然后再选用或设计轴系部件，进行轴系强度计算和扭转振动计算，绘制轴系布置及安装总图，完成船舶轴系的设计工作。轴系设计时，可按以下内容与方法进行。

## 2.2.1　轴线的长度、位置及数目

发动机曲轴中心或减速器输出法兰中心与螺旋桨中心的连线称为轴线。

（1）轴线及轴段长度的确定

这是轴系设计首先遇到的环节。轴线的长度是由两个端点来决定的，如图 2-5 所示，其中一个端点为主机（或齿轮箱）输出法兰（4）的中心，另一个端点为螺旋桨（1）的中心，此二端点间的距离即为轴线的基本长度。传动轴的实际长度还应考虑螺旋桨中心后用来装螺旋桨的尾轴伸出和锁紧螺母的螺纹部分。轴线总的长度决定以后，再根据船体尾部线型、隔舱壁位置、各轴承的比压分布、工厂的加工能力以及轴系在机舱内拆装维修管理方便性等因素，决定螺旋桨轴、各段中间轴及短轴的长度。

（2）轴线的位置及数目

轴线的位置和数目，往往是根据船舶的类型、航行作业工况、生命力、主机的型式及特性来确定的。一般钢质海洋船舶的轴线不超过二根，中小型船舶、冷藏渔运船往往只用一根轴线。一般单轴系的轴线，常将其布置在船舶的中纵剖面上；双轴系的船舶，轴线对称布置在船舶的两舷；特殊三轴系的船舶，一根轴线布置在船舶的纵中剖面上，其余两轴线对称布置

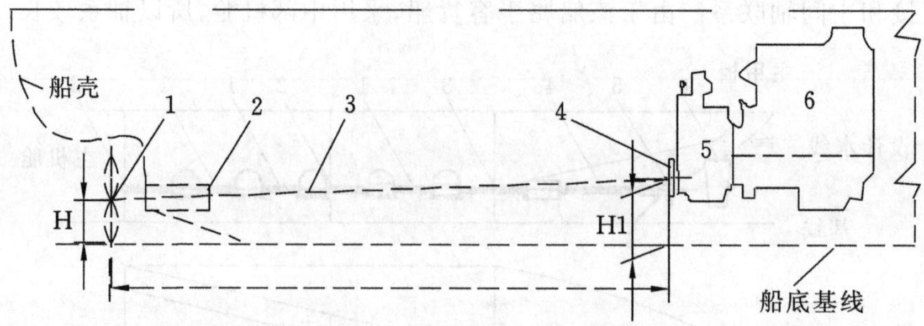


**图 2-5　轴线长度及位置确定**

1—螺旋桨；2—螺旋桨轴毂；3—轴线；4—齿轮箱输出法兰；5—齿轮箱；6—主机

在机舱左右两舷。为能使主机功率有效地转变为螺旋桨推力，轴线最好布置成与船体基线平行，有时不得不使轴线向尾部倾斜一定角度，如图 2-6 所示。一般轴系其纵向倾斜角 $\alpha$ 约在 0°～5°之间。少数双轴系的船舶，出于机桨布置的需要，容许轴线在水平投影上离开船舶的中线面向外或向内偏斜，其偏斜角 $\beta$ 在 0°～3°之间。$\alpha$ 或 $\beta$ 角太大都会影响螺旋桨的有效推力，仅当 $\alpha \leqslant 5°$ 及 $\beta \leqslant 3°$ 时螺旋桨的推进效率不会显著下降。当轴线出现纵倾和偏斜时，将使螺旋桨的输出推力受到损失，其有效推力 $T'_e$ 将变成：

$$T'_e = T_e \cdot \cos\alpha \cdot \cos\beta \tag{2-2-1}$$

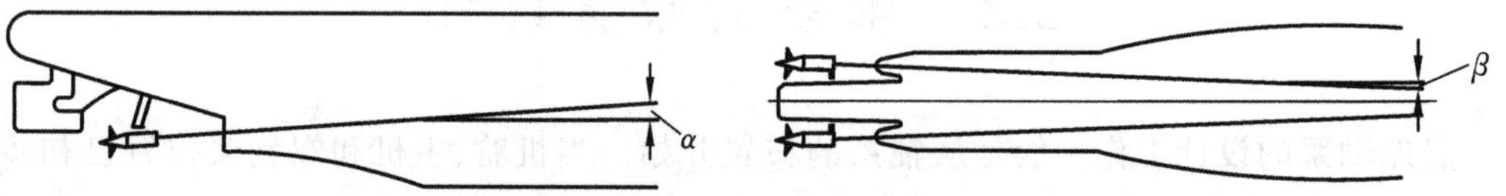


**图 2-6　轴线的倾角 $\alpha$ 和偏角 $\beta$**

上文提到轴线与主机和螺旋桨的布置位置有关。在此我们分析主机布置高度及螺旋桨位置的确定方法：一般使主机和齿轮箱的油底壳不碰船的双层底或肋骨（无双层底时），并使它们间留有适当间隙即可，有时还应留出油底壳放油所需的操作高度。这样，主机（齿轮箱）及其输出法兰中心高度 H1 就可以确定了，见图 2-5 所示。

（3）螺旋桨的位置

螺旋桨在船尾的位置一般由船体设计人员决定。螺旋桨的布置应紧靠船体，并使其不致露出水面及船壳中横剖面型线以外，同时叶梢离开基线要有一定距离，这样可以避免螺旋桨在航行时被碰坏，且能充分利用主机发出的功率。螺旋桨不能和船体外板相距太近，以免造成船体的振动及不必要的附加阻力。船体产生振动的原因之一是螺旋桨桨叶的叶尖与船体外板间没有足够的间隙，致使螺旋桨在运转时水流冲击外板。因此对螺旋桨的布置有以下几点主要要求（见图 2-7）。

1）螺旋桨的叶梢不应超出船中部轮廓之外。

2）位于顶部的螺旋桨叶梢外缘应浸入水中，并离水面有一定距离，其距离（$e$）为：单桨船 $e=(0.25\sim0.3)D$，双桨船 $e=(0.40\sim0.5)D$，$D$ 为螺旋桨直径，如图 2-7 所示。

3）螺旋桨叶梢位于底部时，它和尾柱距离（$d$）不能太小。

4）叶梢与船壳外板的间隙（$c$）和（$b$）的值也不能太小，否则易使船体产生振动。

5）桨与舵叶之间也要留有一定的间隙（$a$）。

根据 2015 年《钢质海洋船舶建造规范》，桨与船体各部位的间隙如表 2-1 所示，根据

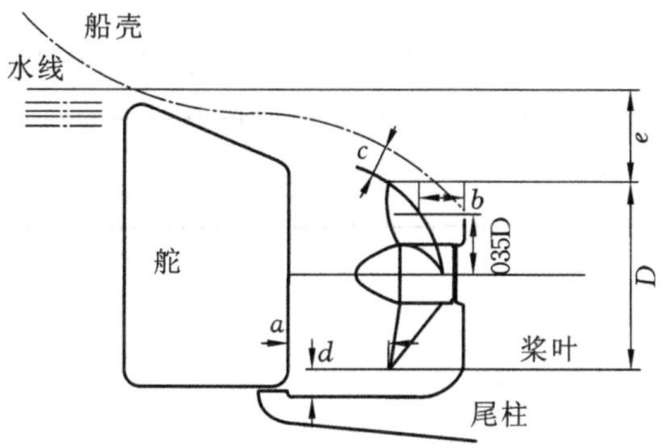


图 2-7　螺旋桨相对船体间隙

表 2-1 要求，即可确定螺旋桨中心的位置。

表 2-1　钢质海洋船舶建造规范

| 螺旋桨与船体的间隙 | | | |
|---|---|---|---|
| 螺旋桨边缘与舵($a$) | $0.12D$ | 螺旋桨边缘与船壳($c$) | $0.14D$ |
| 螺旋桨边缘与尾柱($b$) | $0.20D$ | 螺旋桨边缘与龙骨($d$) | $0.04D$ |

注：$D$ 为螺旋桨的直径(mm)

### 2.2.2　中间轴承位置与间距

(1) 轴承位置和数量

一般一个中间轴只由一道中间轴承所支撑。在确定轴承位置时，应注意不要使两轴段的连接法兰处于两轴承的中间位置，不然易使相应轴段产生过大的挠度，使法兰的安装和对中困难。中间轴承应尽量靠近法兰处布置，并尽可能使中间轴承中心到两连接法兰中心线的距离不超过 $0.2L$($L$ 为轴承间距)，如图 2-8 所示。

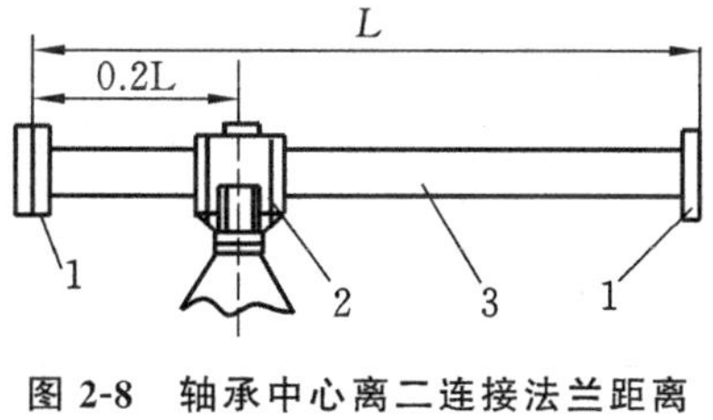


图 2-8　轴承中心离二连接法兰距离

1—法兰；2—中间轴承；3—中间轴

一般而言，适当减少轴承数量，增加轴承间距，会使轴系柔韧性增加，工作更可靠。因为对轴系的变形牵制减少，轴承额外负荷反而减少，工作更为可靠。轴承间距与轴承负荷、轴系校中和振动都有一定的关系，必须考虑各方面的影响，然后确定轴承间距。根据常规设计经验，对于一般轴径的轴承间距 $L$：

1) 轴承附加比压小于 0.34 MPa 的 $L$：$L \geqslant 24.9\sqrt[3]{d}$。

2) 苏联尼古拉也夫推荐公式的 $L$：$L \leqslant 125\sqrt{d}$。

3) 德国劳氏船级社推荐公式的 $L$：$L \leqslant 142\sqrt{d}$。

其中 $d$ 为中间轴径的计算值，单位为 cm。

在轴系布置时，轴承间的间距可依据上述推荐公式考虑，但轴承间的间距也不宜过大。轴承间间距过大，易产生轴系回旋振动与横向振动，因其振动的固有频率是随跨距 $L$ 的增大而减小，容易造成在轴系的运转范围中出现共振临界转速。轴承间距过大，轴线挠度也会增加，将造成轴承负荷不均匀。另外轴承跨距大，则中间轴长，船厂加工及安装困难。

(2) 轴承负荷

1) 轴承的比压。

一般轴承负荷的大小用轴承的比压 $P$ 表示：

$$P=\frac{R}{D\cdot L_s} \tag{2-2-2}$$

式中，$R$ 为轴承负荷(N)；$D$ 为轴颈直径(m)；$L_s$ 为轴承衬的长度(m)。

在进行轴系的布置设计时，必须使各轴承的比压在许可的范围内，并力求使各轴承的负荷分配比较均匀。但在布置设计计算时，往往会发生如下情况：

a) 负荷过重。所谓负荷过重是指轴承负荷超过轴承的比压允许值。此时设计者不可任意加大轴承长度来降低轴承的比压。因为造成轴承负荷过重的原因主要是轴承间距过大，设计者应将轴承间距减小，并重新布置轴系，再进行校核计算和调整。

b) 负荷是负值。所谓负值是指轴承上反作用力方向是向下的，这种情况也应该避免。轴承负荷产生了负值，原因可能是邻近的轴承负荷过重或轴承间距过小等，设计者应该增大轴承间距，或取消某道轴承，以改变受力情况。

c) 轴承负荷是零或者很小。轴承负荷是零表示这套轴承可有可无，不起作用。实际上由于船体变形或其他原因，这套轴承可能受到正值与负值的交变负荷，设计中也要避免。

总之，轴承负荷比压过大、比压过小、为负值或零值，都是不好的，理想的状态是使各轴承的比压大致相等。一般情况下，每个轴承所受的正反力应不小于相邻两跨轴重量的 20%。

2) 轴承负荷的限制条件。

在船舶轴系计算中，各轴承的支反力不能太高，也不宜出现负值和零值。轴承最大允许负荷 $[R_{max}]$ 应不超过由下式确定的数值：

$$[R_{max}]=[P]\cdot d_s\cdot L_s \tag{2-2-3}$$

式中，$d_s$ 为在轴承衬长度内的轴外径(m)；$L_s$ 为轴承衬长度(m)；$[P]$ 轴承衬材料的许用比压(Pa)。

在一般情况下，$[P]$ 应满足下列要求：

| | |
|---|---|
| 白合金尾管轴承 | $[P]\leqslant 0.49$ MPa； |
| 铁梨木尾管轴承 | $[P]\leqslant 0.294$ MPa； |
| 中间轴承 | $[P]\leqslant 0.588$ MPa； |
| 推力轴承 | $[P]\leqslant 2.744$ MPa； |
| 减速器大齿轮轴承 | $[P]\leqslant 0.98$ MPa； |

## 2.2.3 尾轴轴承的布置

(1) 尾轴轴承的间距

在船舶设计中，中间轴承故障率低，而尾轴轴承却因工作条件恶劣，较易于受到损坏，其中原因之一是螺旋桨在运行时受悬臂动载荷的影响，尾轴承受到螺旋桨的干扰力比较剧烈，容易出现回旋和横向振动，故对尾轴轴承间距设计不宜过大。尾轴承在船舶航行时很难检查，只有在船舶进坞时才能检修。为了不因其发生故障而影响船舶作业，它应具有可靠和坚固的结构。通过大量计算和实船调查，尾轴承间距 $L$ 和尾轴基本直径 $D$ 的比值大致推荐如下：

$D$：400～650 mm　　　$L/D \geqslant 12$

$D$：230～400 mm　　　$L/D \approx 14 \sim 25$

$D$：80～230 mm　　　$L/D \approx 16 \sim 40$

对于某些尾部机舱，由于受到空间限制，$L$ 有时只有 $8D \sim 9D$，甚至更小。

(2) 尾轴轴承的长度

船舶尾管中通常应设有两个轴承。《钢质海洋船舶建造规范》对尾轴承长度有严格的要求：

1) 对海水润滑的铁梨木、合成橡胶或酚醛石墨基塑料后轴承和前轴承，其长度应分别不小于螺旋桨轴直径的 4 倍和 1.5 倍。

2) 对油润滑的白合金后轴承和前轴承，其长度应分别不小于螺旋桨轴直径的 2 倍和 0.9 倍。

3) 对油润滑的合成橡胶、增强树脂或塑料轴承，其长度应分别不小于螺旋桨轴直径的 2 倍。

### 2.2.4　螺旋桨轴锥端的结构设计

(1) 螺旋桨轴锥端与螺纹部分

螺旋桨轴首、尾端制成锥体形状，主要为了便于装、拆和紧固联轴器与螺旋桨。在轴系工作时，锥体部分承受着螺旋桨正倒车推力产生的压缩应力和拉应力，还承受着传递扭矩及振动力等。在螺旋桨轴锥体上的键槽及安装在它里面的键则承受着剪切应力及压应力。螺纹部分则用来安装紧固螺旋桨(或联轴器)的螺帽，它主要承受拉应力及某些冲击载荷。为了满足强度要求，螺旋桨轴锥端应有一定的结构尺寸。对螺旋桨轴首端的结构可根据装联轴器处的尺寸，查船舶标准选定设计。对于螺旋桨轴尾端的结构，在先确定了尾轴直径的基础上，其尾端的结构尺寸部分可参见图 2-9 分步计算设计。

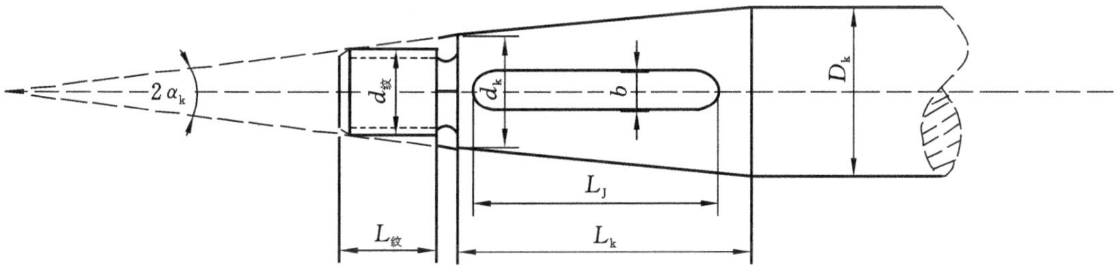


**图 2-9　尾端的结构尺寸**

$D_K$—锥体大端直径；$d_k$—锥体小端直径；$L_k$—锥体长；$L_J$—锥槽长；$b$—锥槽宽；$d_{纹}$—螺纹直径；$l_{纹}$—螺长度；$2\alpha_k$—锥角

1）锥度 $K$。

可用锥体大小两个横断面直径差值与断面间距离的比值表示，如下式

$$K=\frac{D_k-d_k}{L_k}=2\mathrm{tg}\alpha_k \tag{2-2-4}$$

对船舶轴系的 $K$ 值，《钢质海洋船舶建造规范》有明确的要求，螺旋桨轴锥端的锥度 $K$ 应介于 1∶10 与 1∶15 之间，我们建议一般 $K$ 值取 1∶15；而油压无键安装的螺旋桨，锥度 $K$ 应介于 1∶15 与 1∶18 之间。

2）锥体尺寸。

$$\begin{aligned} L_k &= (1.6-3.3)D_k \\ d_k &= D_k-K\cdot L_k \end{aligned} \tag{2-2-5}$$

式中，$D_k$ 为轴颈直径（mm）；可由设计计算求得。

3）尾螺纹部分的尺寸。

$$\begin{aligned} d_{纹} &= (0.75\sim0.9)\cdot d_k \\ l_{纹} &= d_{纹} \end{aligned} \tag{2-2-6}$$

为了避免螺帽产生松动，尾螺纹的旋向一般和螺旋桨顺车旋转方向相反。需要说明的是，这只是设计制造习惯，理论上并不充分，故也有采用常规螺纹方向，另加锁紧措施。一般固定螺母螺纹外径应不小于轴锥体大端计算直径的 60％。

4）键的主要尺寸。

$$\begin{aligned} L_i &= (0.9-0.98)L_k \\ b &= (0.17\sim0.19)D_k（双键） \\ b &= (0.2\sim0.3)D_k（单键） \\ h &= (0.5\sim0.6)b \end{aligned} \tag{2-2-7}$$

式中，$h$ 是键的高度；$b$ 是键的宽度。

螺旋桨轴锥端与螺旋桨毂配合更详细要求，可参见《钢质海洋船舶建造规范》。

5）螺旋桨轴上键槽的形状及尺寸。

如图 2-10 所示，在装置键时，为了减少键槽的局部应力，其棱角应做成圆角，首端应制成雪橇形。当轴颈≥500 mm 时，应制成匙式雪橇形，如图 2-10 所示。

6）螺旋桨轴上键强度校核。

当完全用键来传递扭矩时，则键受剪切的有效截面积应不小于按下式计算所得的值：

$$BL=\frac{d^3}{2.35d_m} \tag{2-2-8}$$

式中，$B$ 是键的宽度（mm）；$L$ 是键的有效长度（mm）；$d$ 是计算的中间轴直径（mm）；$d_m$ 是键中部处轴的直径（mm）。按照《钢质海洋船舶建造规范》规定，用键安装螺旋桨，还应符合下列要求：

（1）在海水温度为 35 ℃时，防止摩擦滑动的安全系数不小于 1.0。

（2）在海水温度为 15 ℃时，桨毂内表面压力不小于 20 MPa。

（3）在海水温度为 0 ℃时，桨毂内表面主应力不大于其材料最小屈服点的 35％。

要满足以上的要求，安装螺旋桨推入量的实际起始点，可按螺旋桨和轴拂配到接触面积≥75％时的桨和轴的相对位置来计算，具体核算方法可参阅 CB/Z350-1987。

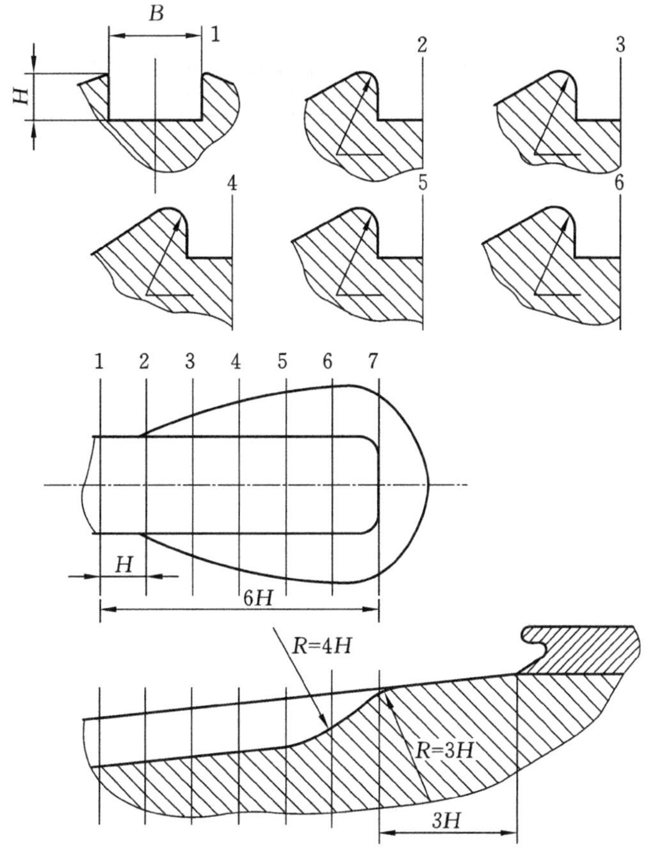


图 2-10　尾轴体上的键槽形状和尺寸

# 2.3　传动轴的材料

船舶轴系中的传动轴(中间轴、推力轴、尾轴等)为重要锻钢件,钢质海洋船舶广泛采用优质碳素钢作为轴的制造材料。一般可采用 30、35、40、45 等几种牌号的钢锻制,其中比较普遍的是选用 35 号钢,少数远洋作业船舶采用合金钢。还有些在特殊水域航行作业的船舶,为了避免海水对尾轴的腐蚀,节约润滑油,防止油类污染海水,也常采用不锈钢轴(主要用于水润滑尾管装置)。采用热轧圆钢制造传动轴,其直径应不超过 200 mm。用作轴材料的锻钢件,其化学成分、抗拉能力、耐冲击性能等必须符合《钢质海洋船舶建造规范》要求,具体见表 2-2、表 2-3 所示。

表 2-2　船舶轴系用锻钢件的化学成分

| 钢种 | 化学成分(%) | | | | | | | | | |
|---|---|---|---|---|---|---|---|---|---|---|
| | C | Si | Mn | S | P | Cr | Mo | Ni | Cu | 残余元素总量 |
| 碳钢和碳锰钢 | ≤0.65 | ≤0.45 | 0.30～1.50 | ≤0.035 | ≤0.035 | ≤0.30 | ≤0.15 | ≤0.40 | ≤0.30 | ≤0.85 |
| 合金钢 | ≤0.45 | ≤0.45 | 0.30～1.00 | ≤0.035 | ≤0.035 | ≥0.40 | ≥0.15 | ≥0.40 | ≤0.30 | — |

表 2-3　船舶轴系用碳钢和碳锰钢锻钢件的力学性能

| 抗拉强度 $R_m$ 不小于(MPa) | 屈服强度 $R_{eH}$ 不小于(MPa) | 伸长率 $A_s$ 不小于(%) | | | 硬度(HB) |
|---|---|---|---|---|---|
| | | 纵向 | 切向 | 横向 | |
| 360 | 180 | 28 | 23 | 20 | 95～125 |
| 400 | 200 | 26 | 22 | 19 | 110～150 |
| 440 | 220 | 24 | 21 | 18 | 125～160 |
| 480 | 240 | 22 | 19 | 16 | 135～175 |
| 520 | 260 | 21 | 18 | 15 | 150～185 |
| 560 | 280 | 20 | 17 | 14 | 160～200 |
| 600 | 300 | 18 | 15 | 13 | 175～215 |
| 640 | 320 | 17 | 14 | 12 | 185～230 |
| 680 | 340 | 16 | 14 | 12 | 200～240 |
| 720 | 360 | 15 | 13 | 11 | 210～250 |
| 760 | 380 | 14 | 12 | 10 | 225～265 |

用碳钢和碳锰钢制作轴系锻钢件，其抗拉强度范围应为 400～600 MPa；采用合金钢锻钢件制作主推进轴时，其抗拉强度一般应不超过 800 MPa。

# 2.4　传动轴的计算与校核

## 2.4.1　基本轴径计算

目前我国船舶设计时，其传动轴的直径一般按我国《钢质海洋船舶建造规范》(简称“海规”)进行计算的，必要时再作一些强度验算。《钢质海洋船舶建造规范》是中国船级社(CCS)为了保证船舶航行作业的安全，通过一些理论分析研究，并根据长期航行作业、有关院所设计和船厂长期建造的经验积累所编制的法规。我国船舶检验局所制定的《钢质海洋船舶建造规范》中，均记载有船舶轴系的有关计算公式和规定，在设计时通常将中间轴作为基本轴，确定了中间轴的直径后，推力轴、尾轴和螺旋桨轴的轴径根据中间轴直径再增加一个百分比计算出来的。按照海规计算中间轴、推力轴、螺旋桨轴等直径的方法如下。

轴的直径 $d$ 应不小于按下式计算所得的值：

$$d = F \cdot C \cdot \sqrt[3]{\frac{N_e}{n_e}\left(\frac{560}{R_M + 160}\right)} \tag{2-4-1}$$

式中，$F$ 为推进装置型式系数，对于电力推进装置的中间轴 $F=95$，对于其他型式的柴油机推进装置和所有螺旋桨轴 $F=100$；$N_e$ 为轴传递的额定功率(kW)；$n_e$ 为轴传递 $N_e$ 时的转速(r/min)；$R_m$ 为轴材料的抗拉强度，根据所用材料选取；$C$ 为不同轴的设计特性系数，根据其特性选取，$C=1.0$ 是中间轴的基本直径系数，$C=1.10$ 是推力轴在推力环的直径处，$C=$

1.22 是油润滑尾管装置中的螺旋桨轴，$C=1.26$ 是水润滑的螺旋桨轴，$C=1.40$ 是油脂润滑的尾管轴。

如果空心轴的实际孔径 $d_0$ 大于 $0.4d$ 时，计算轴要进行修正：

$$d_c=d\cdot\sqrt[3]{\frac{1}{1-\left(\frac{d_0}{d_\alpha}\right)4}} \tag{2-4-2}$$

式中，$d_0$ 为空心轴的实际孔径（mm）；$d_c$ 为修正后轴的直径（mm）；$d_\alpha$ 为轴的实际外径（mm）；$d$ 是按本篇《钢质海洋船舶建造规范》公式计算所得的值的轴直径（mm）。

### 2.4.2　传动轴的强度校核

由于实船轴系受力的复杂性，目前国内钢质海洋船舶主要依靠规范的经验公式来确定轴径。为了便于应用已知力学知识反映轴系受力情况的实质，也为了对规范计算的轴径能够校核，并为合理地确定轴系尺寸打下基础，下面介绍近似的强度计算方法。这种方法主要是计算出传动轴在静载荷下的合成应力，再引用实际经验所确定的安全系数来考虑动载荷的作用。

（1）中间轴的强度计算

将轴看成一根自由放置在两个支点的简支梁，其所受的外力（扭矩 $M_T$、推力 $T$ 和自重 $q$ 等，这里不考虑相邻跨距的影响），其简图见图 2-11。图中 $G_0$ 为法兰重量，$a$、$b$ 为离支点的距离。

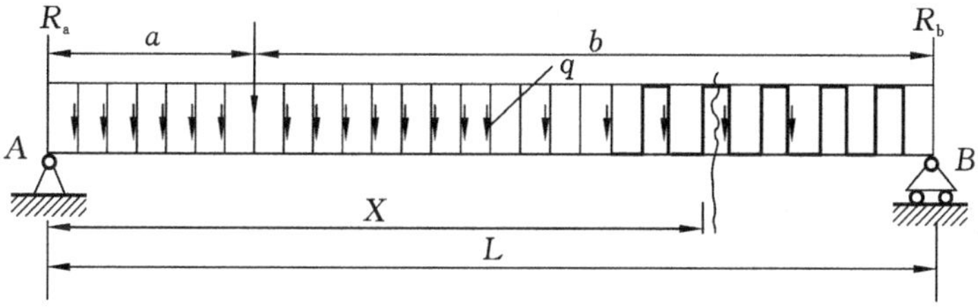


**图 2-11　中间轴强度计算示意图**

螺旋桨的推力可按下式估算：

$$T=1945.2\frac{P_{\max}}{V_s}\eta_p \tag{2-4-3}$$

式中，$T$ 为螺旋桨的最大推力（N）；$P_{\max}$ 为传递的最大功率（kW）；$V_s$ 为船舶航速（kn）；$\eta_p$ 为螺旋桨的效率（$\eta_p=0.3\sim0.6$）。

1）由主机扭矩引起的剪应力：

$$\tau=\frac{M_n}{W_z} \tag{2-4-4}$$

式中，$M_n$ 为主机最大功率时的扭矩，由下式计算得到：

$$M_n=955\frac{P_{\max}}{n_{\max}}\cdot I\cdot\eta\cdot10^3 \tag{2-4-5}$$

式中，$P_{\max}$ 是主机的最大功率（kW）；$n_{\max}$ 是主机的最大功率所相应的转速（r/min）；$i$ 是减速箱传动比；$\eta$ 是减速箱传动效率；$W_z$ 是中间轴抗扭截面模数（$cm^3$），根据轴类型 $W_z$ 值按下式计算得到：

空心轴
$$W_z=\frac{\pi d_z^3}{16}(1-m^4) \tag{2-4-6}$$

实心轴
$$W_z=\frac{\pi d_z^3}{16} \tag{2-4-7}$$

式中，$m$ 为中孔系数。

2）由中间轴本身重量所产生的弯曲应力：

$$\sigma_w=\frac{M_w}{W_{zW}} \tag{2-4-8}$$

式中，$\sigma_w$ 为弯曲应力；$M_w$ 为中间轴本身及法兰重量所产生的最大弯矩（N·cm），可由力学公式(2-4-9)算出：

$$M_w=\frac{(R_a-G_0)^2}{2q}+G_0\cdot a \tag{2-4-9}$$

式中，$q$ 为轴的单位长度重量（N/cm）；$G_0$ 为法兰重力（N）；$R_a$ 则可由下式计算得到

$$R_a=\frac{qL}{2}+G_0\cdot\frac{b}{L} \tag{2-4-10}$$

式 2-4-8 中 $W_{zW}$ 为中间轴抗弯截面模数（$cm^3$）；根据轴类型 $W_{zW}$ 值按下式计算得到：

空心轴
$$W_{zW}=\frac{\pi d_z^3}{32}(1-m^4) \tag{2-4-11}$$

实心轴
$$W_{zW}=\frac{\pi d_z^3}{32} \tag{2-4-12}$$

3）由螺旋桨推力产生的压缩应力：

$$\sigma_y=\frac{T}{F_W} \tag{2-4-13}$$

式中，$F_W$ 是中间轴截面积（$cm^2$）。

4）由安装误差引起的弯曲应力，可据安装经验选取：

$$\sigma_{az}=1500\sim3000 \tag{2-4-14}$$

5）合成应力，根据强度计算其合成应力：

$$\sigma_H=\sqrt{(\sigma_y+\sigma_w+\sigma_{az})^2+3\tau^2} \tag{2-4-15}$$

6）安全系数，传动轴的静强度校核结果应符合下式要求：

$$K=\frac{\sigma_s}{\sigma_H}\geqslant[K] \tag{2-4-16}$$

式中，$\sigma_s$ 为材料屈服极限；$\sigma_H$ 为传动轴静强度计算合成应力；[$K$]为许用安全系数，如表 2-4 所示。

**表 2-4　许用安全系数[K]**

| 推进方式 | 类别 | 一般船舶[K] | 军用船舶[K] |
|---|---|---|---|
| 刚性直接传动 | 中间轴 | 2.5～5.5 | 3.5 |
| | 螺旋桨轴 | 2.8～5.8 | 4.5 |
| 液力耦合器、液电离合器、电传动 | 中间轴 | 1.7～2.5 | 2.0 |
| | 螺旋桨轴 | 2.0～2.8 | 2.2 |

许用安全系数一般根据经验来确定，选择时应考虑下述原则：

(a) 轴的负荷情况。螺旋桨轴的工作条件比中间轴差，受力复杂，又与海水接触，安全系数应取得大些。对刚性传动的轴系，受到发动机交变扭矩负荷，材料易发生疲劳，故其安全系数也应比柔性传动的轴系大。

(b) 材料的性质、加工和装配质量。如选用合金钢，其安全系数比碳钢高，但制造装配不易达到技术要求，故将安全系数也取大一点。

(2) 螺旋桨轴的强度计算

螺旋桨轴因为受螺旋桨悬臂动载荷的作用，且又与海水接触，故受力比较复杂，考虑弯曲应力影响系数，将扭、压复合应力求出后，再乘以弯曲系数 $\xi$，计算方法如下：

1) 主机扭矩引起的剪应力：

$$\tau=\frac{M_n}{W_C} \tag{2-4-17}$$

式中，$W_c$ 为螺旋桨轴的截面模数($cm^3$)。

2) 由螺旋桨推力产生的压缩应力：

$$\sigma_y=\frac{T}{F_c} \tag{2-4-18}$$

式中，$F_C$ 为螺旋桨轴的截面积($cm^2$)。

3) 合成应力：

$$\sigma_H=\xi\sqrt{\sigma_y^2+3\tau^2} \tag{2-4-19}$$

一般 $\xi$ 取值 1.02～1.06。

(3) 联轴器的强度校核

1) 联轴器键的计算。

如联轴器用键安装到轴上，则键材料的抗拉强度应不小于轴材料的抗拉强度，且键受剪切的有效面积应不小于按下式计算的值：

$$BL=\frac{d^3}{2.6d_m}\ \text{mm}^2 \tag{2-4-20}$$

式中，$B$ 为键的宽度(mm)；$L$ 为键的有效长度(mm)；$d$ 按本章式 2-4-1 计算得到的中间轴直径(mm)；$d_m$ 是键中部处轴的直径(mm)。

2) 联轴器紧配螺栓的直径。

联轴器接合面处的紧配螺栓的直径 $d_f$ 应不小于按下式计算的值：

$$d_f=0.65\sqrt{\frac{d^3(R_m+160)}{DZR_{mb}}} \tag{2-4-21}$$

式中，$d$ 按本章式 2-4-1 计算的轴直径(mm)；$Z$ 为螺栓数；$D$ 为节圆直径(mm)；$R_m$ 是中间轴材料的抗拉强度(MPa)；$R_{mb}$ 是螺栓材料的抗拉强度，应不小于轴材料的抗拉强度。

3) 联轴器采用普通螺栓连接时直径。

如联轴器采用普通螺栓连接时，直径 $d_n$ 应不小于按下式计算的值：

$$d_n=25.0\sqrt{\frac{N_e\times10^6}{n_eZDR_m}} \tag{2-4-22}$$

式中，$N_e$ 为轴传递的额定功率(kW)；$n_e$ 为轴传递 $N_e$ 时的转速(r/min)；其他符号意义与本章其他公式相同。

# 2.5 中间轴承与推力轴承

## 2.5.1 中间轴承

中间轴承是用来支承中间轴以及为了减少轴系挠度而设置的支承点。它除承受中间轴本身重量之外，还承受因其变形或回转运动而产生的径向负荷。除少数小船及尾部机舱不设中间轴的短轴系之外，一般船舶均设中间轴承。

中间轴承按其基本结构及摩擦型式，可分为滑动轴承和滚动轴承两大类。

**1. 滑动式中间轴承**

(1) 滑动式中间轴承结构

一般滑动式中间轴承的轴衬(轴瓦)浇有白合金，为了减少轴颈与轴瓦之间的接触摩擦，须在两者之间供给适量的润滑油。良好的油膜不仅起到减小摩擦力的作用，还起到散热和抗冲击的作用。滑动式中间轴承具有结构简单、工作可靠、成本低、安装维修方便、承受载荷较大的优点，所以广泛使用于各种船舶中。常用的滑动式中间轴承，按其润滑的方式主要有单油环、双油环及油盘式三种类型。

1) 单油环式中间轴承。

如图 2-12 所示是一种常见的单油环式中间轴承的结构图。中间轴置放在轴承座(1)的轴瓦(5)上，轴承盖(2)用螺钉固定在轴承座上，轴承盖上设有盖板(6)，加油时可掀开此盖，滑油从油孔注入，通过此孔还可观察轴承的运行情况。油环(4)的直径比轴颈要大，轴旋转时随其一起转动。因油环与轴不是机械连接而是靠摩擦转动，故环的角速度要比轴慢，由于环的下部浸在油中，油池中的滑油就被转动着的油环带到轴颈的上部，再由刮油器(7)刮下，使滑油沿着轴表面均匀分布，然后随轴转动，再把滑油带到轴瓦(5)的油槽中，对轴颈和轴瓦的滑动摩擦面进行润滑。两摩擦面间的热滑油在轴颈载荷的压力下，有一部份从轴瓦两端泄出，回流到轴承底部的油池中。中大型的中间轴承其油池的底部设有冷却水管，冷却油池中的热油。为了防止滑油漏到轴承座之外，在轴瓦两端外侧的轴上装有甩油环(10)，其作用是使滑油在回转时借助离心力作用被甩掉，从而大大减少流向轴承座两端的油量。轴承座两端装有密封填料(3)，用来阻止滑油的外漏。这种单油环轴承主要适合小型船舶。

2) 双油环式中间轴承。

对于中型船舶，轴承相对较长，为了改善其润滑质量，一般采用双油环式中间轴承，如图 2-13 所示。其作用原理与单油环相同，双油环式中间轴承，其轴承座与轴承盖、轴瓦、油环以及甩油环都是采用剖分式，以利于拆装。经一段时间使用，如发现轴瓦上的白合金磨损已超过规定限定值，只需更换轴瓦，而不必更换整个轴承。这种轴承比较简单，只适用于连续稳定运行的轴上。当船舶低速航行或进出港口工况变化频繁时，油环跟随性较差，特别是柴油机转速低于 50～60 r/min 时，润滑情况更差，润滑的可靠性不能保证，影响轴颈与轴瓦处的润滑和轴的工作，故这种轴承主要适用于中小型船舶。

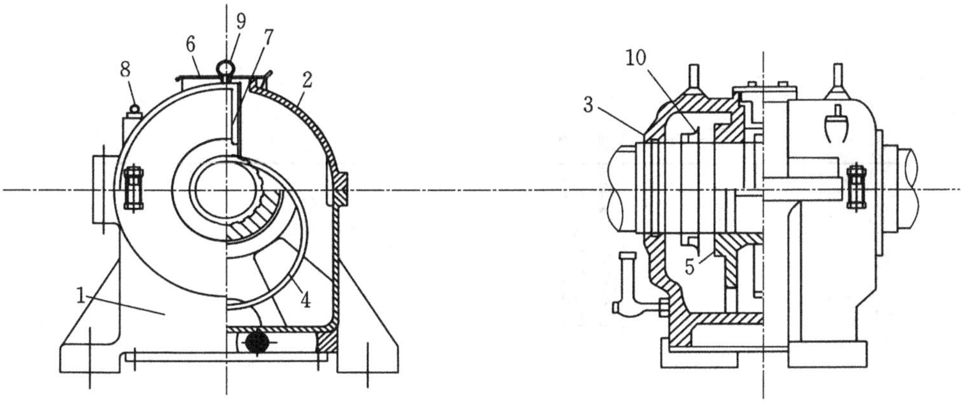


**图 2-12　单油环中间轴承**

1—轴承座；2—轴承盖；3—填料；4—油环；5—轴瓦；6—盖板；
7—刮油器；8—量油尺；9—起重吊环；10—甩油环

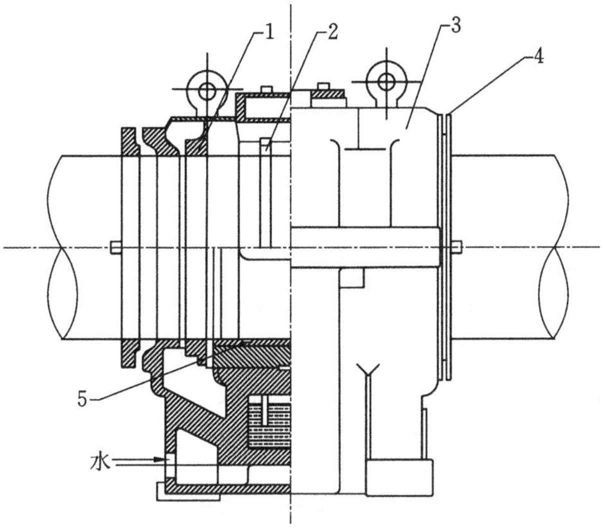


**图 2-13　双油环中间轴承**

1—甩油环；2—油环；3—轴承盖；4—压盖；5—轴瓦

3）油盘式中间轴承。

如图 2-14 所示的油盘式中间轴承可克服滑环式中间轴承油环在低转速时跟随性差的缺点，这种轴承在轴瓦左侧装有供轴承润滑用的固定式油盘(2)，故称为油盘式中间轴承。运行时，油盘可跟轴一起回转，将油池中的油带到上面，并靠布置在上部的刮油器(6)刮油，使滑油能沿轴向分布在需要润滑的轴颈上，因此，这种轴承在柴油机低转速工作时润滑效果较好。一般情况下，油盘宜装在轴承的尾部，这主要是为了轴系向尾部倾斜时仍有利于从油池中携油。油盘开口方向向前，是为了防止滑油抛向尾部填料函。位于轴承底部的冷却水腔(4)可引入舷外水，供冷却滑油用。

有关中间轴承，我国已制定了标准 GB/T 14364—2008，可供设计选用。

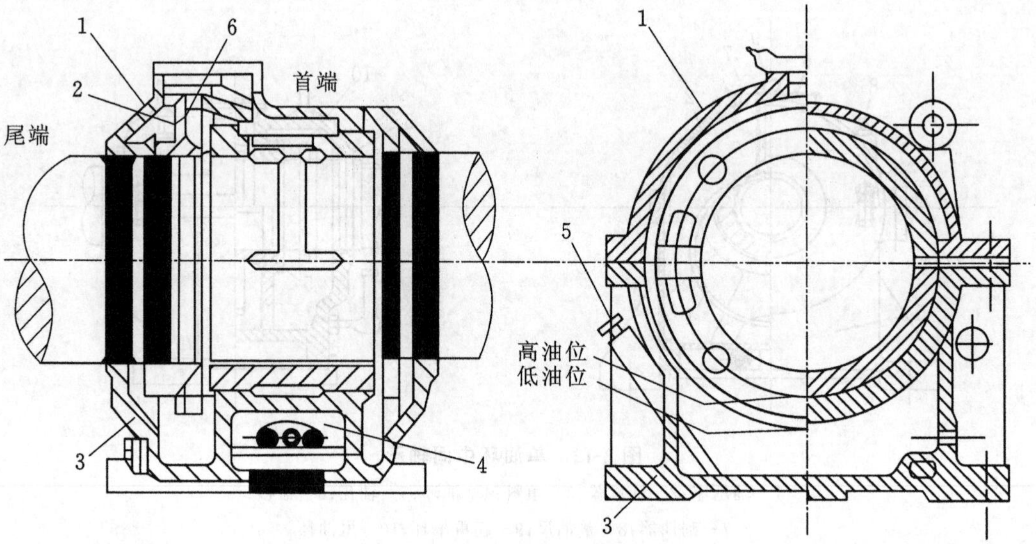


**图 2-14　油盘式中间轴承**

1—轴承盖；2—油盘；3—轴承座；4—冷却水腔；5—油位计；6—刮油器

(2) 滑动式中间轴承技术参数的选择和润滑性能校核

1) 主要结构参数的选择。

(a) 轴承间隙。

轴承间隙是指轴承孔径 $D$ 和轴颈直径 $d$ 的差值($\Delta=D-d$)，一般用相对间隙 $\varphi=(D-d)/d=\Delta/d$ 表示。$\Delta$ 或 $\varphi$ 值对轴承的承载能力、回转精度和温升等影响很大，因此它是滑动轴承的一项重要技术参数。通常轴承间隙越小，承载能力和回转精度越高，但安装要求也高，滑油流量小，轴承易发热，使油温增高；反之，轴承间隙越大，承载能力和回转精度趋于下降，但可增大滑油流量，降低轴承温度，并可降低安装要求。我国对中间轴承和轴承间隙已制定了标准(JT/T 284—1995 和 JT/T 285—1995)。表 2-5 所列数据可供参考。

**表 2-5　中间轴和中间轴承的配合间隙(单位：mm)**

| | 安装间隙 | 白合金最小厚度 | 极限间隙 | 白合金极限厚度 | | 安装间隙 | 白合金最小厚度 | 极限间隙 | 白合金极限厚度 |
|---|---|---|---|---|---|---|---|---|---|
| <100 | 0.15～0.19 | 3.00 | 0.40 | 1.20 | 260—310 | 0.32～0.40 | 4.50 | 0.75 | 2.40 |
| 100—120 | 0.18～0.22 | 3.00 | 0.45 | 1.40 | 310—360 | 0.38～0.46 | 4.50 | 0.85 | 2.60 |
| 120—150 | 0.20～0.24 | 3.50 | 0.50 | 1.60 | 360—440 | 0.42～0.54 | 5.00 | 0.95 | 2.80 |
| 150—180 | 0.22～0.26 | 3.50 | 0.55 | 1.80 | 440—500 | 0.50～0.62 | 5.00 | 1.10 | 3.00 |
| 180—220 | 0.24～0.29 | 4.00 | 0.60 | 2.00 | 500—600 | 0.55～0.70 | 5.50 | 1.30 | 3.00 |
| 220—260 | 0.27～0.34 | 4.00 | 0.65 | 2.20 | 600—700 | 0.65～0.80 | 6.00 | 1.50 | 3.00 |

白合金中间轴承间隙可用下式计算：

$$\Delta=0.001d+0.10 \tag{2-5-1}$$

其极限间隙

$$\Delta_i=2.5\Delta \tag{2-5-2}$$

表 2-5 所列安装间隙适用于转速 $n<150$ r/min 的中间轴承。当 $n$ 为 150～350 r/min，应增加 0.04～0.06mm；当 $n$ 为 350～750 r/min，间隙应增大 0.06～0.10mm。对于铸钢材料的轴瓦或本体，白合金厚度允许按上表 2-5 的规定值减薄 20%。

（b）长径比。

长径比是按轴瓦长度和轴径 $d$ 的比值。轴瓦长度 $L$ 与轴承单位面积的承载能力（即比压）有关。一般在满足比压的前提下，推荐选用较小的 $L$ 值。$L$ 太长，因轴加工精度、船体变形所产生的轴承位移，以及安装误差引起的较大附加负荷和附加应力，导致轴瓦两端更早磨损；$L$ 选得过小，则承载能力可能不够，同时滑油易从两端溢出，不利润滑，通常建议 $L/d$ 取 0.7～0.8 左右为宜。

（c）其他结构尺寸。

中间轴承选型先按规范确定中间轴的基本轴径，经强度校核合格后，根据中间轴的结构特点，决定中间轴轴颈的尺寸。决定中间轴轴颈尺寸可查阅表 2-6。如采用非标准轴颈直径，会选配不到相应尺寸的中间轴承。

**表 2-6　船舶轴系轴颈直径（单位：mm）**

| 轴颈直径 $d$ | | | | | | | | | | |
|---|---|---|---|---|---|---|---|---|---|---|
| 40 | 60 | 80 | 100 | 120 | 160 | 200 | 300 | 400 | 530 | 670 |
| (45) | (65) | (85) | (105) | 130 | 170 | 220 | 320 | 450 | 560 | 710 |
| 50 | 70 | 90 | 110 | 140 | 180 | 250 | 350 | 470 | 600 | 750 |
| 55 | (75) | (95) | (115) | 150 | 190 | 280 | 380 | 500 | 630 | 800 |

确定了轴承直径后，查阅中间轴承 GB 标准，并根据转速、载荷情况，确定中间轴承的型式（如滑环式、油盘式等）。中间轴承的其他结构尺寸参数全部根据标准确定。

2）承载能力及润滑性能校核。

（a）承载能力校核。

承载能力一般用比压[$P$]校核。为了不使滑油在工作时被挤出，或因轴瓦长度 $L$ 不够使比压[$P$] 太高，使轴承发热和磨损，轴承比压[$P$]应满足下列要求：

$$[P]=\frac{P}{DL}\leqslant 5.9 \tag{2-5-3}$$

式中，$P$ 是轴承的载荷，即承载支反力(N)；$D$ 和 $L$ 分别为轴颈直径和轴承长度(cm)。

（b）最小油膜厚度校核。

中间轴和中间轴承的油膜厚度必须满足以下条件，才能保证轴承处于良好的液体摩擦状态：

$$h_{min}\geqslant k(f_1+f_2) \tag{2-5-4}$$

式中，$h_{min}$为最小油膜厚度(mm)；$f_1$，$f_2$ 为轴颈，轴承瓦表面不平度，查机修手册选取值；$K$ 为表面几何形状系数，$k\geqslant 2$。

### 2. 滚动式中间轴承

(1) 结构类型

船用中间轴承使用较多的是双列调心球面滚子轴承，如图 2-15 所示。为便于安装，一般要求带有紧定套(6)，预先将导向环(2)与滚动轴承配制。安装时，将紧定套(6)的内孔通过螺母(5)锁紧于轴颈上，使之随轴一起回转。滚动轴承的外圈与导向环(2)为滑动配合。这种轴承因内外圈之间允许有 1～2.5°的偏斜角，加之紧定套沿轴向有移动的可能，故安装比较方便。

对于轴径小于 $\phi$70 mm 的小型船舶，特别是对其中负荷小、转速高者，宜采用调心轴承。

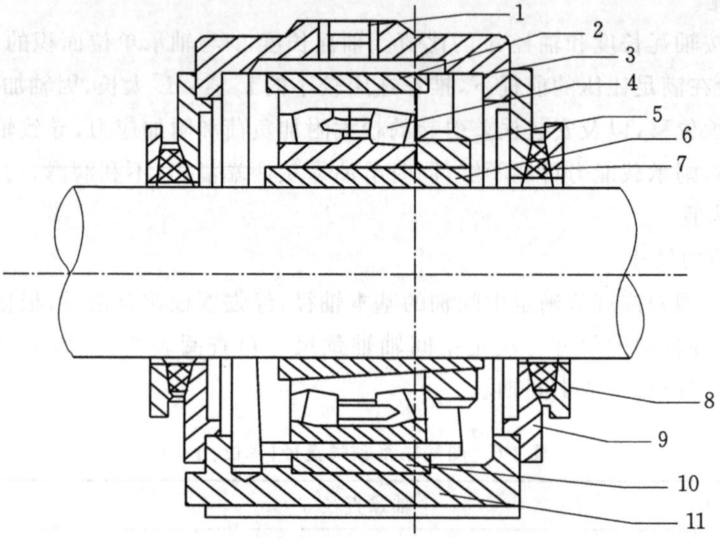


**图 2-15　双列向心球面滚子轴承**

1—加油孔；2—导向环；3—轴承盖；4—滚子；5—螺母；6—锥形紧定套；
7—填料；8—压盖；9—端盖；10—键；11—轴承座

(2) 额定动载荷 $C$ 的计算和校核

由于滚动轴承的类型、尺寸、精度级别等已有国家标准，因此在轴系设计中主要是根据具体的载荷、转速和工作条件等方面的要求，解决如何合理地选用轴承的结构型式以及额定动载荷 $C$ 的计算和校核。

$$C=\frac{0.1f_1 \cdot f_F}{f_n f_T}P \tag{2-5-5}$$

又

$$f_1=\left(\frac{L_n}{500}\right)^{\frac{1}{\varepsilon}} \tag{2-5-6}$$

$$f_n=\left(\frac{33}{n}\right)^{\frac{1}{\varepsilon}} \tag{2-5-7}$$

式中，$f_1$ 为寿命系数；$L_n$ 为轴承寿命，可取 50 000～100 000 $h$；$\varepsilon$ 为寿命指数，球轴承 $\varepsilon=3$，滚子轴承 $\varepsilon=10/3$；$f_F$ 是载荷性质系数(对中间轴轴承建议 1.2～1.8)；$f_n$ 为速度系数；$n$ 为轴的转速；$P$ 是当量动载荷，取自轴承负荷计算。

将上述各参数代入式(2-5-5)，即可算出 $C$ 值。将上式计算所得的 $C$ 值与《机械零件手册》标定的动载荷 $C$ 值对照，小于《机械零件手册》标定中的轴承 $C$ 值，即认为合格。

（3）滚动轴承的特点

与滑动轴承相比，滚动轴承启动灵敏，启动和运转消耗摩擦功小，传动效率高，润滑方法简便，回转精度高，易于互换。但抗冲击能力差，工作时有噪声，寿命低于滑动轴承。

## 2.5.2　推力轴承

推力轴承的作用是承受螺旋桨的推力，并将其传给船体使船航行。直接传动的大型低速柴油机主机，往往自带推力轴承；带有减速装置的推进装置，其内设有推力轴承；采用中速机作为主机的装置要单独配置推力轴承。推力轴承有滑动式和滚动式两类，大型船舶均采用前者，小型船舶采用后者。

**1. 滑动式推力轴承**

（1）轴承结构

如图 2-16 所示是一种常见的推力轴承，推力轴(1)的法兰分别与柴油机主机输出法兰和中间轴法兰联接。

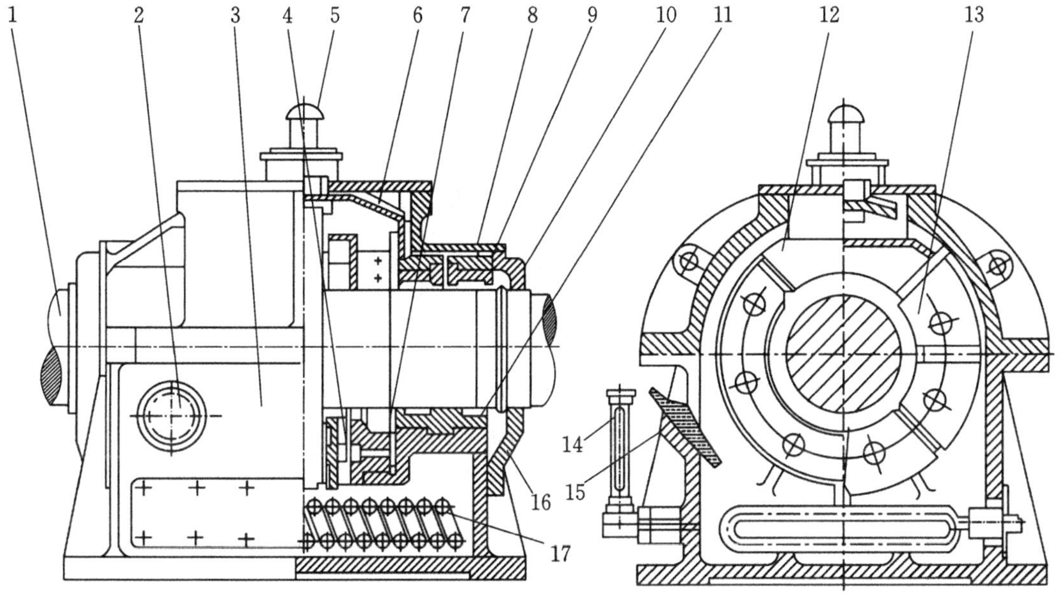


**图 2-16　滑动式推力轴承**

1—推力轴；2—螺塞；3—下壳；4—支撑垫；5—通气罩；6—刮油器；7—调整板；
8—上壳；9—上轴瓦；10—上档油盖；11—下轴瓦；12—压盖；13—推力块；
14—油位表；15—油温表；16—下档油盖；17—冷却水管

推力轴中部设有一个推力环，它的两侧各安置一组独立的扇形推力块(13)，用来承受轴向推力，其中 6 块均匀分布在推力环前端圆环面积上，承受螺旋桨正车推力，另 6 块均匀分布在推力环的另一面，承受螺旋桨倒车推力。每块推力块在与推力环的接触面上都浇有白合金，其背面则有淬硬的顶头，偏心地支撑在支垫(4)上，使推力块在推力环回转时有一定的浮动能力，以便形成较合理的楔形油膜，使其受力均匀且可减少摩擦阻力。在支撑垫(4)后面设有调整板(7),用来调整推力环和推力块之间的间隙。上下轴瓦(9)与(11)分别放置在上下轴承座体中,用来承受径向载荷。在轴承的下部设有冷却水管(17),用以供给海水来冷却滑油。在运行时,推力环将滑油带起,流往推力块的摩擦面上。在轴承上方安装有温度计(15)。在推力轴承的两个端部则设有挡油盖(10 和 16),并在其中有填入的毛毡环,以阻止润滑油的漏出。

(2) 润滑特点

单环式推力轴承只有一个推力环,却比多环式推力轴承能承受更大推力。下面介绍单环式推力轴承的润滑特点。推力块与推力环工作时,它们之间油楔形成如图 2-17 所示。图中(a)为速度 $v$ 等于 0 或启动工况;(b)为速度升高后,推力环将滑油带入接触表面楔形油膜情况;(c)为推力块的结构示意图。当推力环沿箭头方向运动时,因受螺旋桨推力作用,压力作用于推力块(2)上。启动时,由于推力块(2)与支撑块(4)的接触中心偏离几何中心(c),即压力中心与支点中心不重合,摩擦面间的油膜压力 $p$ 与反作用力 $R$ 形成力偶,使推力块产生倾斜,随着推力块产生倾斜,压力中心向支点移动,当 $P$ 与 $R$ 重合时,推力块便保持一定的倾斜位置。推力块与推力环之间便形成了楔形油膜。这种良好的尖劈油膜,防止了推力块与推力环的直接接触,并实现了液体摩擦,能承受更大推力。

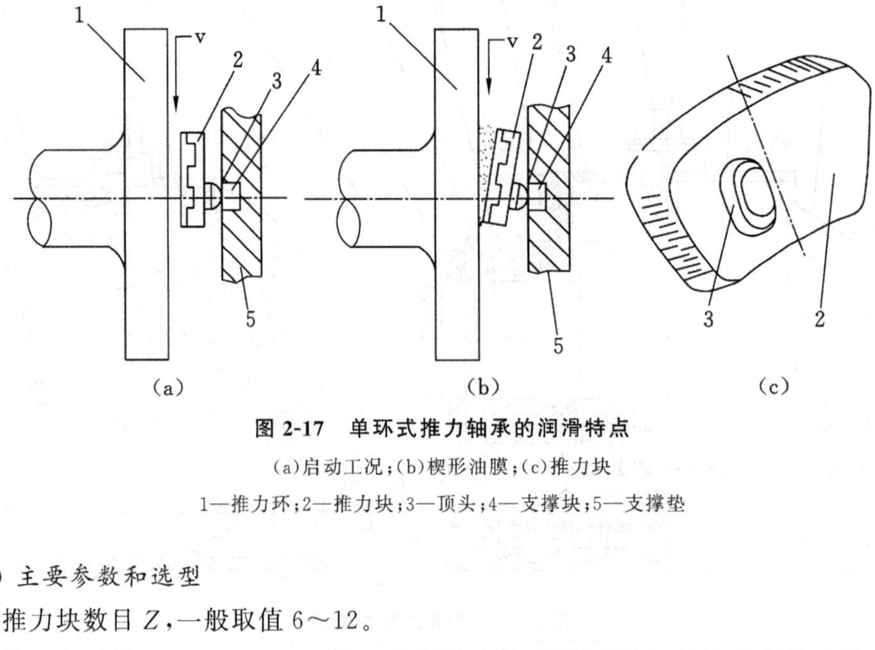


**图 2-17 单环式推力轴承的润滑特点**

(a)启动工况;(b)楔形油膜;(c)推力块

1—推力环;2—推力块;3—顶头;4—支撑块;5—支撑垫

(3) 主要参数和选型

1) 推力块数目 $Z$,一般取值 6～12。

2) 效面积系数 $m$,$m=(Z\cdot Q)/2\pi$,是指推力块有效面积与理论面积的比值。试验表明,$m$ 对推力轴承的承载能力影响很大,一般取值 0.5～0.9。

3) 推力块尺寸比(见图 2-18)

推力块半径比 $r/R$,一般可取 0.5～0.7;

推力块长宽比 $L/b$,一般可取 1～1.25;

4) 偏心距 $e$,目前对 $e$ 的大小选择不一致,一般取值 0.05～0.1$L$。

我国船用推力轴承的结构已基本定型,其外形尺寸及技术参数,可根据我国制定的标准确定,如表 2-7 所示。

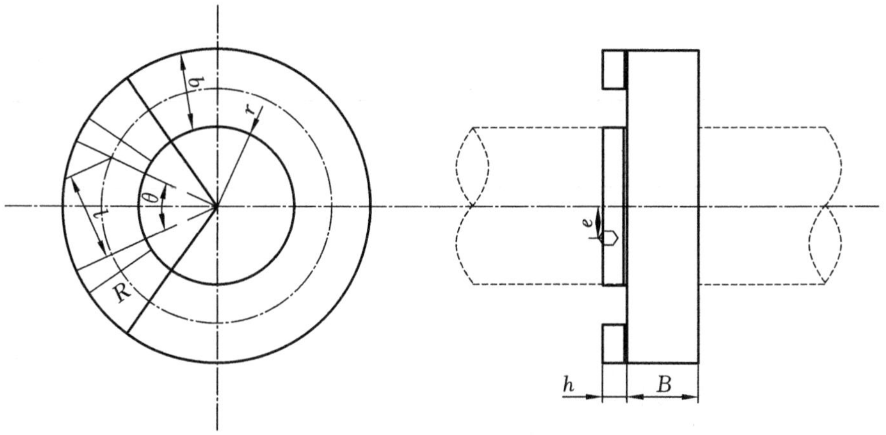


图 2-18　推力块和推力环的尺寸

表 2-7　推力轴承的主要尺寸和参数

| 型号 | 轴颈直径 DF(mm) | 最大使用推力 $P_{max}$(N) | 最大使用推力时转速 $n$(r/min) | 推力块承压面 $F$(cm²) | 推力块与推力环之间的总间隙∇mm | 推力块数目 $Z$ | 推力环直径 $D$(mm) |
|---|---|---|---|---|---|---|---|
| TZ140 | 140 | 60000 | 300—600 | 390 | 0.4—0.6 | 6 | 340 |
| TZ160 | 160 | 90000 | 200—600 | 600 | 0.4—0.6 | 6 | 410 |
| TZ180 | 180 | 120000 | 200—600 | 660 | 0.5—0.7 | 6 | 430 |
| TZ200 | 200 | 160000 | 180—500 | 750 | 0.5—0.7 | 6 | 470 |
| TZ220 | 220 | 200000 | 180—500 | 1005 | 0.5—0.7 | 6 | 520 |
| TZ280 | 280 | 300000 | 120—350 | 1530 | 0.65—0.8 | 6 | 640 |
| TQ250 | 250 | 400000 | 250—550 | 1665 | 0.80 | 8 | 600 |
| TQ280 | 280 | 500000 | 250—550 | 2000 | 0.90 | 8 | 670 |
| TQ300 | 300 | 600000 | 200—520 | 2340 | 0.90 | 8 | 710 |

注：TZ 是自然润滑的推力轴承；TQ 是强制循环润滑的平衡块滑动推力轴承。

(4) 校验

在选定了上述主要结构尺寸参数后，一般还需进行下列两项校验。

1) 推力块与推力环间比压校验。

$$P_m=\frac{P}{F_1} \tag{2-5-8}$$

式中，$P_m$ 为比压(N/cm²)；$P$ 是螺旋桨总推力(N)；$F_1$ 是推力块总面积(cm²)。

$P_m$ 的计算结果应符合下列要求：

自然润滑的推力轴承：$P_m$ 的范围为 150～200 N/cm²；

强制润滑的推力轴承：$P_m$ 的范围为 200～350 N/cm²。

2) 推力环应力校验。

推力环最大应力 $\delta$ 不超过许用应力值[$\sigma$]，计算如下：

$$\delta=\left(\frac{R}{B}\right)^2\cdot\alpha\cdot P_m\leqslant[\sigma] \qquad (2\text{-}5\text{-}9)$$

式中，$[\sigma]$为许用应力，$[\sigma]=0.2[\sigma_s]$，$[\sigma_s]$为材料屈服极限（$N/cm^2$）；$\alpha$ 为系数，可根据图 2-19 选取。

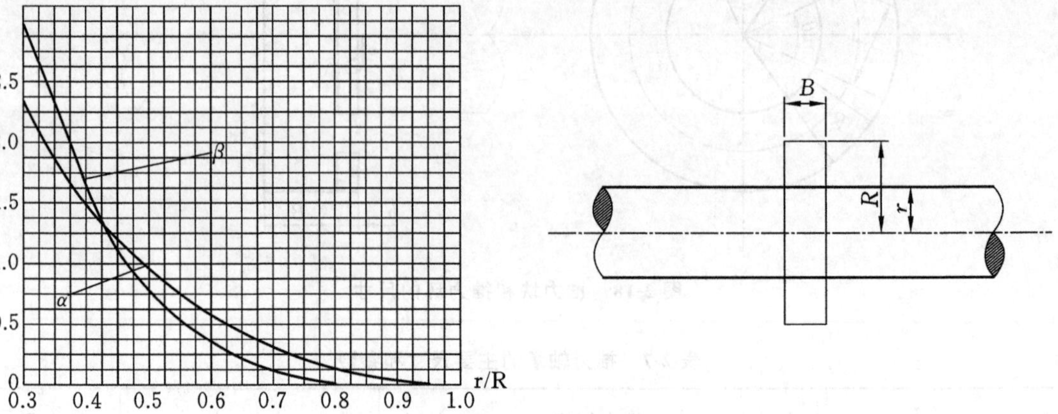


**图 2-19　系数 α 及推力环尺寸**

**2. 滚动式推力轴承**

滚动式推力轴承优点是摩擦损失小，传动效率高，尺寸小，滑油消耗少，管理方便。缺点是承受推力小，噪声大，它适合中小型功率船舶的推进装置，特别适合轻型高速快艇。动式推力轴承可装于齿轮箱内，也可单独设置。但其推力轴必须是采用可拆联轴节，否则无法装拆轴承。

如图 2-20 所示为小型船舶常用的一种滚动式推力轴承，螺旋桨正反方向的推力可经过推力环，分别通过前后两个轴承(5)经件(4)与件(7)及推力轴承支座(10)传给船体。

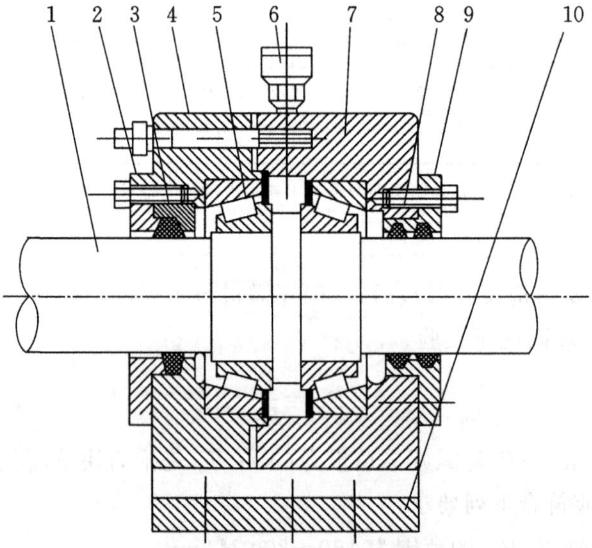


**图 2-20　锥形滚动式推力轴承**

1—推力轴；2—油封压盖；3—油封圈；4 后推力轴承座；5—单列圆锥滚柱轴承；

6—旋盖式牛油杯；7—前推力轴承座；8　油封圈；9　油封压盖；10　推力轴承支座

# 2.6　尾轴管装置

## 2.6.1　尾轴管装置概述

尾轴管装置布置于船体尾部，其任务一是支撑螺旋桨，二是保持船体的水密，防止舷外水的大量漏入或滑油的外泄。尾轴管一般是由尾轴管本体、尾轴承、密封装置、润滑及冷却系统等组成，如图 2-21 所示。

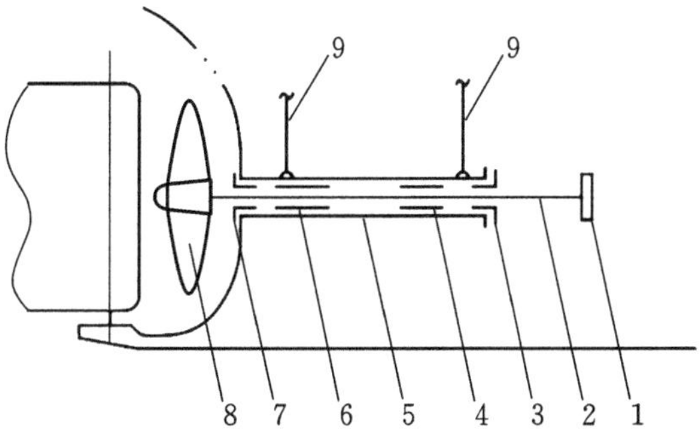


**图 2-21　船舶螺旋桨轴尾轴管简图**

1—联轴器；2—螺旋桨轴；3—尾部密封；4—前轴承；5—尾轴管；6—后轴承；7—尾部密封；8—螺旋桨；9—润滑油管

尾轴管装置的结构随着轴系的数目，润滑方式的不同而不同。单轴系的船舶，螺旋桨离尾轴管距离较近，而双轴系的船舶，由于船体的线型关系，螺旋桨轴一般伸出较长，才能与螺旋桨相连接，故须在船体外部设置尾托架作支承，因此，两者尾轴管装置的结构有所不同。

水润滑的尾轴管轴承往往采用铁梨木、桦木层压板、橡胶等材料，而油润滑一般使用白合金材料。水润滑的尾管轴承装置使用舷外水作润滑冷却剂，因此，只需设首部密封装置，而尾部可以不设置密封装置，允许舷外水进入尾管内。图 2-22 是水润滑单轴系尾轴管装置图，尾轴管本体(5)紧配于尾柱(3)的孔内，并用锁紧螺帽(2)加以并紧。本体首部装于轴承支座(7)上，轴承支座焊于隔舱壁(8)上。在尾轴管本体 5 内孔配有铜质衬套(15)，在铜质衬套内嵌有木质前后轴承(4,13)。螺旋桨轴由木质前后轴承支撑。这种尾轴管装置因采用水作为润滑冷却剂，故只需首部密封(10,11)等。在装置中，舷外水进入尾轴管内，对尾轴管前后轴承与螺旋桨轴的摩擦部位润滑冷却。为了防止舷外水对螺旋桨轴的腐蚀，在与尾轴相接触的前后轴承螺旋桨轴上镶有铜套(14)或其他轴包覆，裸露在外的轴干表面还须包扎玻璃钢。图 2-23 为双轴系油润滑的尾轴管装置，螺旋桨轴由前、后白合金轴承(12,6)所支承。前尾管轴承安置在前支承(13)内，后轴承置于人字架毂(7)内。尾管轴承前端和后端均设有密封装置(12,14,15,16,17,22)等。此外，还设有润滑油管，提供润滑油给轴承及密封装置。

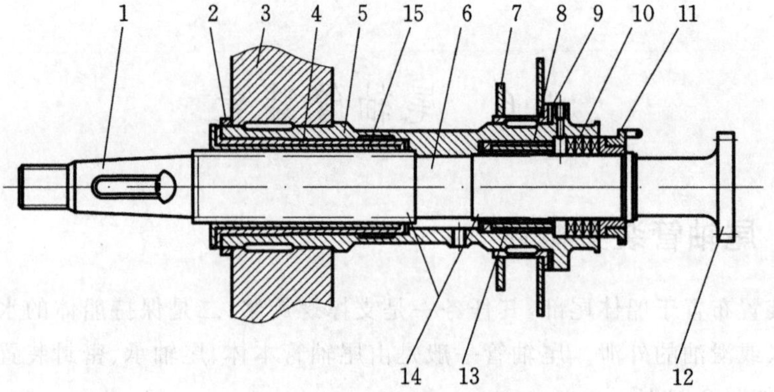


**图 2-22　水润滑的单轴系尾管装置**

1—螺旋桨键；2—锁紧螺帽；3—尾柱；4—尾轴承；5—尾管；6—螺旋桨轴；
7—轴承支座；8—隔舱壁；9—垫板；10—密封填料；11—压盖；12—联轴器；
13—尾轴承(前)；14—轴包覆；15—衬套

## 2.6.2　尾管的结构型式与基本尺寸

### 1. 结构型式

尾管有整体式和连接式两种。整体式尾管一般多用在单轴系的船上，是支承螺旋桨轴的重要部件。尾管一般从舱内向船后安装，穿过舱壁及尾柱，其末端有外螺纹，用螺帽将其固紧。尾管前端设有法兰，将其固定于隔舱壁的焊接座板上。法兰与座扳间装有铝质垫片。连接式尾管一般多用在双轴系的船舶上，如图 2-23 所示，件(10)借法兰或螺纹法兰固定于人字架轴壳和前支承上。

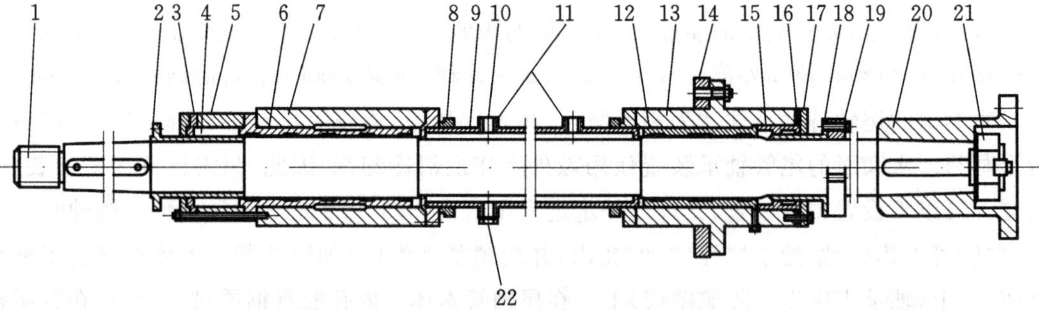


**图 2-23　油润滑的双轴系尾管装置**

1—螺旋桨轴；2—防磨衬套；3—压盖；4—密封填料；5—密封件外壳；6—尾轴承(后)；
7—人字架毂；8—锁紧法兰；9—锁紧螺母；10—尾管；11—油管接头；12—尾轴承(前)；
13—前支承；14—垫板；15—密封支座；16—密封填料；17—压盖；18—前防磨衬套；
19—锁紧环；20—联轴器；21—螺帽；22—放油螺塞

### 2. 材料

整体式尾管一般用铸钢制造；连接式尾管一般用钢管或无缝钢管。

**3. 尾管厚度**

(1) 整体式尾管

整体式尾管的主要尺寸如图 2-24 所示。

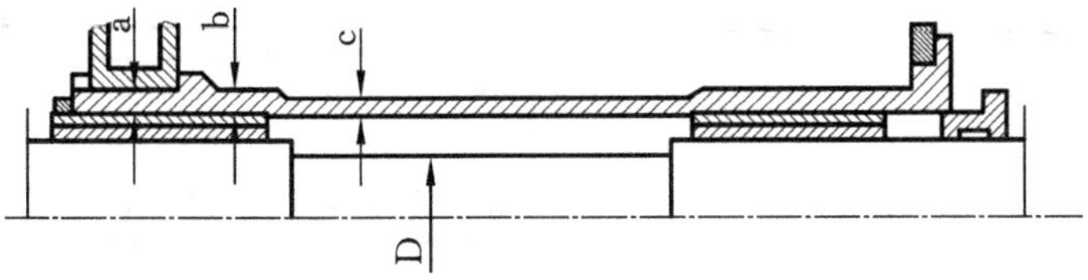


**图 2-24　整体式尾轴管的主要尺寸**

1) 灰铸铁尾管轴颈 $d<210$，$C=d/12+12.7$ mm；轴颈 $d>210$，$C=d/20+20$ mm；其中 $a=(1.5\sim1.8)C$，$b=(1.2\sim1.5)C$。

2) 球墨铸铁尾管壁厚为灰铸铁的 0.7～0.8 倍。

3) 钢质尾管装配衬套处最小壁厚按表 2-8 规定选取。

**表 2-8　尾管的壁厚(单位：mm)**

| 轴颈 $d$ | <80 | 80～120 | 120～150 | 150～180 | 180～260 | 260～360 | 360～500 | 500～700 |
|---|---|---|---|---|---|---|---|---|
| 壁厚 | 10 | 12 | 14 | 16 | 18 | 20 | 22 | 24 |

(2) 连接式尾管

连接式尾管一般用无缝钢管，其壁度约 10～25 mm，小船可用 5～10mm。通常按船壳板厚度选取。

## 2.6.3　尾轴承

尾轴承设置在尾轴管内或人字架毂中，如图 2-25 所示。它除了承受螺旋桨轴的重量之外，还要承受更为复杂的负荷。特别是后轴承因承受螺旋桨在水中回转时的不均匀悬臂负荷，螺旋桨偶然碰到障碍物时的冲击负荷，螺旋桨和轴在运转过程中的振动，使其工作条件更为恶劣。尾轴承在船舶航行时很难检修，只有在船舶进坞后才能进行检修。因此，轴承的结构应坚固可靠，否则，将会因其故障而影响船舶正常营运。

尾轴承有油润滑和水润滑两种。油润滑的尾轴承一般用白合金做耐磨材料，小型船使用青铜或铸铁。水润滑的尾轴承用铁梨木、桦木层压板或橡胶增强塑料等作耐磨材料。虽然铁梨木性能好，但由于生长缓慢，需要进口，价格昂贵，除在一些特殊船舶使用外，一般用桦木层压板或橡胶代替。

常用尾轴承有白合金尾轴承、橡胶尾轴承、铁梨木尾轴承。

**1. 白合金尾轴承**

图 2-25 所示是一种应用较多的白合金尾轴承的基本结构。轴系工作时，白合金承受剪切摩擦力，为了使白合金不脱落，一般在轴承衬套(1)上开有纵向和周向燕尾槽(5)，使白合金浇铸后牢固地与衬套结成一体。

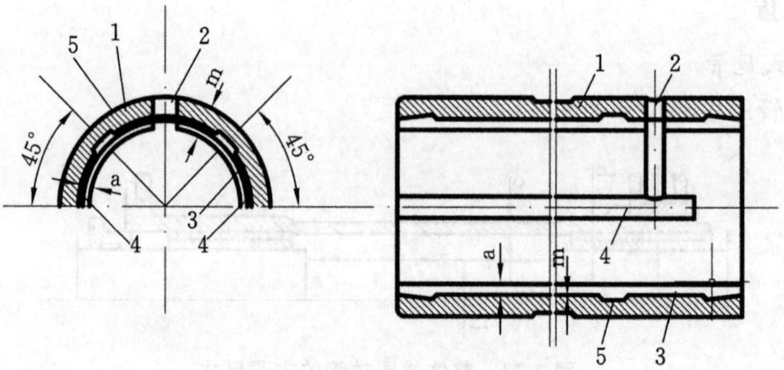


**图 2-25　白合金尾轴承的断面结构**

1—轴承衬套;2—油孔;3—白合金;4—油槽;5—燕尾槽

白合金浇铸好后,应在轴向方向开油槽(一般开上、左、右三条),以便能较好地分布润滑油,油孔 2 应开在轴承上方,并借半圆形油槽与其轴向油槽相通。

白合金轴承衬套常用青铜或黄铜制成,较少使用铸铁或钢。

白合金分两大类:以锡为主体的锡基合金(其中锡含量约占 83%);以铅为主体的铅基合金(其中锡的含量约占 16%)。前者性能优良,后者价格较低。这两种白合金的化学成分和性能如表 2-9 所示。

**表 2-9　白合金轴承的化学成分和机械性能**

| 合金种类 | 化学成分(%) | | | | 轴承负荷($kgf/cm^2$) | | $P_V$ 值 |
|---|---|---|---|---|---|---|---|
| | 锑 | 铜 | 锡 | 铅 | 静负荷 | 冲击负荷 | |
| 锡基合金 | 10—12 | 5.5—6.5 | 其余 | | <100 | <100 | 当 $V>5$ m/s,$P_V=500$ |
| 铅基合金 | 15—17 | 1.5—2.0 | 15—17 | 其余 | <100 | | 当 $V>1.5$ m/s,$P_V=150$ |

注:1 $kgf/cm^2$ = 0.098 MPa

白合金耐磨性能很好,不伤轴颈,抗压强度相当高,散热快,不易发生摩擦热。白合金轴承的缺点是制造、修理复杂,价格贵。

安装时,白合金轴承衬套的外圆面与尾管应紧密配合,否则衬套可能会随轴转动,引起发热烧坏。

白合金尾轴承的安装间隙,可按以下经验公式计算:

$$\Delta = 0.001d + 0.05 \quad (2\text{-}6\text{-}1)$$

式中,$d$ 是轴颈直径(mm)。

白合金轴承的铜衬厚度,可参考下列公式计算:

$$t = (0.06 \sim 0.11)d \quad (2\text{-}6\text{-}2)$$

或者按照规范计算:

$$t \geqslant (0.03d + 7.5) \quad (2\text{-}6\text{-}3)$$

式中,$d$ 是轴颈直径(mm);$t$ 是铜衬厚度(mm)。

白合金轴承长度:海船应不小于所要求的螺旋桨直径的 2 倍;河船前轴承长度为尾轴直径的 1.5 倍,后轴承长度为尾轴直径的 2.5 倍。

**2. 橡胶尾轴承**

橡胶尾轴承广泛应用于中小型船舶，有条式和整体式两种。

1）条式橡胶尾轴承。

条式橡胶尾轴承压制前应先加入金属芯条，以增加其刚性，然后将橡胶放在压模上用硫化方法制成橡胶尾轴承。如图 2-26 所示是桶形安装的条式橡胶尾轴承。为了防止橡胶板条(2)沿着衬套内表面滑动，用埋头螺钉(4)从衬套外面旋入到金属芯条(3)的螺孔中，以便把橡皮板条(2)紧固于衬套(1)上。

2）整体式橡胶尾轴承。

整体式橡胶尾轴承(见图 2-27)广泛用于高速艇及内河小船上，是把橡胶硫化黏合到衬套内面，衬套内孔车成正反螺纹，以便橡胶硫化后能牢固粘在内壁上。

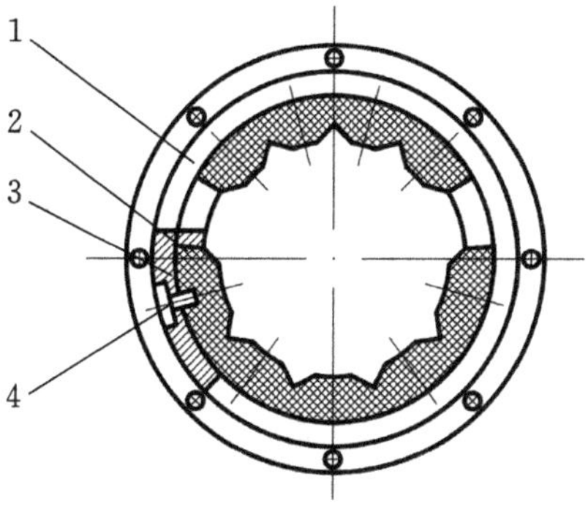


**图 2-26　板条式橡胶尾轴承**

1—尾轴管衬套；2—橡胶板条；3—金属芯条；4—埋头螺钉

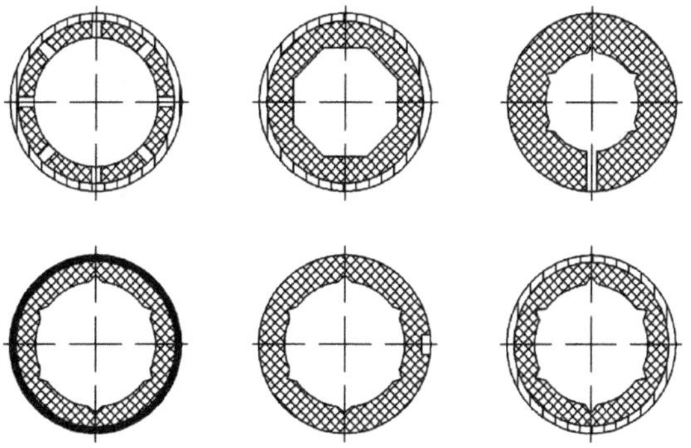

**图 2-27　整体式橡胶尾轴承**

橡胶轴承的特点是：

第一，橡胶轴承富有弹性，能吸收振动，故对安装误差及冲击敏感性较小，工作平稳无声，这对保护船体及改善船员的工作、旅客的生活环境均有好处。

第二，由于没有后密封装置，其结构简单，且避免了摩擦功的损失。

第三，采用水作为润滑的冷却剂，营运成本低。由于不用润滑油，不污染航道，降低了营运成本和造价。

第四，橡胶传热性差，温度超过 65 ℃～70 ℃时，容易老化失效，且低温易变脆。

**3. 铁梨木尾轴承**

铁梨木是海船常用的一种水润滑尾轴承材料。铁梨木组织细密、坚硬、密度大，具有抗压、抗腐蚀、耐磨等优点。顺纤维方向的抗压强度达 7250 $N/cm^2$。铁梨木在水中能分泌出一种树脂黏液，它与水一起形成乳状液体，是良好的润滑剂；它和青铜摩擦时，摩擦系数为 0.003～0.007，且不伤轴颈。铁梨木在干燥时会裂开和扭曲变形，所以，加工和安装时应使其处于湿润状态或浸泡在水中。铁梨木的机械物理性能可参见有关材料手册。

铁梨木是以板条形式镶嵌于衬套内，如图 2-28 所示。在镶嵌铁梨木时应使轴承下半部板条的纤维纹路方向与轴心线相垂直，以提高它的耐磨性。上半部板条的纤维纹路方向与轴心线相平行，以提高材料的利用率。

为了防止铁梨木转动，以及便于镶嵌，特镶嵌两条青铜止动条在其中。止动条的厚度约

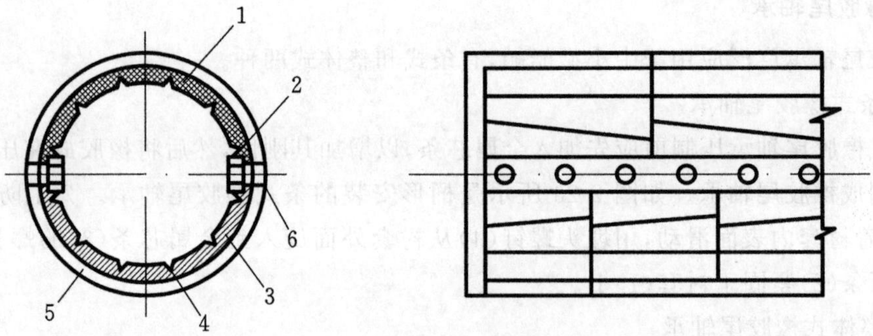


**图 2-28　铁梨木尾轴承**

1—纵纹板条；2—止动条；3—立纹板条；4—冷却水槽；5—尾管衬套；6—埋头螺钉

为铁梨木厚度的 60%，止动条用于埋头螺钉装在衬套上。铁梨木板条之间常开有冷却水槽，以便冷却水经水槽对轴承进行润滑和冷却。

根据规范规定，铁梨木尾轴承的长度，后轴承应不小于螺旋桨基本轴径的 4 倍。铁梨木板条厚为 15～25 mm，宽为 60～80 mm。润滑和冷却良好的铁梨木轴承，其轴承比压 $P$ 可超过 0.3 MPa。

**4. 桦木层压板尾轴承**

桦木层压板是将我国产的桦木切成薄单板，经浸渍酚醛树脂后组成板坯，再在高温下压制成板材，做成尾轴承（见图 2-29）。与铁梨木相似，经过加工的桦木层压板木质坚实，强度增加，耐磨、耐热、耐腐蚀，摩擦系数小，它的机械物理性能达到或接近铁梨木的机械物理性能。我国常用的桦木层压板牌号为 MCS-2、MCS-1 两种，尺寸规格分别为：长 1000 mm 和 700 mm，宽500 mm和 600 mm，厚 15～55 mm。其技术参数：单位压力 $P \leqslant 0.295$ MPa，线速度 $V \leqslant 5$ m/s，且 $PV \leqslant 50$。其安装间隙为：

$$t \geqslant 0.03d + (0.5 \sim 0.75)$$

式中，$d$ 是轴承处轴颈直径(mm)。

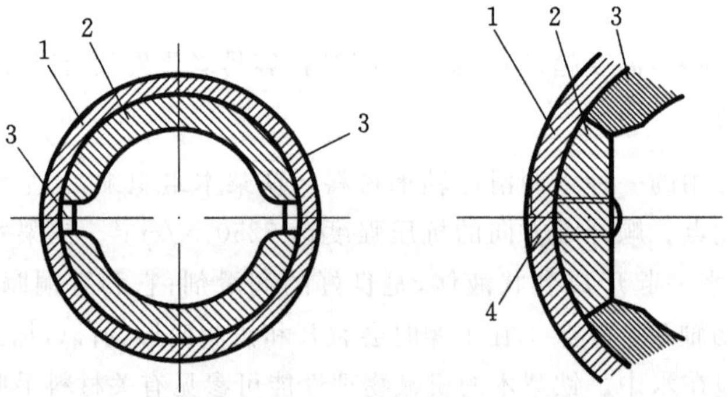


**图 2-29　桦木层压板尾轴承**

1—尾管衬管；2—板条；3—青铜止动条；4—埋头螺钉

## 2.6.4　尾管密封装置

为了防止舷外水沿着螺旋桨轴与轴承间隙浸入船内以及润滑油外泄，在尾管装置中必须设置尾管密封装置。尾管密封装置可分为首部和尾部两类。对于油润滑的尾管密封装置，其首部密封装置的任务主要是封油，使油不进入船舱内，而尾部密封装置既防油的漏出，又防止舷外水的浸入，起防水防油的双重作用。对于水润滑的尾管密封装置，只设首部密封装置，使舷外水不进入船舱内。而不设尾部密封装置，好让舷外水流入尾管，对尾管轴承起润滑和冷却作用。

密封装置由密封元件及其夹持定位部件等组成，其工作条件十分恶劣，既要承受舷外水的浸入压力，剧烈的磨损及高温，元件还承受轴系的径向跳动、海水的腐蚀、泥沙水的磨刷等。

尾管密封装置处于水线以下，拆装极不方便，一旦发生故障，船舶要停航甚至进坞修理，这将影响船舶的营运。故在尾管密封装置设计选型时，要求其产品使用可靠，密封效果好，使用寿命长，结构简单，选材容易，制造维修方便。

**1. 首部密封装置**

(1) 填料函型水密封装置

如图 2-30 所示为填料函型水密封装置，填料(4)装在尾管(3)中，借压盖(6)的压紧力使其与轴紧密接触，达到封水的目的。这种装置一般均设有进水管，以便引入具有压力的冷却水对轴承进行冷却润滑，冲走泥沙。配水环(2)的作用是保证引入水流能均匀地沿着尾管的圆周进行分配，防止短路及涡流的形成。填料采用渗油的麻绳盘根或石棉制品制成。海船的压盖、配水环用青铜或黄铜制成。航行时，压盖不能拧得过紧，以免加剧轴或衬套的磨损。应适当松开，让舷外水每分钟渗入数滴，这对衬套的冷却和减磨有益。

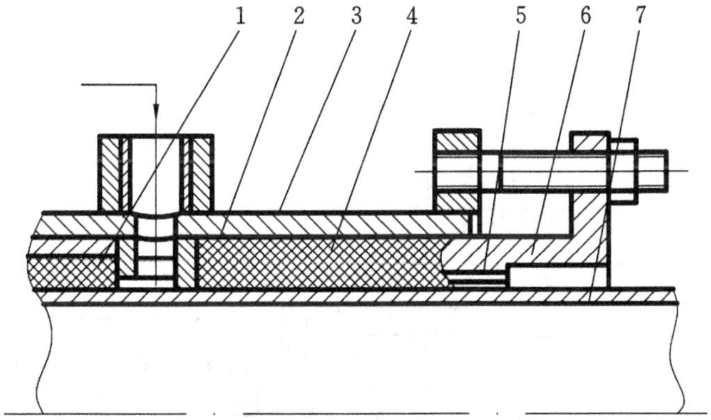


**图 2-30　填料函型水密封装置**

1—橡胶轴承或木质轴承；2—配水环；3—尾管；4—填料；5—压盖衬套；6—压盖；7—轴套

这种密封装置具有结构简单，使用可靠，制造维修方便等优点。其缺点是要耗摩擦功，易使轴或轴套磨损，造成不良后果。

(2) 骨架式油密封装置

骨架式油密封装置如图 2-31 所示，其密封元件用橡胶圈。为了提高橡胶圈的刚性，有利于其抱紧转轴，在橡胶圈中间嵌入金属骨架。组成骨架式橡胶油封(3)，将油封(3)置于密封环座(1)中,压盖(2)及定位螺栓将其夹紧定位,依靠唇部与旋转轴的接触进行密封。为延长使用寿命,当工作的橡胶油封磨损或变形失效后拆开压盖(2),剪断并去掉油封(3),换上备用橡胶油封(6),再装上压盖(2);当防磨衬套(4)表面受橡胶油封磨损起槽过深时,可松开夹紧环(5),沿轴向移动防磨衬套,使其衬套表面完好处与油封接触,这样可延长使用寿命。这种骨架式油密封装置在我国广泛应用于中、小型船舶中,并已有标准系列图纸,供设计选型时参考。

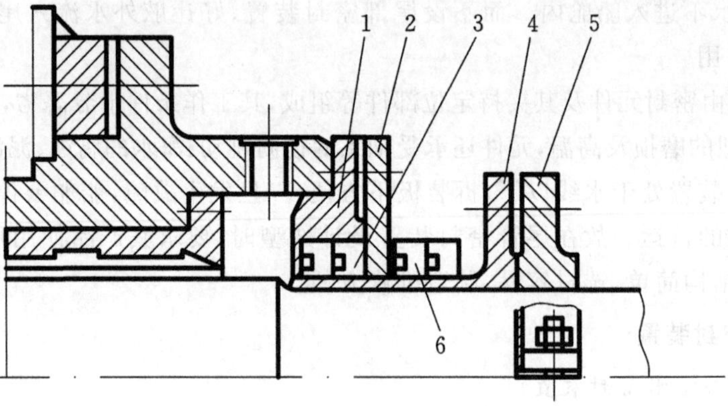


**图 2-31　骨架式油密封装置**

1—密封环座(铸铁);2—剖分式压盖;3—骨架式橡胶油封;4—防磨衬套;5—夹紧环;6—备用油封

(3) Simplex 油密封装置

如图 2-32 所示为 Simplex 改进型首部油密封装置,这种油密封装置的密封圈(7)的防漏密封原理与骨架式油密封装置相似,主要特点是腰部做得细长,弹性及跟随性较好,唇口的接触宽度小,弹簧的径向力合适,故密封效果好,使用寿命长,目前在大、中型船舶中使用极为广泛。

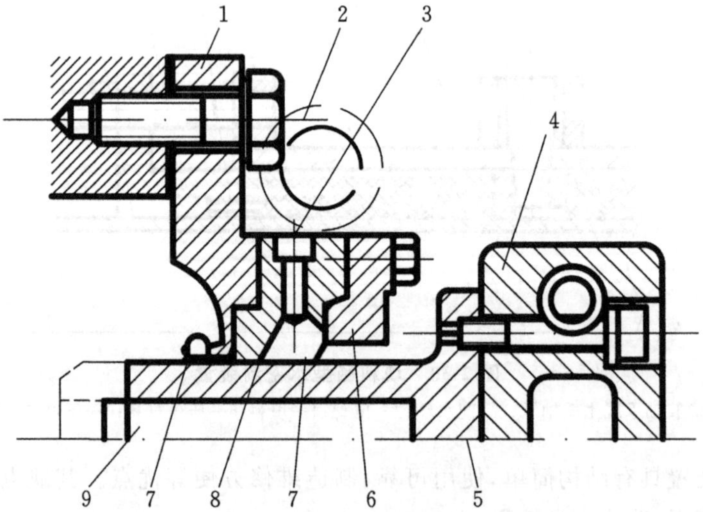


**图 2-32　Simplex 型油密封装置**

1—前壳体;2—吊环;3—螺孔;4—剖分式锁紧环;5—袖衬套;
6—密封压盖;7—密封圈;8—中间环;9—耐磨衬套

### 2. 尾部密封装置

为了防止舷外水沿着螺旋桨轴与轴承间隙浸入船内及润滑油外泄，在尾管装置中必须设置尾管密封装置。

(1) 油圈式尾部密封装置

如图 2-33 所示为油圈式尾部密封装置的结构，其主要部件是三个油令板(8)和三个油圈(9)组成的三个密封单元。耐磨衬套紧套在尾轴上，并用螺钉紧固于螺旋桨桨壳(1)上。油圈(9)紧套在耐磨衬套(2)上，用过盈配合，跟轴一起旋转。压板(6、7)、油令板(8)和垫板(10)用螺栓固定于尾管后轴承(11)上，由于油令板和油圈径向及轴向间隙很小，滑油流经装置时如进入迷宫，或 z 型迂回曲折前进，滑油压力降低，从而限制和减少了油的泄漏。在压板(7)内装有橡皮(3)和羊毛毡(4)，以防止舷外水及泥沙的浸入。

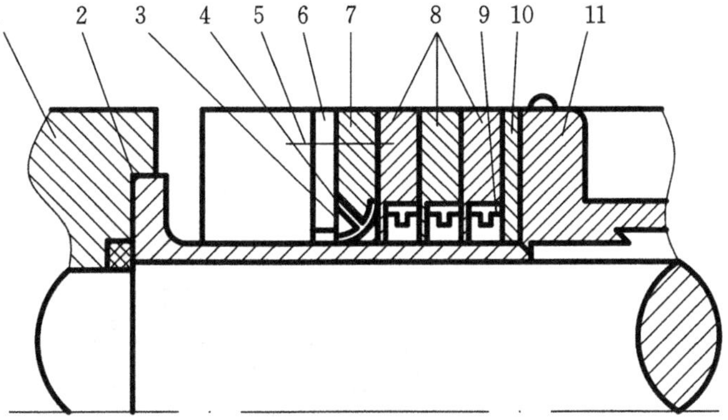


**图 2-33　油圈式尾部密封装置**

1—螺旋桨；2—防磨衬套；3—橡皮；4—羊毛毡；5—螺钉；6、7—压板；8—油令板；9—油圈；10—垫板；11—尾管后轴承

(2) 骨架式尾部油密封装置

如图 2-34 所示是尾部油密封装置的结构图，它与骨架式首部油密封装置结构相同，但因尾部油密封装置既要封水又要封油，所以用的密封圈比首部用的密封圈多，一般为 3～4 道，其中两道向外翻边，用来阻水，两道内翻边，用来阻油。翻边橡皮是作为舷外水进入的第一道防线，用来阻水挡沙。垫板(1)和 O 形橡皮圈(2)置于螺旋桨和轴的防磨衬套的接合处，以防止水的侵入而引起腐蚀。

(3) Simplex 改进型尾部油密封装置

如图 2-35 所示为目前世界上广泛采用的 Simplex 改进型尾部油密封装置，其主要密封部件由三道唇部装有箍紧弹簧丝的橡皮密封圈组成，一道向前翻，二道向后翻，其头部分别夹持在后壳体(7)、中间环(5)、支承环(4)及后压板(3)中，这种固定方法对橡皮的压缩量易于保证。密封装置可在车间预装，然后到实船安装。其优点可归纳三点：①密封性能好。由于密封圈的独特形状，在防磨衬套上作用较大的压力，有越压越紧的特性；②结构简单紧凑，装拆方便；③由于密封圈富于弹性，当轴产生径向轴向跳动位移时，其跟随性较好，密封性能不受影响。

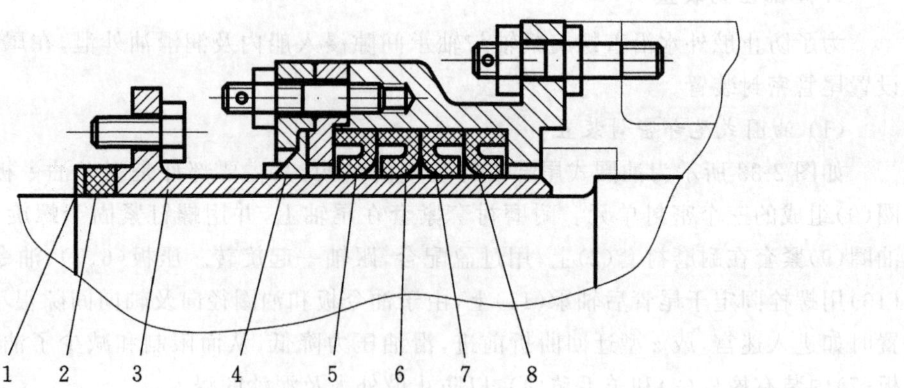


图 2-34　骨架式后密封装置

1—垫板；2—O 型橡皮圈；3—防磨衬套；4—翻边橡皮；5、6、7、8—骨架式橡皮密封圈

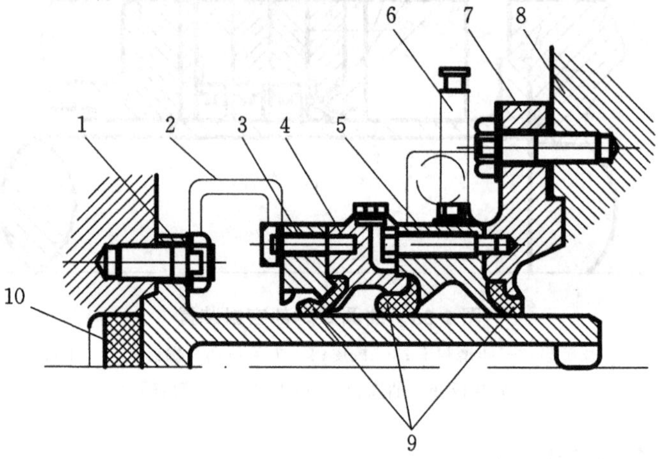


图 2-35　Simplex 改进型尾密封装置

1—耐磨衬套；2—定位夹；3—后压板；4—支承环；5—中间环；6—磨损检测器；
7—后壳体；8—尾轴管；9—橡胶密封圈；10—密封橡皮

## 2.6.5　尾轴承及密封部件的润滑与冷却

尾轴承与轴及密封部件的静、动摩擦副之间均处于强烈摩擦之中，必须供给足够的滑油或水，否则将发生干摩擦，使摩擦副发热受损，影响船舶的正常运营。

### 1. 水润滑尾轴承及密封部件的润滑和冷却

水是尾轴承与轴及首部密封部件的润滑剂，又是冷却剂，故水润滑尾轴承可以利用自由流入的舷外水或加装管系送来的压力水进行润滑。其首部密封元件一般采用封闭式的油脂润滑或压力水润滑。轴系运转前，应先对轴承供水。

铁梨木轴承水量不足时，铁梨木温度迅速提高，当在 600～700 ℃时，铁梨木的摩擦系数提高，轴承发热，损坏轴承及轴包覆。只有在温度不超过 500 ℃时，铁梨木轴承才能保持其耐磨性能。

由于桦木层压板尾轴承摩擦系数较大，易于发热，故所需冷却水量比铁梨木轴承多。橡胶轴承工作时，要求冷却水连续输入轴承内，若停止供水 1～5 min，摩擦系数会升高，引起轴与橡胶发热，把轴咬死。

水润滑尾轴承，当船舶航行在浅水或污水中时，轴承工作表面会进入泥沙状杂质，因此需在轴承内造成压力水流，这样可保证轴承的润滑和冷却及工作表面的清洁。

**2. 油润滑的尾轴承及密封部件的润滑和冷却**

如图 2-36 所示为油润滑的尾轴管装置的自然润滑。在重力油柜中的润滑油靠自身所受重力供油润滑和冷却。润滑油从水线以上高位的油柜(1)进入后尾轴承(5)，经尾管(6)流至前轴承(8)，再经回油管(7)回至油柜(1)。油泵的作用是以一定的压力向尾轴管装置加速供油。轴系运转前，用泵泵油，将润滑油自油柜抽出，压入润滑处。当回油管有回油时，即表明系统已充满了润滑油，就可以终止泵油了。回油管的作用是作透气管及回油。

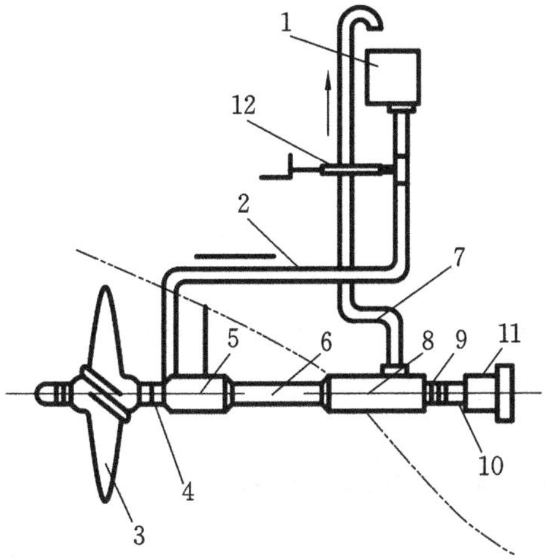


**图 2-36　尾轴管装置的自然润滑**

1—重力油柜；2—进油管；3—螺旋桨；4—尾部密封；5—后尾轴承；6—尾管；
7—回油管；8—前尾轴承；9—尾部密封；10—螺旋桨轴；11—联轴器；12—尾轴油泵

# 第3章　船舶推进系统的传动设备

在现代船舶中，由于主机形式、船舶用途、推进性能要求不同，推进装置的传动方式也有所不同，除了机桨之间直接传动之外，还有间接传动和其他形式传动。所以，在机桨之间除了传动轴系之外，还配备各种传动设备，其主要设备有船用减速齿轮箱、船用摩擦离合器、船用弹性联轴节、船用液力耦合器、可调螺距螺旋桨等。下面就这些传动设备的作用原理、结构特点、选型等分别予以叙述。

## 3.1　船用减速齿轮箱

由于船舶工作工况多变，且其主机常采用中、高速柴油机，为了获得较高的推进效率，一般常要采用减速齿轮箱作为传动设备。

### 3.1.1　船用减速齿轮箱的定义与用途

船用减速齿轮箱是通过齿轮系将主柴油机做的功传给螺旋桨的传动设备。一般螺旋桨的转速越低、直径越大，它的效率越高。因此在船舶设计中，应尽量采用低转速、大直径的螺旋桨。如果主机转速高于所需要的螺旋桨的转速，则应采用齿轮减速传动，这种起减速作用的齿轮装置称为船用减速齿轮箱。齿轮箱可用于固定螺距螺旋桨与不可反转的主机组成的推进系统中，或用于可调螺距螺旋桨与不可反转的主机组成的推进系统中。在固定螺距螺旋桨与不可反转的主机组成的推进系统中，螺旋桨的反转也要靠齿轮箱来完成。这种能起倒顺车作用的减速齿轮箱称为倒顺/减速齿轮箱。为了使主机与齿轮箱能随意结合或脱离，在倒顺/减速齿轮箱中还装有离合器。这种能起离合作用的倒顺/减速齿轮箱称为离合/倒顺/减速齿轮箱。

近年来，随着技术的进步，中国四冲程中速柴油机单机功率不断增大，并成功地解决了烧重油问题，而且与低速机相比，具有重量轻、体积小、高度低等优点，因此在近海航区、远海航区、长江内河及其他航区，越来越多的中速柴油机作为主机用在船上。在中高速柴油机作为主机的推进装置中，为了充分利用主机的额定功率，降低螺旋桨的转速，增大螺旋桨的直径，提高螺旋桨的效率，在推进装置中配套离合/倒顺/减速齿轮箱是必需的。简略地说，船用减速齿轮箱的作用是：减速、反向、离合。

### 3.1.2　齿轮箱的主要技术指标

(1) 额定功率 $P_n$ 和额定转速 $N_n$

齿轮箱的额定功率和额定转速是指在额定工况下的输入功率和输入转速。因此在选配齿轮箱时，它的额定功率和额定转速一般应等于主机的额定功率和额定转速。额定功率的单位是 kW。额定转速的单位是 r/min 表示。

(2) 额定扭矩 $M$

这是指在额定工况下齿轮箱输入轴的扭矩。它与额定功率和额定转速的关系是：

$$M = 9.55 \frac{P_n}{n_n} k \tag{3-1-1}$$

在选配齿轮箱时，$M$ 至少应等于主机的额定扭矩。

(3) 额定传递能力

它是指齿轮箱所传递额定功率与额定转速的比值，即 $P_n/N_n$。它是齿轮箱工作能力强弱的指标，也是选配齿轮箱的重要依据之一。

(4) 减速比 $i$

一般，齿轮箱输入轴（主动轴）的转速 $n_1$ 与输出轴（从动轴）的转速 $n_2$ 的比值称为转速比或传动比。在单级传动齿轮箱中，它的转速比通常称为减速比。减速比也等于输出齿轮的齿数 $Z_2$ 与输入齿轮的齿数 $Z_1$ 之比。于是：

$$i = \frac{n_1}{n_2} = \frac{Z_2}{Z_1} \tag{3-1-2}$$

对于有中间齿轮传动的齿轮箱，也可按上式计算，因为中间齿轮只改变转向而不改变减速比。

(5) 输入输出轴之间的中心距

这是根据齿轮箱额定传递能力和减速比而定的一个技术指标，也是齿轮箱的结构设计及轴系布置设计的重要依据之一。齿轮箱输入轴、输出轴之间的中心距的选择，关系到机舱设备布置、船体型线、螺旋桨轴的位置。

(6) 额定承受螺旋桨推力

齿轮箱中一般装有承受螺旋桨推力的推力轴承。在额定工况下的齿轮箱所能承受螺旋桨推力的大小称为额定承受螺旋桨推力。齿轮箱的额定承受螺旋桨推力应大于额定工况下螺旋桨发出的推力。否则需另设专门的推力轴承。螺旋桨的推力可按下式估算：

$$T = 1943.2 \frac{P_n}{V_n} \cdot \eta_p \tag{3-1-3}$$

式中，$T$ 为螺旋桨发出的推力(N)；$P$ 为传递功率(kW)；$V_n$ 是航速(kn)；$\eta_p$ 是螺旋桨效率，$\eta_p = 0.6$。

选择齿轮箱时，应同时满足上述技术指标的要求。

### 3.1.3　齿轮箱传动原理及其选用

(1) 齿轮箱传动原理

齿轮箱减速传动，都是通过成对的齿轮实现的。输入轴（主动轴）上有一个小齿轮与输出轴（从动轴）上的大齿轮啮合，主机的功率通过小齿轮传给大齿轮，然后通过齿轮箱上与大齿轮同轴的输出法兰、中间轴、尾轴，传给螺旋桨。根据齿轮箱输入轴与输出轴布置的形式，可分为垂直异心传动齿轮箱和水平异心传动齿轮箱，如图 3-1 所示为垂直异心传动齿轮箱。

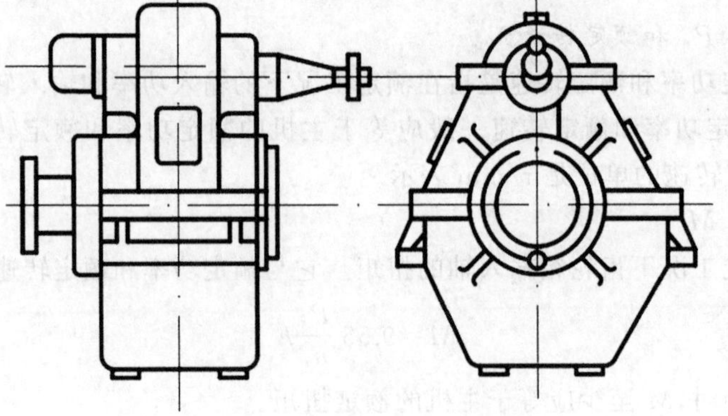

图 3-1　垂直异心传动齿轮箱

该齿轮箱的功率输入轴和功率输出轴布置于垂直平面内，由输入轴上的小齿轮带动功率输出轴上的大齿轮，从而实现一级减速。这种齿轮箱的显著特点是占机舱面积小，适合布置于面积比较狭小的尾机型机舱。但由于两轴心线布置于垂直平面内，势必要抬高主机高度，主机重心升高，影响到船舶稳定性。如图 3-2 所示为一个水平异心传动齿轮箱，它的结构与垂直异心传动齿轮箱几乎相同，所不同的是它的功率输入轴和功率输出轴布置于水平平面内。采用这种布置能有效降低主机重心，对中部机舱双机双桨的推进装置布置设计更为方便有利，两主机的间距有保证，但水平尺寸较大，多占机舱面积。上述两种减速齿轮箱已被广泛用于沿海和内河中小型船舶中，我国对这两种减速齿轮箱已有专业工厂生产，并形成了系列产品。

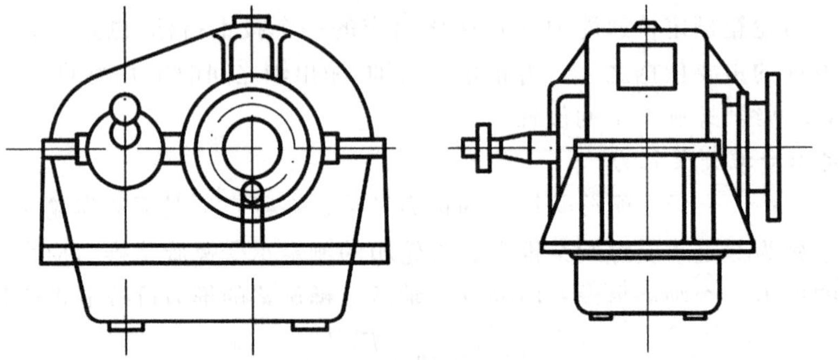

图 3-2　水平异心传动齿轮箱

(2) 齿轮箱的选用

齿轮箱的选用可根据要传递的主机功率、输入转速、螺旋桨的最佳转速，及所需的减速比按图 3-3 来选用。现将选用方法举例说明。

已知某主机最大持续功率 $P_{mc}$ 为 2500 kW，输出转速 750 r/min，减速比 $i$ 为 3，单机单轴输出，由于 $P_{mc}/n_1=3.33$ (kW · min/r)可在图 3-1-3 的纵坐标找出 $P_{mc}/n_1=3.33$ (kW · min/r)的一点 $a'$，通过 $a'$点作横坐标平行线。再在横坐标找出 $i=3$ 的一点 $a''$，通过 $a''$作纵坐标的平行线。两线相交于 $a$ 点。$a$ 点落在图 3-3 中曲线 1000B 之上，1000C 曲线之下，说明选用 1000C 中心距的齿轮箱是安全可靠的。

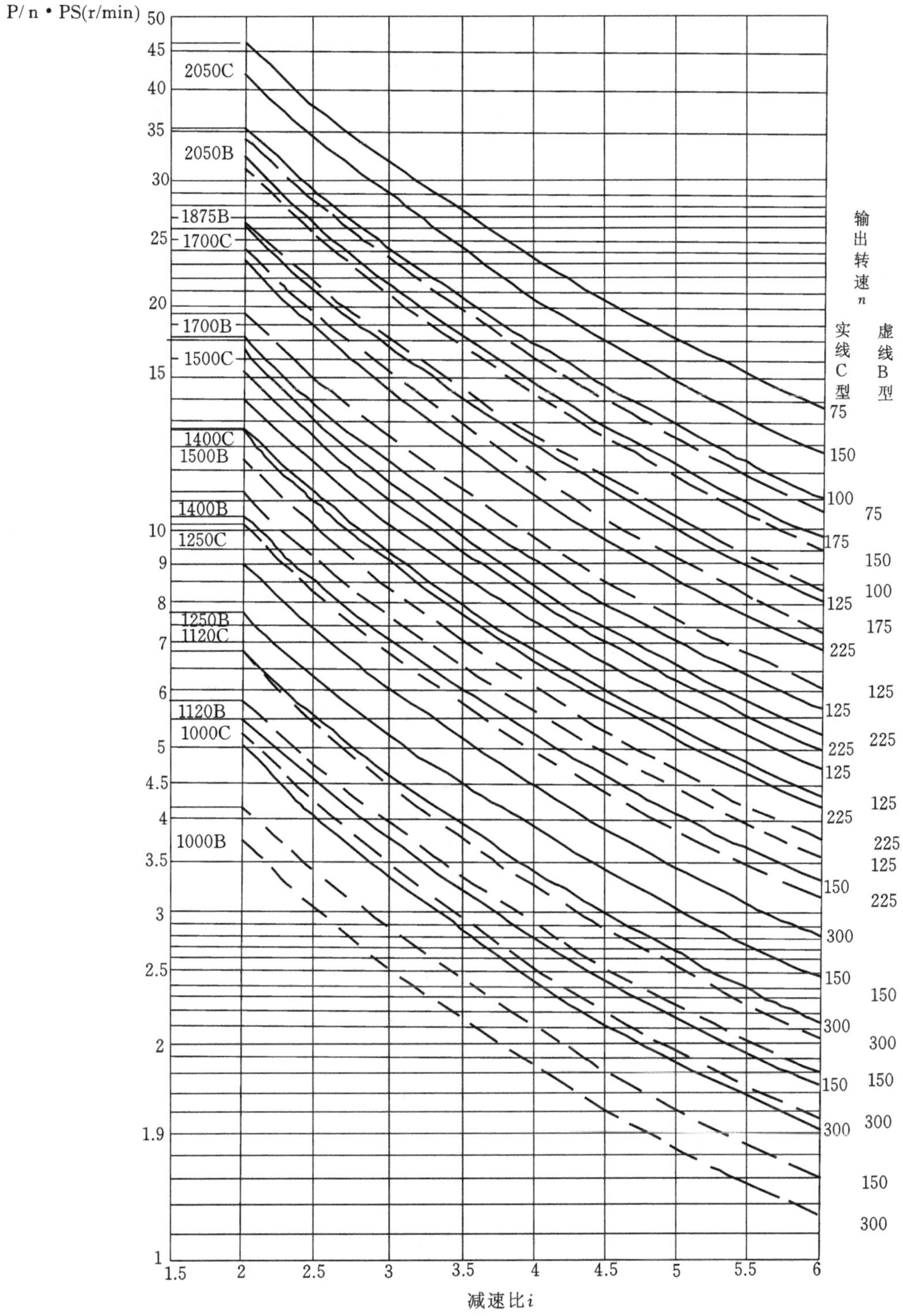
P/n・PS(r/min)
50
45
40
35
30
25
20
15
10
9
8
7
6
5
4.5
4
3.5
3
2.5
2
1.9
1
2050C
2050B
1875B
1700C
1700B
1500C
1400C
1500B
1400B
1250C
1250B
1120C
1120B
1000C
1000B
输出转速 n
实线 C 型
虚线 B 型
75
150
100
75
175
150
100
125
175
225
125
125
225
225
125
125
225
225
125
150
225
300
150
150
300
300
150
150
300
300
150
300
1.5
2
2.5
3
3.5
4
4.5
5
5.5
6
减速比 i

图 3-3　齿轮箱选型图

# 3.2 船用液力耦合器

## 3.2.1 液力耦合器工作原理

利用液体传递功率的装置叫液力传动装置。液力耦合器是液力传动装置的一种形式。液力耦合器最早是从离心泵和涡轮机的工作原理中得到启发而创造出来的。从图 3-4 可看到,发动机(1)带动离心泵(2)工作,使具有一定压力的工作液体通过管道 3 带动螺旋桨旋转。工作液体做功后流回到循环油箱(4)供第二次循环使用。这样发动机的机械能通过液体媒介传给螺旋桨。为了缩小耦合器的结构形式尺寸,减少工作液体在管道的能量损失,把工作轮尽量靠拢,使泵轮出口直接对着涡轮进口。实际耦合器的基本结构和图 3-4 是一致的。

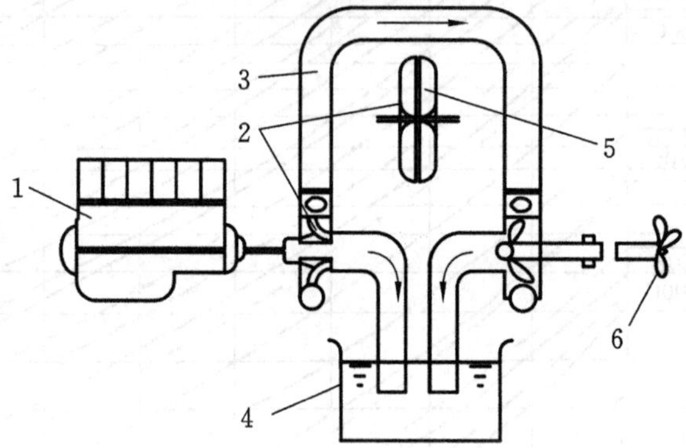


**图 3-4 液力耦合器工作原理**

1—原动机;2—离心泵;3—管道;4—循环油箱;5—涡轮机;6—螺旋桨

如图 3-5 所示为耦合器的基本结构图。它的主要部件是三个轮子:泵轮(1)、涡轮(2)和转动外壳(3)。泵轮与主动轴(功率输入轴 4)相连,涡轮(2)与从动轴(功率输出轴 5)相连。主动轴与从动轴在同一轴线上,泵轮与涡轮左右对称布置,尺寸完全相同,轮内装有相当数量的叶片,依靠矿物油作为媒介,在泵轮与涡轮之间流动而传递功率。转动外壳一般和泵轮连接,随泵轮一起转动,它内部设叶片,主要作用是工作轮内部形成封闭空间,保证油的循环流动。

## 3.2.2 耦合器的环流和速度三角形

3.2.1 节是从直观上说明耦合器的基本工作原理,下面从环流和速度三角形的形成,对耦合器传递扭矩的原理作进一步讨论。当原动机起动时,泵轮开始转动,工作腔中的液体在叶片作用下产生一个复合运动。工作液体一方面是绕叶轮旋转的牵连运动,另一方面又在离心力作用下,从泵轮腔的内半径处挤向外半径的相对运动,当离开泵轮腔进入涡轮腔时液体运动就是这两种运动的合成,如图 3-6 所示为它的流动方向。

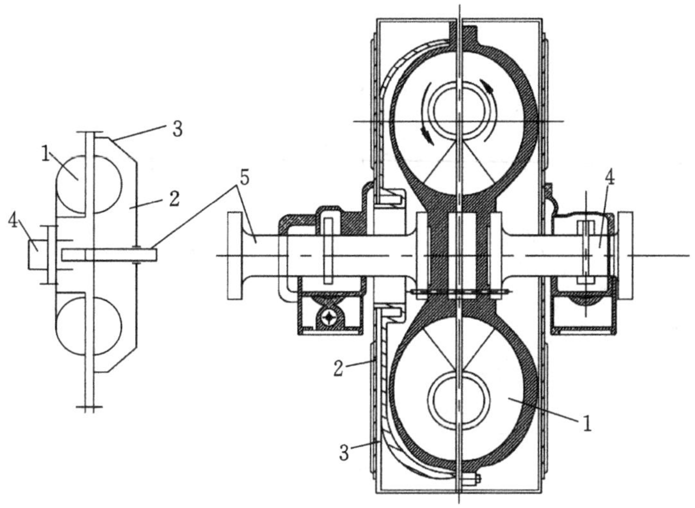


**图 3-5　液力耦合器结构**

1—泵轮；2—涡轮；3—转动外壳；4—主动轴；5—从动轴

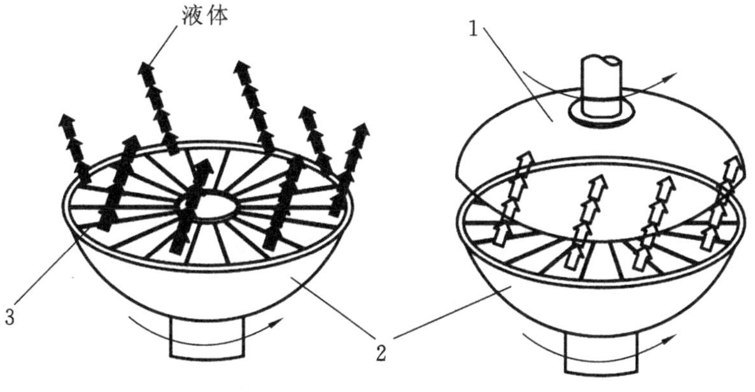


**图 3-6　耦合器液体从泵轮到涡轮的旋转方向**

1—泵轮；2—涡轮；3—叶片

下面再讨论液体流动中速度三角形。为便于学习，我们把工作腔中的液体环流简化为一个质点的运动。这个质点的质量等于工作腔中的液体环流质量。它的流线取其平均流线。图 3-7 表示泵轮和涡轮进出口处的流体速度三角形。这些速度三角形平面以垂直于轴来表示，且涡轮速度三角形的矢量全都以相反方向表示出。B、T 分别表示泵轮和涡轮。

由速度三角可知：

$$\overrightarrow{V_B}=\overrightarrow{u_B}+\overrightarrow{W_B} \tag{3-2-1}$$

$$u_B=r_B\omega_B \tag{3-2-2}$$

式中，$\overrightarrow{V_B}$、$\overrightarrow{u_B}$、$\overrightarrow{W_B}$分别是泵轮出口流体的绝对速度、圆周速度和相对速度；$\omega_B$ 为泵轮转动角速度。

很明显，泵轮出口对着涡轮进口，若忽略不计两工作轮之间间隙的摩擦损失，泵轮出口的绝对速度等于涡轮进口的绝对速度，且方向相同。即

$$V_B=V_T \tag{3-2-3}$$

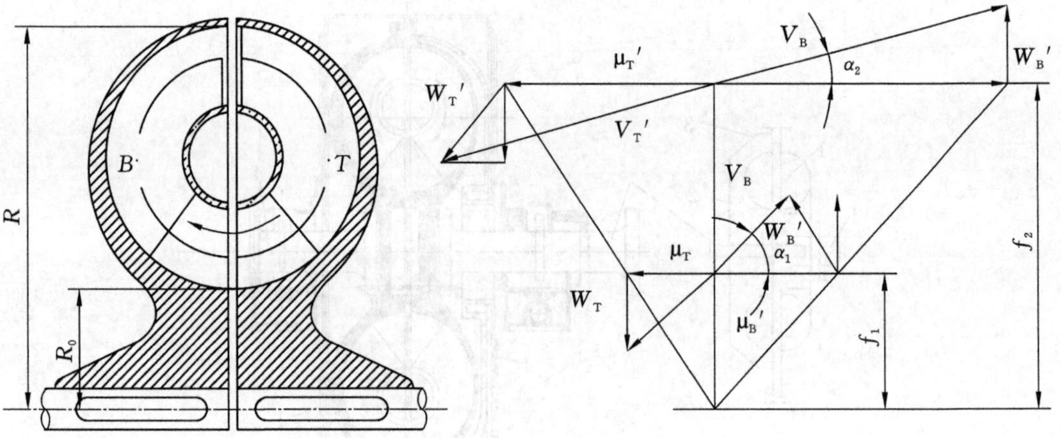


图 3-7　液力耦合器速度三角形

发动机通过泵轮把机械能(扭矩)转换成液体的动能和压力能,增加了液体的能量。根据动量定理,增加的能量就是动量矩的增量,因此发动机给泵轮液体的扭矩为:

$$M_{B-Y}=\frac{\rho Q}{g}(r_2V_B\cos\alpha_2-r_1V'_B\cos\alpha_1)\ \mathrm{N\cdot m} \tag{3-2-4}$$

$$M_{B-Y}=\frac{\rho Q}{g}(u_Br_2-u_Tr_1)\ \mathrm{N\cdot m} \tag{3-2-5}$$

对于流入涡轮的液体来说是释放能量,它通过涡轮输出扭矩。同样,根据动量定理,液体给涡轮的扭矩应该是动量矩差值:

$$M_{Y-T}=\frac{\rho Q}{g}(r_1V_T\cos\alpha_2-r_2V'_T\cos\alpha_1)\ \mathrm{N\cdot m} \tag{3-2-6}$$

$$M_{Y-T}=\frac{\rho Q}{g}(u_Tr_1-u_Br_2)\ \mathrm{N\cdot m} \tag{3-2-7}$$

比较(3-2-5)式和(3-2-7)式可见,泵轮对液体的扭矩 $M_{B-Y}$ 等于液体对涡轮的扭矩 $M_{Y-T}$,但方向相反,即

$$M_{B-Y}=-M_{Y-T} \tag{3-2-8}$$

式(3-2-4)和式(3-2-6)中,$\rho$ 为工作液体的密度(kg/m³);$g$ 为工作液体的重力加速度(m/s²);$Q$ 是液体的环流量(m³/s)。

通过对耦合器原理和速度三角形分析,可以得出如下结论:

在耦合器中,虽然主、从动体无机械联系,但通过液体做媒介传递功率时,能使主、从动体扭矩保持不变。从工作液体来看,采用密度较大的工作液体,可以传递较大扭矩。扭矩决定于泵轮和涡轮的出口直径。

从工作液体充满度上看,全部充满工作液体油的耦合器,比部分充满工作液体油的耦合器传递扭矩能力大,改变充满度可以调整耦合器传递扭矩能力。从外载荷变化情况看,随着外载荷增加,耦合器传递扭矩的能力一定会增加,以满足主、从动轴扭矩相等的原理。

## 3.2.3　耦合器在推进装置中的应用

从耦合器的工作原理及传递扭矩的特点,可以看到耦合器在推进装置中的应用有以下特点：

（1）耦合器的泵轮和涡轮之间无机械联系，靠液体环流传递动力。$M_{B-Y}=-M_{Y-T}$，扭矩相等，但转数不等（$n_T<n_B$）。使它具备作联轴节的基本条件，且还是带有滑差（主、从动转速存在速度差）的联轴节。

（2）耦合器靠液体传递动力，只要有效地控制液体的充入和排出，就能实现离合用。所以它不仅是联轴节，也是一种带滑差的离合器。

（3）耦合器在推进装置中应用时，在阻力一定条件下，航速改变，螺旋桨转速降低，主机转速也降低，但耦合器效率保持不变。

（4）耦合器依靠环流转动传递扭矩，允许存在滑差（速度差）。它能适应船舶变工况要求，甚至在最恶劣情况下（如螺旋桨被冰块卡住等），能有效地保护主机，免受损伤。这是与其他联轴节很大区别的地方。

（5）对于直接传动的推进装置，船舶最低航速可不受发动机最低稳定转速的限制，它能应用在测量船、考察船、扫雷艇、施救船和港口作业船等需要微速航行的船舶上。

（6）耦合器以液体为工作介质传递扭矩，具有良好的隔振性能。

由于液力耦合器具有上述性能和特点，能满足动力装置多种要求，使它成为动力装置的重要传动部件之一。但它也有不足之处，如传动比 $i<1$，有功率损失，需要一套冷却循环系统，本身重量尺寸较大，只能在一些特殊要求船舶上应用。

# 3.3　船用离合器

离合器是在主动轴运转时把从动轴接合或脱开的一种传动设备，它一般装在主机和减速齿轮箱之间。当离合器结合时，主机功率通过离合器传给齿轮箱，然后通过轴系传给螺旋桨。当离合器脱开时，主机虽运转，但齿轮箱和螺旋桨均不被带动。船用离合器的种类很多，有机械式、液动式和电磁式等。摩擦离合器是机械式离合器的一种，它是靠摩擦力矩传递扭矩的离合器。在不可反转的高速柴油机推进装置中，一般多采用摩擦离合器传动。在中小功率柴油机推进装置中，也得到广泛应用。

## 3.3.1　船用摩擦离合器

船用摩擦离合器是船舶推进装置的重要部件之一，它是利用摩擦面之间的摩擦力矩将动力从主动轴传到从动轴的。摩擦离合器的作用除传递动力外，还要在适当的时候使主动轴与从动轴接合或脱开，有利于主机空载启动；多机并车时，可通过它使部分机组工作；还可对非反转柴油机实现倒车传动。当螺旋桨碰到礁石或被异物卡住等意外情况时，负荷扭矩大于离合器的摩擦力矩，摩擦离合器打滑，从而不致损坏主机或其他设备。

摩擦离合器的种类按工作面形状分为盘式 A 和多片式 A 及圆柱形和圆锥形 B 摩擦离合器等，如图 3-8 所示。目前船舶上应用较为广泛的有多片式离合器、锥形摩擦离合器和气胎摩擦离合器。

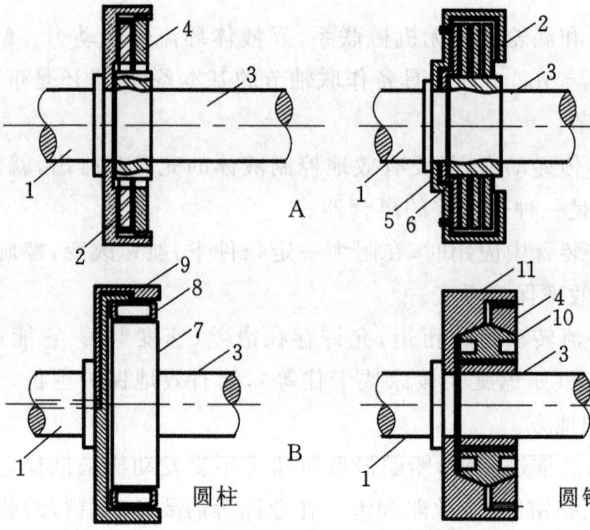


**图 3-8　几种常用的船用摩擦离合器**

1—主动轴；2—摩擦片；3—从动轴；4—压板；5 油缸；6—活塞；

7—内鼓轮；8—气胎；9 外鼓轮；10—圆锥轮；11—鼓轮

## 3.3.2　摩擦离合器工作原理

摩擦离合器由若干钢片和摩擦片组合而成，分别交替安装在主从动轴上。接合时，在轴向力的作用下，摩擦面之间压紧，通过摩擦力矩传递扭矩，如图 3-9 所示。

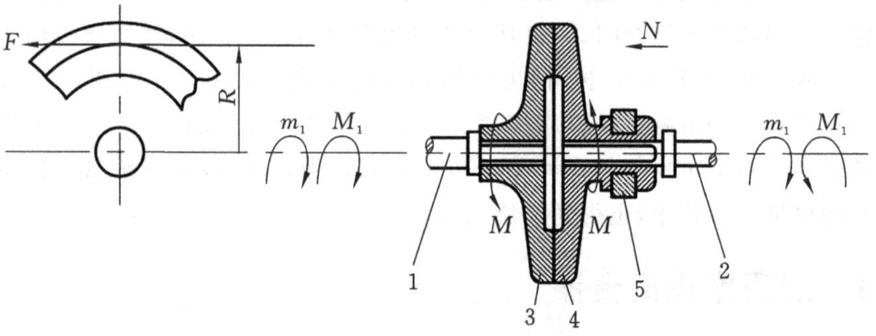


**图 3-9　盘片式摩擦离合器原理图**

1—主动轴；2—从动轴；3—主动摩擦盘；4—从动摩擦盘；5—移动环

摩擦片外径 $r_{\max}$、内径 $r_{\min}$，假设接合面上的载荷均匀分布为 $q$，而摩擦面积为 $F$，则接合力为：

$$Q=qF=q\pi(r_{\max}^2-r_{\min}^2)$$
$$q=Q/F=\frac{Q}{\pi(r_{\max}^2-r_{\min}^2)} \tag{3-3-1}$$

在任意环带 $r$ 处，取宽带 $d_r$，则

$$d_m = 2\pi r d_r f r$$

$$M_T = \int_{r_{min}}^{r_{max}} dm = 2\pi f \cdot q \cdot \int_{r_{min}}^{r_{max}} r^2 dr \tag{3-3-2}$$

$$M_T = \frac{2}{3} \cdot \pi \cdot q \cdot f(r_{max}^3 - r_{min}^3)$$

当离合器中有 $z$ 个摩擦面时，摩擦力矩为：

$$M_f = \frac{2}{3} \cdot z \cdot \pi \cdot q \cdot f(r_{max}^3 - r_{min}^3) \tag{3-3-3}$$

若将式(3-3-1)代入式(3-3-3)得：

$$M_f = \frac{2}{3} \frac{r_{max}^3 - r_{min}^3}{r_{max}^3 - r_{min}^2} z f Q \tag{3-3-4}$$

令 $R_f = \frac{2}{3} \cdot \frac{r_{max}^3 - r_{min}^3}{r_{max}^2 - r_{min}^2}$ 为摩擦半径，则摩擦力矩为：

$$M_f = R_f z f Q \tag{3-3-5}$$

在选择离合器时，要考虑到一定的扭矩储备，选扭矩储备系数为 $K$，如果要传递的扭矩为 $\left(M_T = 9.55 \frac{P_n}{n_n}\right)$，则所选离合器扭矩：

$$M_f = K M_T \tag{3-3-6}$$

### 3.3.3　离合器选型

无论何种型式的离合器，主从动摩擦片之间的相对运动有三种工作状态。

(1) 接合状态

$n_主 = n_从$，$M_主 = M_从 = M_f$，这时要保证摩擦面之间不打滑。$M_{fmax} = K M_主$，$K$ 要大于 1，但又不能太大，否则离合器尺寸增加，接合时的平稳性下降，热应力也增大。一般 $K$ 为 1.5～2.5。

(2) 脱开状态

$M_f = 0$，$M_从 = 0$，主从动摩擦片之间要有适当的间距，特别是湿式摩擦片离合器，以防止产生“带排”磨损。

(3) 滑摩状态

这是一种非稳定状态。$n_主 > n_从$，$M_f < M_主$，滑摩结束时 $M_f = M_主$。滑摩时间很短，一般为 6～8 s。如果主机的额定扭矩为：

$$M_{eb} = 9.55 \frac{P_{eb}}{n_{eb}} \tag{3-3-7}$$

式中，$P_{eb}$ 为发动机的标定功率(kW)；$n_{eb}$ 为发动机在标定功率时转速(r/min)。

推进系统中采用直接传动时，离合器所传递的扭矩即为主机的额定扭矩；采用减速传动时离合器所传递的扭矩为：

$$M_r = 9.55 \frac{P_{eb}}{n_{eb}} \cdot i \cdot \eta \tag{3-3-8}$$

式中，$i$ 是减速箱的实际传动比；$\eta$ 是减速箱的传动效率。

选用离合器时，有如下要求：工作可靠，使用寿命长；具有足够的传扭能力；结合平稳，分离迅速；散热快，结构简单，维修方便。

# 3.4 船用联轴节

轴系中将两段轴互相连接成整体的传动设备称为联轴节。发动机、齿轮箱、推力轴、中间轴、尾轴和螺旋桨轴之间必须用联轴节把轴连接起来，以便传递扭矩和推力。按照联轴节的不同结构特点，可分为刚性联轴节，弹性联轴节等。

## 3.4.1 刚性联轴节(刚性联轴器)

刚性联轴节主要用于要求对中严格的轴与轴之间的联接，要求有足够的强度和刚度。例如中间轴之间、中间轴与螺旋桨轴之间、中间轴与推力轴之间的连接等。常用的刚性联轴节有法兰联轴节、夹壳联轴节和液压联轴节等。下面介绍两种法兰联轴节。

(1) 整锻法兰联轴节是把法兰联轴节与轴整锻或焊接成一体。我国已制订了船舶轴系整锻法兰标准 CB/T 145—1994《船舶轴系整锻法兰连接型式和基本尺寸》。

整锻式法兰联轴节已标准化。也可采用圆柱形螺栓连接的联轴器和锥形螺栓连接的联轴器，如图 3-10、图 3-11 所示。

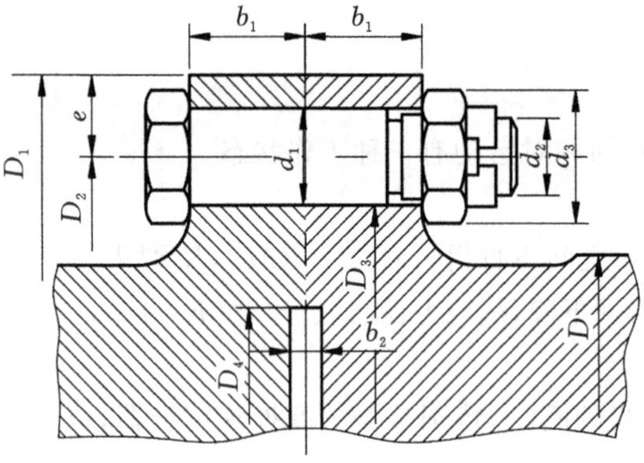


图 3-10 圆柱螺栓连接的联轴器

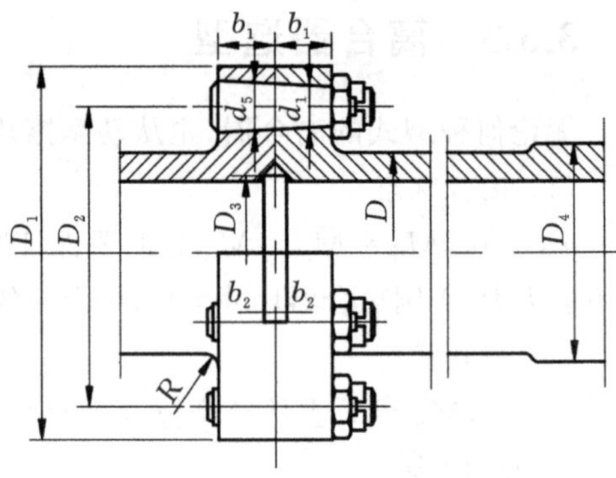


图 3-11 锥形螺栓连接的联轴节

联轴器螺栓的数目通常为 6～12 个，螺栓直径可按船舶规范公式进行计算和校验。为对这种联轴器各部分尺寸间的关系有所了解，现列出一些经验数据供设计计算时参考：

$D_1=(1.75\sim1.9)D$

$D_2=(1.35\sim1.)D$

$D_4=(0.8\sim0.9)D$

$R\geqslant0.125D, b_1=(0.8-0.85)d_1=0.2D$

符号意义见图 3-10、3-11。

(2) 可拆联轴节是用键传递扭矩的联轴节，其尺寸一般大于整锻式法兰联轴节。可拆联轴节的基本结构如图 3-12 所示，其部件有：联轴节、键、垫片、锁紧螺帽、止动块、联结螺栓、止动螺钉等。

其中联轴节法兰厚度应不小于轴规定直径的 20%，且不得小于与轴材料抗拉强度相等

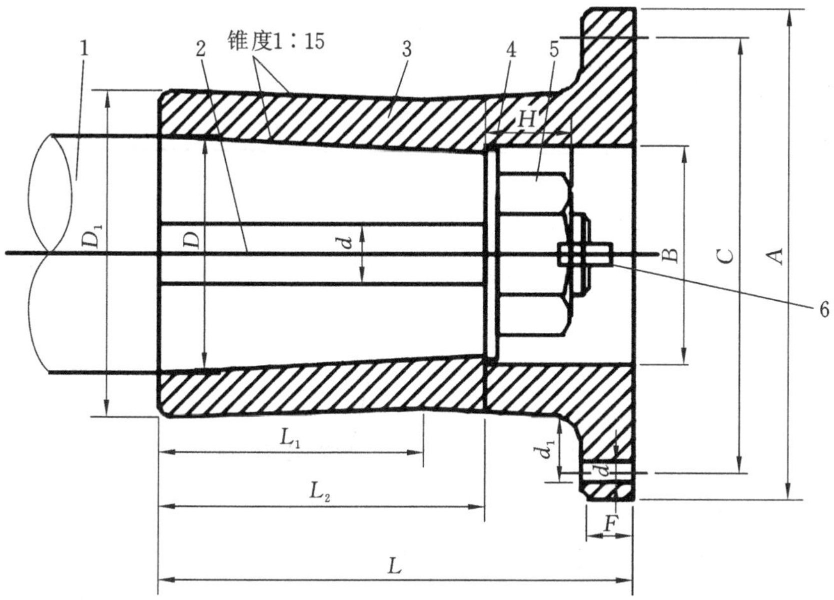


**图 3-12　可拆联轴器的构造**

1—螺旋桨轴；2—键；3—联轴节；4 垫片；5—锁紧螺母；6—止动块

的联轴节紧配螺栓的直径。键材料的抗拉强度应不小于轴材料的抗拉强度。键受剪切的有效截面积，应不小于下式计算值：

$$B \cdot L \geqslant \frac{d^3}{2.6d_m} \tag{3-4-1}$$

式中，$B$ 为键的宽度（mm）；$L$ 为键的有效长度（mm）；$d$ 为中间轴的计算直径（mm）；$d_m$ 是键中部处轴的直径（mm）。

连接螺栓/联轴节的连接采用紧配螺栓时，其直径应不小于下式计算值：

$$D_f = 0.65\sqrt{\frac{d^3(R_m + 160)}{DZR_{mb}}} \tag{3-4-2}$$

联轴节的连接采用普通螺栓时，则螺栓螺纹根部直径应不小于下式计算值：

$$d_n = 25.0\sqrt{\frac{N_e \times 10^6}{n_e ZDR_m}} \tag{3-4-3}$$

式中，$Z$ 是螺栓数；$D$ 是节圆直径（mm）；$d$ 是中间轴规范计算值（mm）；$R_m$ 是中间轴材料抗拉强度（MPa）；$R_{mb}$是螺栓材料抗拉强度，应不小于中间轴材料的抗拉强度，不大于 1.7 倍中间轴材料的抗拉强度，也不大于 1000 MPa；$N_e$ 是轴传递的额定功率（kW）；$n_e$ 是轴传递 $N_e$ 时的转速（r/min）。

## 3.4.2　船用弹性联轴节

船用弹性联轴节是具有传递扭矩弹性组件的联轴节。它广泛应用于轴系、齿轮减速装置和柴油发电机组中。在轴系中加装弹性联轴节可调整轴系自振频率，有效地吸收震动、降低扭振应力，减少轴系对中误差和船体变形对轴系与齿轮箱的不良影响，改善轴系工作状态，延长传动设备的维修周期和使用寿命，减小阻尼发动机对齿轮的冲击负荷，特别适用于以柴油发动机为主动力的各类船舶推进装置中。

**1. 弹性联轴节类型**

弹性联轴节的类型有橡胶高弹性联轴器(见图 3-13)和金属高弹性联轴器(见图 3-14)。

(1) 橡胶高弹性联轴器

如图 3-13 所示，由两个同样的弹性橡胶金属圆盘组件构成，每一个圆盘组件由两个同心橡胶圈以及钢圈组成，它们用橡胶硫化法联成一个整体。另还设有挡板，能在弹性橡胶元件变形时用来传递扭矩。

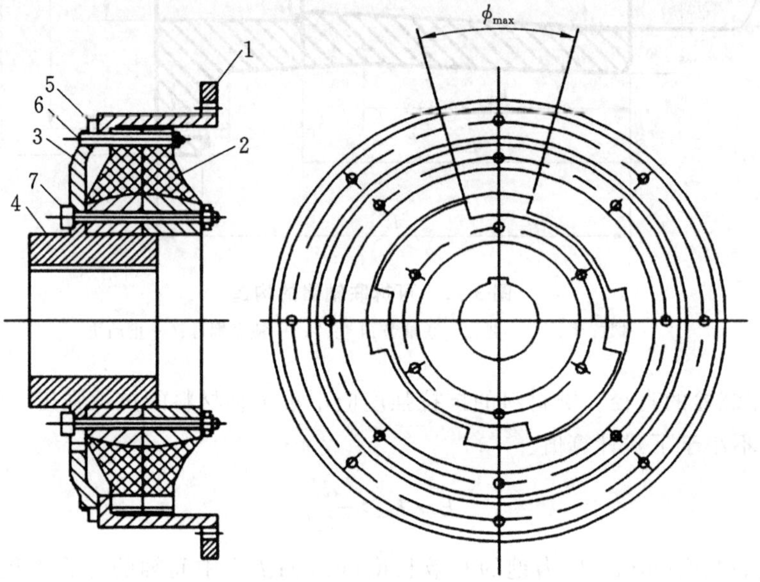


**图 3-13　整圈式高弹性橡胶联轴节**

1—输入法兰；2、3—整圈橡胶弹性环；4—输出法兰；

5—限位装置环；6—弹性外环螺栓；7—弹性内环螺栓

橡胶高弹性联轴节结构简单、质量小、尺寸小，而且具有良好的减振和防冲击性能，使用功率范围大，应用广泛。

(2) 金属高弹性联轴节

如图 3-14 所示，它主要由内轮和外轮两部分组成，内轮部分的主要零件是花键轴(1)，它一般作为输出端。外轮部分的主要零件是侧板(2)、中间块压紧螺栓(3)、锥形环(4)、外套圈(5)、弹簧片(6)、限位块(7)和法兰侧板(8)等元件。在内外轮之间装有数组弹簧片，利用其传递扭矩。

金属高弹性联轴节阻尼大，比橡胶联轴节高几倍，挠性好、安全可靠、尺寸小、质量轻、不老化、磨损小、不怕油且耐久性好。但结构比较复杂，造价高，柔性不如橡胶高弹性联轴节。

**2. 弹性联轴节的选用**

弹性联轴节的选用像其他传动设备一样，主要根据发动机的额定功率 $P_n$、额定功率时的转速 $n_n$ 及其额定扭矩 $T_N$ 来选用。弹性联轴节型号标定的扭矩 $T_{KN}$ 应等于或大于发动机

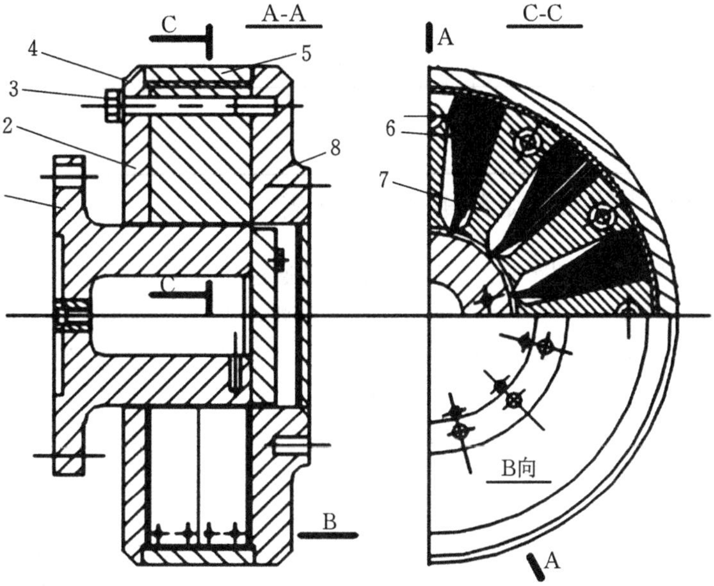


**图 3-14　盖斯林格高阻尼金属簧片式联轴器**

1—花轴；2 侧板；3—中间块压紧螺栓；4 锥形环；

5—外套圈；6—弹簧片；7—限位块；8—带法兰侧板

的额定扭矩 $T_N$。此外还要满足阻尼扭振的要求。

发动机在稳定工况(额定工况)时平均扭矩 $T_N$：

$$T_N = 9.55\frac{P_n}{n_n} \qquad (P_n\text{— kW}; \ n_n\text{—r/min}) \tag{3-4-4}$$

弹性联轴节额定扭矩 $T_{KN}$：

$$T_{KN} \geqslant K \cdot 9.55\frac{P_n}{n_n} \qquad (K\text{—工作情况系数}) \tag{3-4-5}$$

GB/T2496—2008 中 $K$ 值的选择如表 3-1 所示。

**表 3-1　$K$ 值的选择**

| 原动机 | 工作机 | | | | |
|---|---|---|---|---|---|
| | Ⅰ类 | Ⅱ类 | Ⅲ类 | Ⅳ类 | Ⅴ类 |
| 电动机 | 1.3 | 1.5 | 1.7 | 1.9 | 2.3 |
| 大于等于四缸以上柴油机 | 1.5 | 1.7 | 1.9 | 2.1 | 2.5 |
| 单缸或双缸机 | 2.0 | 2.2 | 2.4 | 2.6 | 3.0 |

工作机分为五类：Ⅰ类、Ⅱ类扭矩变化小的机械；Ⅲ类扭矩变化中等的机械；Ⅳ类扭矩变化和冲击载荷中等的机械；Ⅴ类扭矩变化和冲击载荷大的机械。

# 3.5 可调螺距螺旋桨装置

## 3.5.1 可调螺距螺旋桨的特性曲线

可调螺距螺旋桨(简称调距桨或变距桨)装置是通过转动桨叶来改变螺距从而改变船舶航速或正倒航的一种螺旋桨推进装置。由于调距桨的螺距是能改变的,因此调距桨在原理上是一系列的定距桨。对于某一特定的螺距(或螺距比),螺旋桨的扭矩 $Q$、推力 $T$ 和进速分别为:

$$Q=K_Q\rho D^5 n_p^2 \tag{3-5-1}$$

$$T=K_T\rho D^4 n_p^2 \tag{3-5-2}$$

$$V_a=Jn_pD \tag{3-5-3}$$

式中,$K_Q$ 为扭矩系数,且 $K_Q=f(\lambda p,\dfrac{H}{D})$,$H$ 为螺距;$K_Q$ 为推力系数,且 $K_T=f(\lambda p,\dfrac{H}{D})$;$\rho$ 是水的密度(kg/m³);$D$ 是螺旋桨的直径(m);$n_p$ 是螺旋桨的转速(r/s);$J$ 是螺旋桨的进速系数,且 $J=V_a/D_n$。

螺旋桨的敞水效率 $\eta_0$ 等于有效功率 $T\cdot V_a$ 与吸收功率 $\omega Q$ 之比,即

$$\eta_0=\frac{T\cdot V_a}{\omega Q}=\frac{K_T}{K_Q}\cdot\frac{J}{2\pi} \tag{3-5-4}$$

式中,$\omega$ 是螺旋桨的旋转角速度(rad/s)。

定距桨的特性曲线是特定螺距下的 $KQ$、$K_T$ 和 $\eta_0$ 对 $J$ 的关系曲线,如图 3-15 所示。从图 3-15 可看出,在相同的进速系数 $J$ 下,调距桨的转矩和推力不仅随螺旋桨的转速而变化,同时随螺距比的改变而改变。由图 3-16 可知,在阻力不变的情况下,螺距越大,扭矩也越大。因而可以通过调整螺距比来控制螺旋桨的转速、转矩和推力之间的关系,以适应船舶各种工况变化的需要。

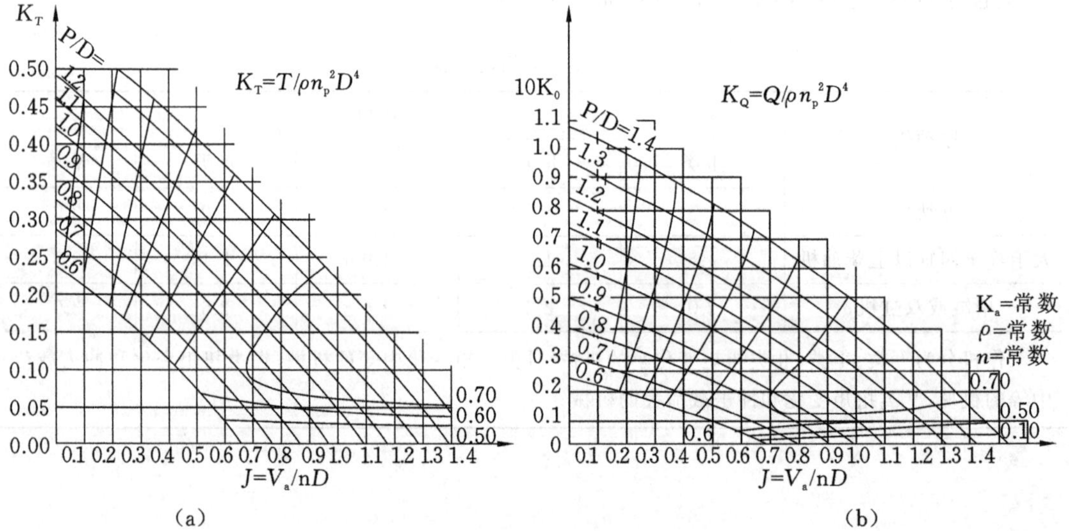


图 3-15 调距桨工作性能曲线图

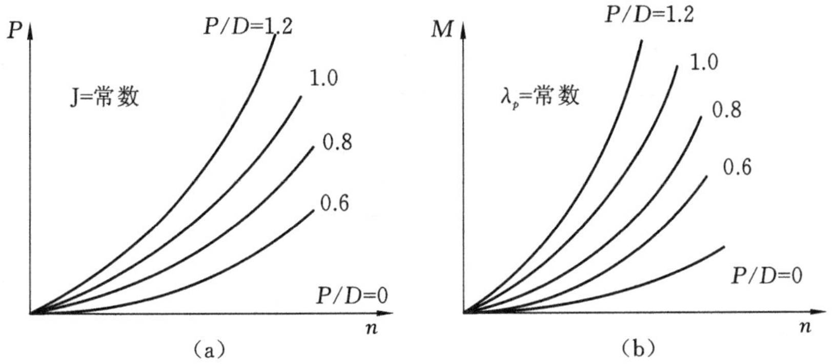


图 3-16　调距桨的推力和转矩特性图

## 3.5.2　可调螺距螺旋桨的基本工作特性

调距桨具有三个基本工作特性：

(1) 船舶在任何工况下均能吸收主机的全功率。从图 3-16 及式 3-5-3 可以看出，当桨的转速 $n_p$ 和直径 $D$ 已定，只要 $K_Q$ 为常数，就可以保持转矩不变，主机发出全功率；在航行状态改变时，要使不变，可调整螺距比来实现，因为 $K_Q$ 是螺距比和 $J$ 的函数，在任何工况下主机均能全功率工作。

$$K_Q=\frac{Q}{\rho n^2 D^5}=\frac{P_e}{Cn^3 D^5}=\text{常数} \tag{3-5-5}$$

(2) 用不同的转速 $n$ 和螺距比 $H/D$ 相配，可得到所需要的船舶航速。如图 3-17 所示为某船调距桨的航速曲线。调距桨能在柴油机上限曲线(1)、最大转速线(2)、最低稳定转速线(3)和最低负荷曲线(4)所属的区域内任何一点工作。可见，在该区域内任意搭配转速 $n$

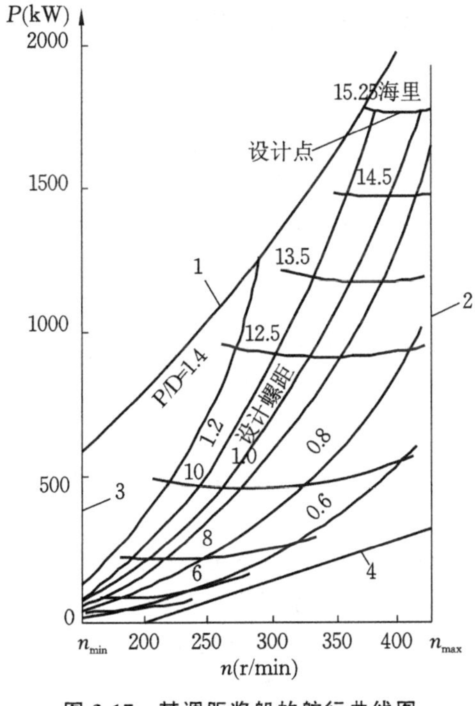


图 3-17　某调距桨船的航行曲线图

和螺距比 $H/D$ 都能得到给定航速的推力。

(3)在保持螺旋桨转速 $n$ 不变的情况下，改变螺距比 $H/D$ 可以得到不同的航速，从正车最大航速到倒车最大航速。$H/D=0$ 时，主机以一定的转速运行，而桨推力为 0，船舶不动，而且主机不需要改变转速的方向，可以实现船舶倒航。

## 3.5.3　可调螺距螺旋桨的优、缺点

由于可调螺距螺旋桨能改变螺矩，因而它与定矩桨相比有许多的优点。正是这些优点使它在船舶推进装置中占有重要的地位。它的优点是：

(1) 在任何航行工况下主机均能发出额定功率，使船舶的航速提高或推力增大。

(2) 在部分负荷下通过调节主机转速 $n_e$ 和螺距比 $H/D$ 可以获得较高的螺旋桨效率和较小的燃油消耗率，使船舶在该航速下有高的经济性，能增加船舶续航能力。

(3) 主机转速 $n_e$ 不变，改变螺距比 $H/D$ 可以获得不同的航速，可以使船舶微速航行或倒退。这样主机和齿轮箱不必使用换向装置。

(4) 有利于船舶主机发挥额定功率驱动辅助负荷。

采用可调螺距螺旋桨的缺点是：

(1) 调距桨轴系的构造复杂，制造工艺要求高，造价高。

(2) 桨毂中的转叶机构难于维修、保养，可靠性差。

(3) 由于桨毂比定距桨大，在相同设计工况下，调距桨的效率比定距桨低。

(4) 调距桨的叶根较厚，容易产生空泡。

由此可见，可调螺距螺旋桨适用于多种航行工况以及对机动性、操纵性要求高和超低速航行的船舶。

## 3.5.4　可调螺距螺旋桨装置的组成

可调螺距螺旋桨一般包括调距桨、传动轴、调距机构、液压系统及操纵系统五个基本组成部分。如图 3-18 所示为液压可调螺距螺旋桨装置实例。

(1) 调距桨的转叶机构，包括活动的桨叶(1)、转盘(2)、圆柱销(3)及滑板(7)等。

(2) 传动轴系。调距桨与传动轴系相连，轴的某些部分包含在调距桨装置中，当伺服动力系统的油缸位于桨后部时，为了引进和排出液压油，桨轴常做成中空。首端通过联轴器与中间轴和主机动力相连。

(3) 调距机构。通过产生转动桨叶所需产生力的伺服动力油缸，输送液压油给油缸的配油装置、桨叶定位的反馈装置等附属指示仪表。

(4) 液压系统。液压系统是将船上已有的动力改变为伺服动力油缸所需的液压油来传递动力。液压系统中主要有带传动装置的油泵(16)、分配转向阀(17)、油箱(22)和管路组成。

(5) 可调螺距螺旋桨的操纵系铳。操纵系统包括操纵台和控制系统。操纵系统由螺距指令部分和螺距指示部分组成。在驾驶室操纵控制杆，电液伺服控制系统通过配油机构，将方向和油量都受控制的高压油输入到位于螺旋桨桨毂中的伺服油缸，并通过转叶机构驱动桨叶，在全正车至全倒车范围内，无级调节螺距角。对于任　规定的螺距角，由主机驱动的以某一转速运转的螺旋桨，将吸收的扭矩转化为推动船舶前进的推力或拉动船舶倒退的

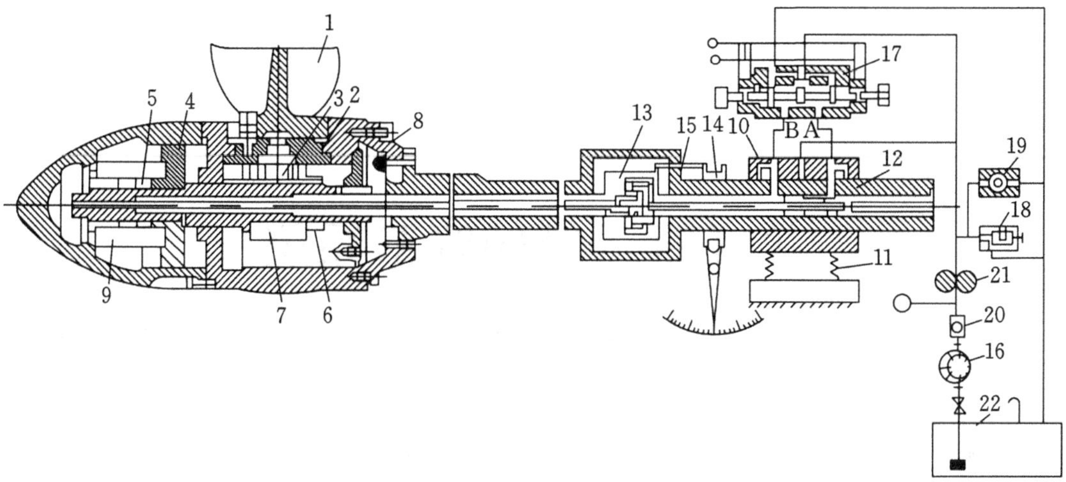


**图 3-18　液压调距桨装置实例**

1—桨叶;2—转盘;3—圆柱销;4—活塞;5、6—螺母;7—滑板;8—支承盘;9—支承座;10—轴套;11—弹簧;12—配油器轴;13—销止阀;14—反馈轴承;15—拉杆;16—油泵;17—转向阀;18—溢流阀;19—流量控制阀;20—单向阀;21—过流器;22—油箱

拉力。

可调螺距螺旋桨主要应用于运行工况变化大、对机动性及操纵性要求高的或超低速航行的船舶,如拖船、工程船、科学考察船、油船、渡船、远海渔船、滚装船、破冰船等。

# 第 4 章　船舶管路系统

船舶管路系统是船舶为了完成一定任务而专门用来输送介质(固体颗粒或粉末、液体、气体和不同介质的混合物)和完成指定任务的成套系统。其由管路(管子、阀及附件)、设备(贮存设备和能量设备)组成,常简称为船舶管系。

船舶管路系统是船舶动力装置的重要组成部分,它联系主、辅机械及有关设备,保证船舶正常航行、停泊以及船员和旅客的需要。

船舶管路系统分为基本管路系统和附加管路系统,本书由于篇幅原因只涉及基本管路系统。船舶基本管路系统按其用途不同可分为动力管系和船舶管系两大类。前者主要为船舶动力装置中的主、辅机服务,后者主要保证船舶安全和满足船上人员的生活需要。

按其任务不同,动力管系又可分为五种管路系统:燃油系统、滑油系统、冷却系统、压缩空气系统和排气系统。

船舶管系又可分为 7 种系统:舱底水系统、压载水系统、消防系统、供水系统、通风系统、制冷与空调系统和货油系统等。

本章从管系的功能、组成、工作原理和设计要求等方面介绍上述各种船舶管路系统。各管路系统的计算依据船级社规范、法规和设计手册,本书由于篇幅原因未做阐述。

## 4.1　燃 油 系 统

### 4.1.1　船用燃油简介

燃油的质量指标有多种,影响其燃烧性能的有十六烷值、柴油指数、馏程、发热值和黏度;影响燃烧产物构成的有硫分、灰分、沥青分、残炭值、钒和钠的含量;影响燃油管理工作的有闪点、密度、凝点、浊点、倾点、水分和机械杂质。

SOLAS 公约规定,用于主推进装置、发电机原动机和锅炉的燃油,其闪点(闭杯试验)一般不低于 60 ℃;用于应急发电机组的原动机的燃油,其闪点不低于 43 ℃。

目前用于船舶的燃油主要有轻柴油、重柴油、重油(燃料油)、渣油和它们的混合油。

### 4.1.2　燃油系统的功用、组成及工作原理

#### 1. 功用及设备组成

燃油系统的主要功用是向船舶柴油机和燃油锅炉供应足够数量的合格燃油,以确保船舶的营运需要。

一般中、高速柴油机自配燃油系统，而低速柴油机、汽轮机、燃气轮机的燃油系统则由专用的燃油供油设备来提供。供油设备主要有燃油输送泵、双联粗滤器、双联细滤器、燃油分油机、油压传感器、油温传感器、燃油泄漏报警器等，并配有备用燃油泵。燃用重油时，还需要配置蒸汽加热器；常用的燃油泵为齿轮泵或螺杆泵。此外，还包括重（轻）油舱、重（轻）油日用油柜、重油沉淀油柜等。

**2. 组成**

根据所承担的任务，燃油系统由下列几部分组成。

(1) 注入。就是装油管路，如图 4-1、4-2 所示。燃油自船舶甲板两舷所设的注入头（注入阀）(1)或(2)，经注入管(4)和阀(5)至阀箱(6)，再经注入管(7)注入各燃油舱。注入头应设在便于加油和排除污油的地方，并要加盖，以防水及杂质进入油舱。注入头通常高于甲板平面。为方便加油，每船应设两个注入头。

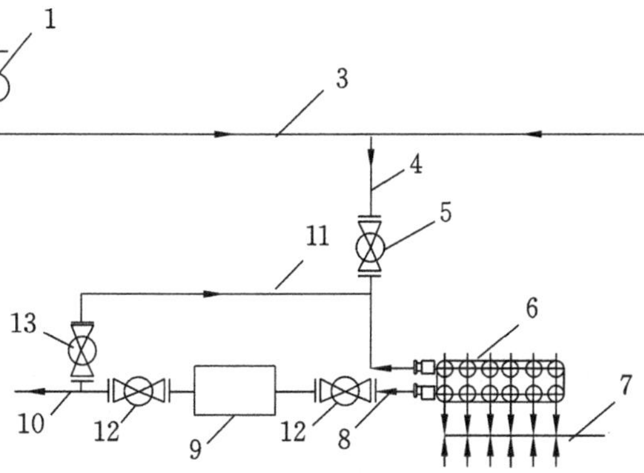


**图 4-1　燃油的注入与驳运**

1—左舷注入阀；2—右舷注入阀；3—连通管；4—注入管；5—截止阀；6—调驳阀箱；7—吸入与输出口；8—泵的吸入管；9—驳运泵；10—泵的输出管；11—驳运管；12、13—截止阀

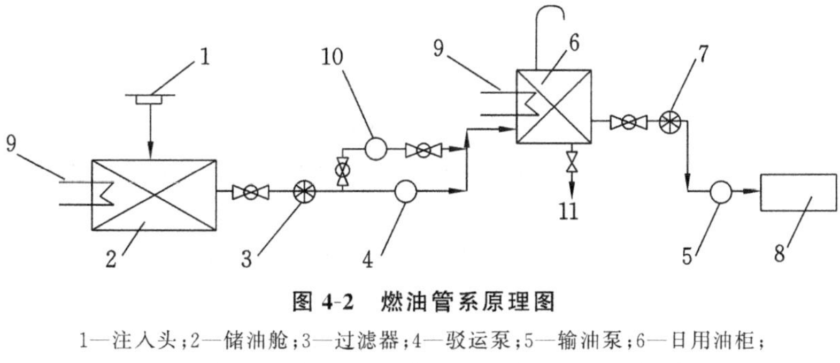


**图 4-2　燃油管系原理图**

1—注入头；2—储油舱；3—过滤器；4—驳运泵；5—输油泵；6—日用油柜；7—过滤器；8—主机；9—加热管；10—分油机；11—放水阀

(2) 贮存。为充分利用船舶的容积，燃油一般贮存在双层底舱或左右舷深舱（也称边舱）中，其贮量主要根据燃油设备的耗油量和船舶的续航力而定。

(3) 驳运。一般设置齿轮泵（小型船舶多用手摇泵）完成燃油驳运任务，例如给用完油的舱柜补油、出于平衡考虑将油调驳等。图 4-1 中，开阀(12)和(13)，关阀(5)，打开阀箱(6)相应的进、出油阀，启动驳运泵(9)，即可进行相应两油舱间的调驳。关阀(13)，开阀(12)及阀箱(6)的某一出油阀，启动驳运泵(9)，便可将该油舱的油经管(10)注入某一油柜。

(4) 净化。通常采用沉淀、过滤和机械分离的办法除去燃油中的机械杂质和水分，从而保证燃油的质量。燃用轻柴油的小型船舶一般用滤器除去燃油中的杂质。大、中型船舶因燃用重油或重柴油，往往同时采用上述三种方法。燃用重油的船舶一般设置沉淀柜，将燃油贮于柜中，由于杂质和水分的比重比油大，故沉于柜底。分油机是进行机械分离的设备，能除掉燃油中的水分和细小的颗粒。对重油进行分离时，要对重油加热，降低其黏度。若设置两台分油机，则可串联使用以提高分油质量，亦可并联加快分离速度，如图 4-3 所示。

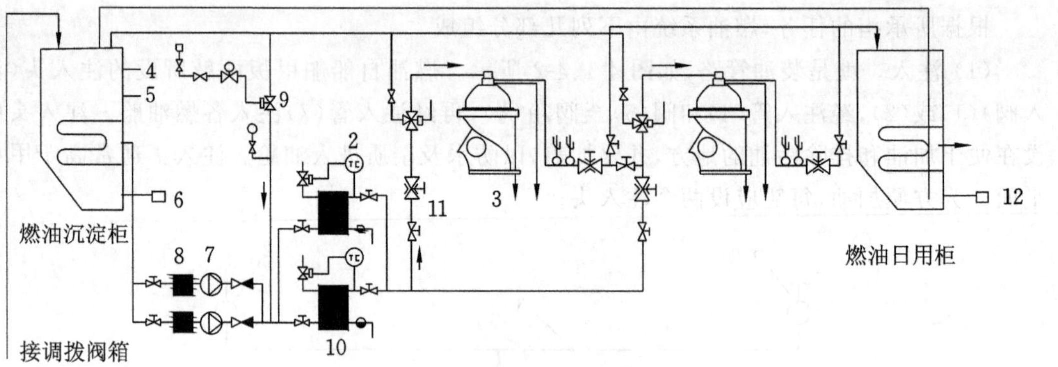


**图 4-3　分油机的运行模式**

2—温度控制器；3—分油机；4—高位报警器；5—低位报警器；6、12—水位传感器；
7—供油泵；8—滤器；9—气动恒压阀；10—加热器；11—流量调节器

(5) 供应。将燃油日用油柜的燃油供给主机、辅机和燃油锅炉使用。小型船舶常用抬高日用油柜距柴油机喷油器进口的高度的办法，依靠油的重力供油。大、中型船舶常用齿轮泵或螺杆泵，靠供油泵供油。多机推进的船舶动力装置，各主机应设独立的日用油柜。

(6) 测量。为保证航行安全和船舶燃油的需要，必须了解燃油舱柜里的燃油贮量，一般用液位指示器显示油柜的燃油贮量。深舱及双层底舱则用液位显示或测深尺测量。

目前，大型船舶燃油系统一般分为输送、分油、日用和泄放四个子系统。

(1) 燃油日用系统。该系统一般包括主机燃油回路、辅机燃油回路、锅炉燃油回路和焚烧炉燃油回路。低速柴油机的燃油供油回路流程一般为：

日用油柜→快关阀→轻、重油转换阀→双联粗滤器→双联供油泵组→回油筒→双联粗滤器→双联燃油循环泵组→燃油雾化加热器→黏度计→自动清洗滤器→流量计→快关阀→主机→部分燃油回至回油筒。

为了加快机舱安装进度，轻、重油转换阀及后面的部件可预先组装成供油单元。

(2) 燃油分油系统。该系统通过分油机来提高燃油的净化效果和效率。分油机的分离效果与油黏度和温度有关，黏度越大，分离量少；温度提高，分离量可增大。

如果柴油机既用柴油又用燃油，则分油系统一般都设二台燃油分油机和一台柴油分油机。两台燃油分油机可以串联或并联使用，如图 4-3 所示。串联使用时，第一台主要分离水分，第二台主要分离杂质，因此也将第一台称为净油机，第二台称为澄油机。柴油分油机还可作为燃油分油机的备用，所以三台分油机的管路是相通的。

(3) 燃油输送系统。该系统是为实现船上各燃油舱柜注入、沉淀、驳运和排出而设计的，包括燃油和柴油两个油种的注入和驳运。系统包括燃油舱柜输送泵、通岸接头和相应的管道和阀件。

当设有燃油输送泵和柴油输送泵时，两泵可互为备用，但在连通管路上用盲板法兰及截止阀隔开，防止燃油污染柴油。燃油沉淀柜的油经过沉淀送到分油机净化，分离后打到日用油柜。过满时，通过日用油柜顶部的连通管自然流到燃油沉淀柜。这条连通管的高端在日用油柜，低端在沉淀油柜，日用油柜内管道上部应开横向透气孔以防止虹吸现象，该管可以加装视流镜。

(4) 燃油泄放系统与焚烧炉燃油系统。该系统的主要任务是将机舱燃油设施包括泵、滤器、加热器、分油机、供油单元等设备在清洁、保养过程中溢漏出来的污油及各油舱柜的油盘上的漏、泄油集中引至燃油泄放舱贮存，并通过渣油泵或污油泵、焚烧炉污油柜和通岸接头，将渣油或污油送去焚烧或泵出岸上，污油也可以输入分油机分离后使用。

**3. 工作原理**

图 4-2 所示为燃油系统工作原理示意图。如果燃用轻柴油，则可减少加热管和分油机，在原分油机处设置手摇泵。

## 4.1.3　主要设备

**1. 主机日用油柜**

日用油柜为箱体，一般用钢板焊接而成。为能承受柜内液体的压力，通常在其内壁设加强筋和衬板。其上一般设有注入管，用于注入燃油；输出管用于输出燃油，管路上排出阀按规范要求应为快关阀，当机舱发生意外时，在机舱外能操纵其开关断油停机；透气管使柜内与大气相通，以利燃油进出油柜；溢流管用来将超出油柜贮量的油溢出，并流回油舱；液位计用来观察燃油的消耗情况；打开手孔(或人孔)盖即可清除柜中油渣；置于油柜下方的放水阀可放出存于油柜底部的油水混合液体。透气管的截面积至少为注入管截面积的 125%，有溢流管时可为 120%。

**2. 日用油柜的容积**

日用油柜的容积应满足表 4-1 要求。

**表 4-1　日用油柜容积要求**

| 船舶使用燃油情况 | SOLAS 所要求的布置 | IACS 等效布置 |
|---|---|---|
| 主、辅机和辅锅炉使用一种燃油(重油) | (1) 两个重油日用油柜，每个油柜的容量应满足主、辅机和辅锅炉使用至少 8 h。<br>(2) 一个用于机器和锅炉的初次冷态启动或修理的轻油柜 | (1) 重油和轻油日用油柜各一个，每个油柜的容量满足主、辅机和辅锅炉使用至少 8 h。<br>(2) 若辅锅炉装有引火式的燃烧器时，可能需增加一个使用至少 8 h 的轻油柜 |
| 主机和辅锅炉使用重油，辅机则使用轻油 | (1) 两个重油日用油柜，每个油柜的容量满足主机和辅锅炉使用至少 8 h。<br>(2) 两个轻油日用油柜，每个油柜的容量满足辅机使用至少 8 h | (1) 一个重油日用油柜，每个油柜的容量满足主机和辅锅炉使用至少 8 h。<br>(2) 两个轻油日用油柜，每个油柜的容量满足下列耗量中的大值：<br>1) 主、辅机和辅锅炉使用至少 4 h。<br>2) 辅机和辅锅炉使用至少 8 h |

**3. 主要设备估算**

(1) 主机耗油量

$$Q_Z=g_{e1}\cdot N_{e1}\cdot t\cdot Z\cdot 10^{-6} \tag{4-1-1}$$

式中,$Q_Z$ 为主机耗油量(t);$g_{e1}$为主机耗油率[g/(kW·h)];$N_{e1}$为主机的持续功率(kW);$t$ 为续航率(h);$Z$ 为主机台数。

(2) 辅机耗油量

$$Q_f=g_{e2}\cdot N_{e2}\cdot tk\cdot 10^{-6} \tag{4-1-2}$$

式中,$Q_f$ 为辅机耗油量(t);$g_{e2}$为辅机耗油率[g/(kW·h)];$N_{e2}$为辅机的额定功率(kW);$t$ 为续航率(h);$k$ 为辅机负荷系数,据电力负荷估算书选定。

(3) 辅锅炉耗油量

$$Q_g=\frac{D(i_1-i_2)}{H_u\cdot\eta_k}t_3\cdot 10^{-3} \tag{4-1-3}$$

式中,$Q_g$ 为辅锅炉耗油量(t);$D$ 为辅锅炉蒸发量(kg/h);$i_1$ 为蒸汽热焓(j/kg);$i_2$ 为辅锅炉水热焓(j/kg);$t_3$ 为持续使用时间(h);$H_u$ 为燃油低发热值(j/kg);$\eta_k$ 为辅锅炉效率。

(4) 油舱总容积

$$V_1=(Q_z+Q_f+Q_g)\cdot\frac{1}{r}\cdot\eta_V\cdot c\cdot F \tag{4-1-4}$$

式中,$V_1$ 为油舱总容积($m^3$);$Q_z$ 为主机耗油量(t);$Q_f$ 为辅机耗油量(t);$Q_g$ 为辅锅炉耗油量(t);$r$ 为燃油密度($t/m^3$);$\eta_V$ 为容积系数,取 1.1~1.2;$C$ 为储备系数,取 1.1;$F$ 为风浪系数,取 1.05~1.2。

(5) 主机日用油柜容积

$$V_2=g_{e1}\cdot N_{e1}\cdot t_1\cdot\frac{1}{r}\cdot\eta_V\cdot 10^{-6} \tag{4-1-5}$$

式中,$V_2$ 为主机日用油柜容积;$g_{e1}$ 为主机耗油率[g/(kW·h)];$N_{e1}$ 为主机的持续功率(kW);$t_1$ 为供油时间,5~8 h;$r$ 为燃油密度($t/m^3$);$\eta_V$ 为容积系数,取 1.1~1.2。

(6) 辅机日用油柜容积

$$V_3=g_{e2}\cdot N_{e2}\cdot t_2\cdot\frac{1}{r}\cdot\eta_V\cdot 10^{-6} \tag{4-1-6}$$

式中,$V_3$ 为辅机日用油柜容积;$g_{e2}$ 为辅机耗油率[g/(kW·h)];$N_{e2}$ 为辅机的额定功率(kW);$t_2$ 为供油时间,5~8 h;$r$ 为燃油密度($t/m^3$);$\eta_V$ 为容积系数,取 1.1~1.2。

(7) 辅锅炉日用油柜容积

$$V_4=g_0\cdot t_3\cdot\frac{1}{r}\eta_V\cdot 10^{-3} \tag{4-1-7}$$

式中,$V_4$ 为辅锅炉日用油柜容积($m^3$);$g_0$ 为辅锅炉耗油率(kg/h);$t_3$ 为供油时间,5~8h;$r$ 为燃油密度($t/m^3$);$\eta_V$ 为容积系数,取 1.1~1.2。

(8) 油渣柜容积

$$V_5=g_{e1}\cdot N_{e1}\cdot Z\cdot t_4\cdot\frac{1}{r}\cdot\eta_V\cdot 10^{-6} \tag{4-1-8}$$

式中,$Z$ 为主机台数;$t_4$ 为计算时间,取 3 h;$r$ 为燃油密度($t/m^3$); $\eta_V$ 为容积系数,取 1.1~1.2。

2）按主机功率选取见表 4-2。

**表 4-2　按主机功率选取**

| 主机功率(kW) | $V(m^3)$ |
|---|---|
| 小于 73.55 | 0.5～0.6 |
| 73.55～14710 | 1.0 |
| 大于 14710 | 1.5～2.0 |

(9) 燃油污油柜容积

$$V_6=(0.05\sim0.10)\times\frac{N_{e1}}{1000} \tag{4-1-9}$$

式中，$V_6$为污油柜容积($m^3$)；$N_{e1}$为主机的持续功率(kW)。

(10) 燃油沉淀柜容积

$$V_7=g_{e1}\cdot N_{e1}\cdot Z\cdot t_5\cdot\frac{1}{r}\cdot\eta_V\cdot10^{-6} \tag{4-1-10}$$

式中，$V_7$ 为燃油沉淀柜容积($m^3$)；$g_{e1}$ 为主机耗油率[g/(kW·h)]；$N_{e1}$ 为主机的持续功率(kW)；$Z$ 为主机台数；$t_5$ 为计算时间(h)，取 24～28；$r$ 为燃油密度($t/m^3$)；$\eta_V$ 为容积系数，取 1.1～1.2。

(11) 燃油供给泵排量与压头

1）燃油供给泵排量：

$$Q_p=g_e\cdot N_e\cdot k\cdot\frac{1}{r}\cdot10^{-6} \tag{4-1-11}$$

式中，$Q_p$ 为燃油供给泵排量($m^3/h$)；$g_e$ 为柴油机耗油率[g/(kW·h)]；$N_e$ 为柴油机持续功率(kW)；$k$ 为裕度系数，取 2～3；$r$ 为燃油密度($t/m^3$)。

2）燃油供给泵压头

一般取 0.245～0.588 MPa；若用燃料油则取 0.49～0.98 MPa。

(12) 燃油输送泵排量与压头

1）燃油输送泵排量：

$$Q_T=\frac{24g_e\cdot N_e}{1.5r}\cdot10^{-6} \tag{4-1-12}$$

式中，$Q_T$ 为燃油输送泵排量(m/h)；$g_e$ 为柴油机耗油率[g/(kW·h)]；$N_e$ 为柴油机持续功率(kW)；$r$ 为燃油密度，$t/m^3$。

2）燃油输送泵压头：

一般取 0.240～0.343 MPa；

(13) 燃油分油机排量

$$Q_{fy}=\frac{\sum Q}{it_7} \tag{4-1-13}$$

式中，$Q_{fy}$ 为燃油分油机排量(L/h)；$\sum Q$ 为主、辅机一昼夜耗油量(L)；$i$ 为分油机台数；$t_7$ 为分油机工作时间(h)，一般取 8 ～ 12。

该排量估算是依据主、辅机一昼夜耗油量和工作时间而定。

(14) 油舱及油柜加热温度和加热面积的决定

使用燃料油可降低燃料成本，提高动力装置营运经济性，但是重油黏度大，凝点都在0 ℃以上，在常温下失去流动性，因此，重油在注入、贮存、驳运、净化和供应时都要进行加热，加热温度及单位加热面积，依据环境和燃油质量而定，参见表4-3及表4-4。

**表 4-3 燃料油加热温度范围**

| 名称 | 加热温度范围(℃) | 加热后黏度(CSt) |
| --- | --- | --- |
| 油舱 | 30～40 | 400～220 |
| 燃料油沉淀舱 | 40～60 | 400～120 |
| 分油机加热器 | 75～90 | 38～23 |
| 燃料油日用油柜 | 60～70(保温) | 70～46 |
| 雾化加热器 | 90～100 | 23～18 |

**表 4-4 单位加热面积比**

| | |
| --- | --- |
| 双层底油舱 | 0.07～0.12(保温) |
| 沉淀油柜 | 0.20～0.30(加热) |
| 日用油柜 | 0.10～0.15(加热) |

## 4.1.4 燃油管系实例分析

某成品油船燃油管系分析如图4-4～4-6所示。

### 1. 燃油注入和输出

本船共2对燃料油舱，No.1燃料油舱设于＃167～＃171左右舷各一只；No.2燃料油舱分别设于泵舱＃29～＃35，左右舷各一只；柴油储存舱设于机舱双层底，左右舷各一只。本船燃料油和轻柴油分别由艉楼甲板左右两舷的注油口，利用外界输送泵注入、储存，当注油出现溢油时，则自动溢入燃料油溢油舱。本船设有两台燃油输送泵，其排量为10 $m^3/h$、压力为0.3 MPa；还有一台柴油输送泵，其排量为7 $m^3/h$、压力为0.3 MPa。燃料油舱的油通过燃油输送泵驳运，轻柴油舱的油通过柴油输送泵驳运。

本船设有一台油渣泵，其排量为6 $m^3/h$、压力为0.8 MPa，可把燃、滑油舱污油和燃油、滑油油渣舱中的渣油排至船外，油类排放接头左右舷各一只，位于艉楼甲板上。

### 2. 燃油的清理和净化

为了净化油品，系统中除过滤和沉淀等清理工作外，还采用二台燃油分油机进行分离净化，其有效分离量约为1600 L/h。通常情况下燃料油设有No.1分油机进行分离，No.2分油机为备用。当燃料油需二次净化时，也由No.2分油机工作。分油机配燃油加热器(蒸气加热)。分离出的油渣和水，均排入燃油油渣舱，净油进入燃料油日用舱和柴油日用舱。

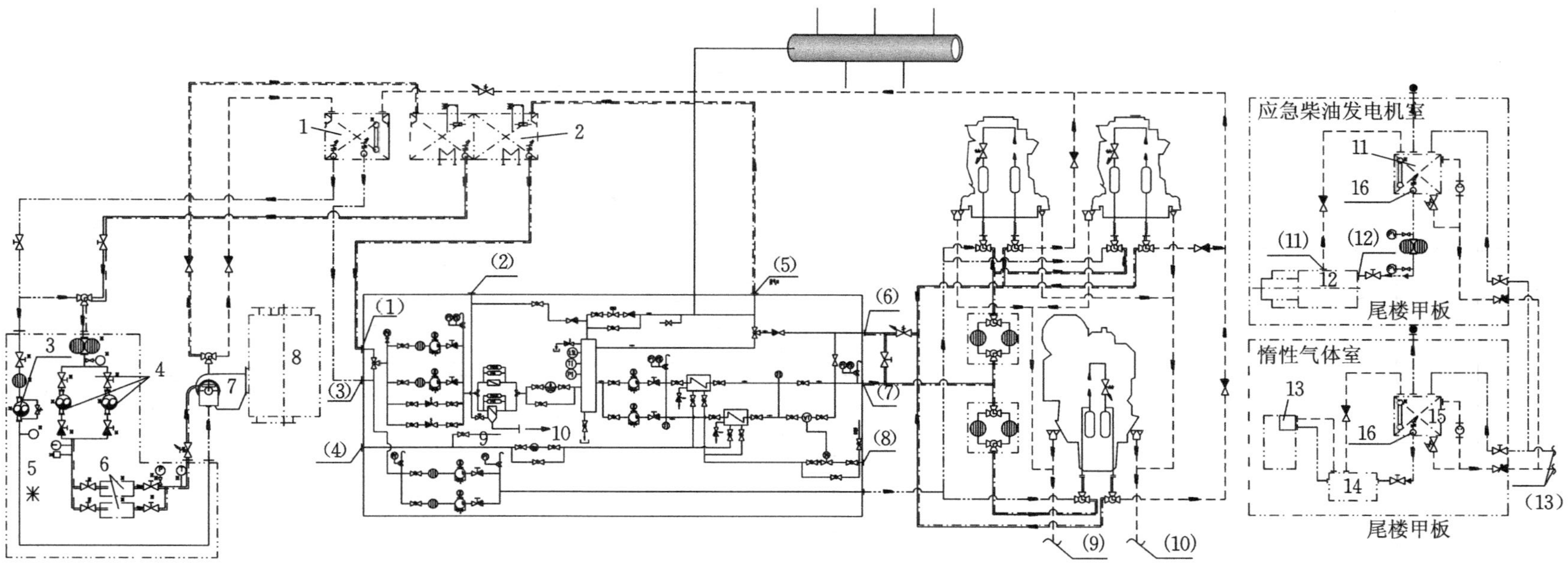


**图4-4　某成品油船燃油 日用管系原理图**

1—柴油日用舱；2—燃料油日用舱；3—点火油泵；4—锅炉燃油供给泵；5—燃油锅炉供给单元；6—重油加热器；7—燃烧器；8—燃油锅炉；9—蒸汽伴行管；10—滤器排污口；11—应急柴油日用柜；12—应急柴油发电机组；13—惰性气体发生器燃烧器；14—惰性气体发生器供油单元；15—惰性气体柴油柜；16—手拉快关阀

（1）—燃料油进口；（2）—压缩空气进口；（3）—轻柴油进口；（4）—凝水出口；（5）—排气口；（6）—回油进口；（7）—燃油出口；（8）—蒸汽进口；（9）—接至燃油泄放舱；（10）—接至燃料油溢油舱；（11）—喷油泵回油出口；（12）—接至燃油泵进口；（13）—接至燃油输送管系

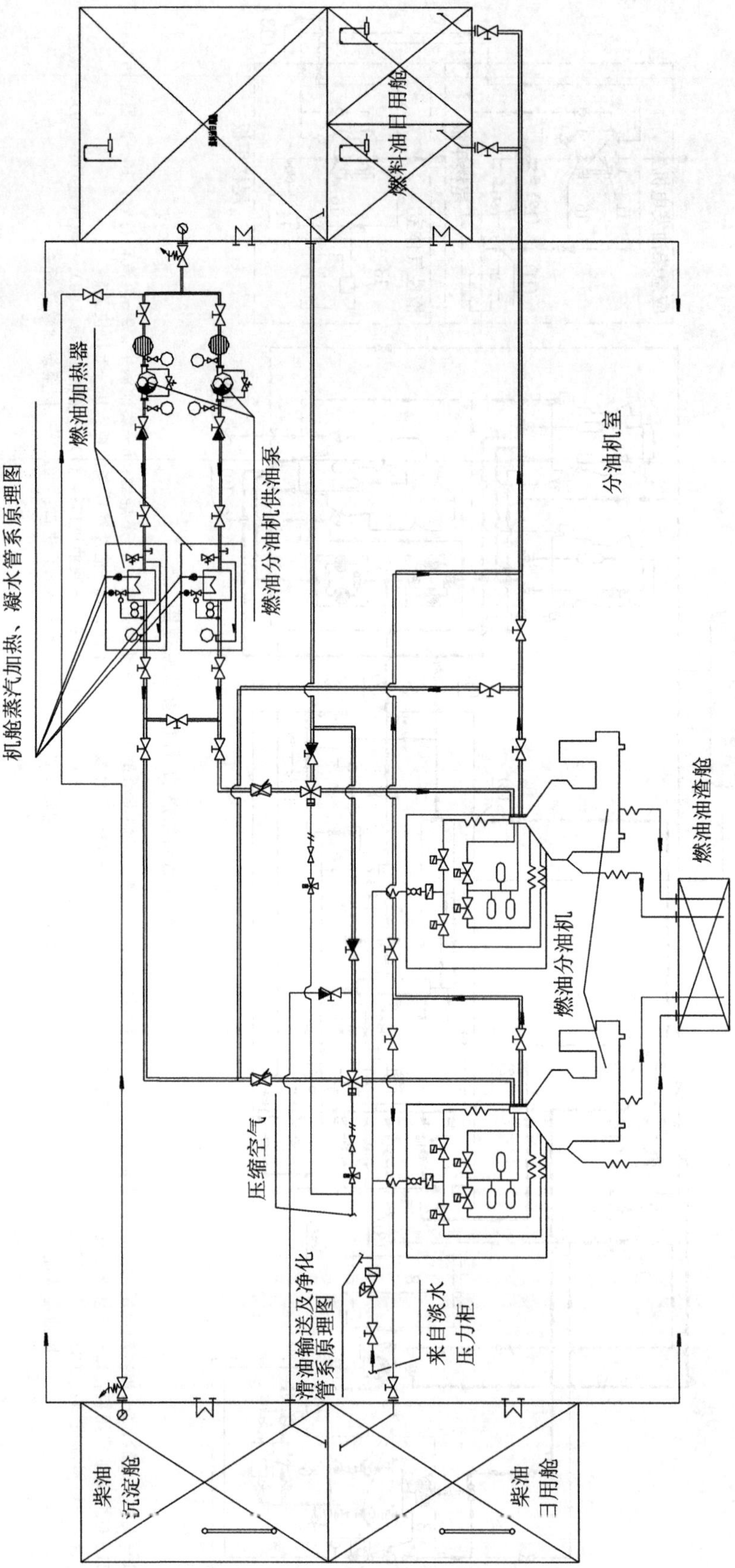


图4-5 某成品油船燃油净化管系原理图

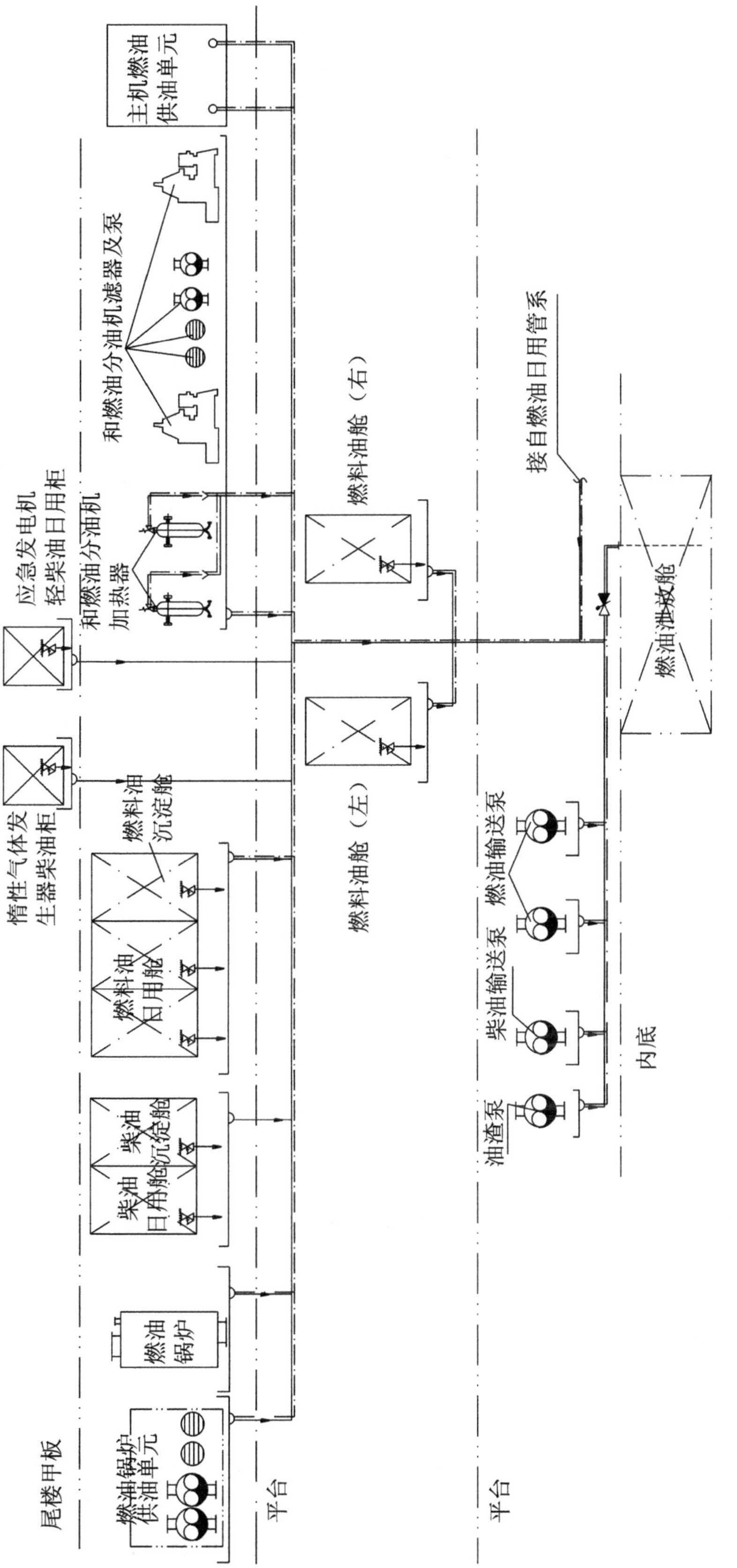


图4-6　某成品油船燃油泄放管系原理图

**3. 燃油日用系统**

主机日用系统设有一台燃油供油单元,供油单元中包括燃油输送泵、燃油循环泵、燃油加热器、滤器、黏度调节装置、透气箱和流量计等。燃料油管需敷设蒸汽伴行管,并外包绝热材料。燃料油舱、燃料油沉淀舱、燃料油日用舱设蒸汽加热盘管加热,并设油舱温度计和高温报警。

燃油输送泵通过过滤器从燃油日用舱或柴油日用舱吸油,经由流量计、燃油循环泵、加热器、自清滤器,将燃油送至主机喷油泵。加热器配有自动调节装置,由黏度计调节。

主机通常燃用燃料油,进出港、变航速等变工况时燃用轻油,通过转换阀来转换,它可手动转换也可在集控室遥控转换。但从使用热的燃料油突然变为使用冷的轻油,主机喷油泵元件咬死,热应力也会加速元件的疲劳破坏。加热器和回油筒可很好地解决这个问题。燃油输送泵将燃油的压力进行第一次升压,一般升至 0.4 MPa。燃油经燃油循环泵进主机正常油压为 0.7～0.8 MPa,故又称叫增压泵,称其为循环泵是因为它打入主机的燃油大部分又流回到回油筒,这些回油重复循环使用,这种循环还起着冷却和润滑作用。

主机喷油泵中过剩的燃油排至回油筒回到燃油供油吸入端。回油筒有 4 个主要的作用:贮存主机热回油、提供轻重油的转换空间、贮压和透气。

主发电机组由供油单元提供燃油单元,并设一个柴油泵作为应急用。

通过锅炉燃油循环泵从燃油日用舱吸油,经加热器后,输送至锅炉的燃烧器。冷启动时,锅炉点火泵的吸入侧接轻柴油管路。焚烧炉和锅炉使用柴油舱中的柴油时仅供引火燃烧。

**4. 除上述之外的燃油系统**

对于焚烧炉,应提供来自锅炉和焚烧炉轻柴油柜的轻柴油供应管路。

燃油输送泵应在燃油日用舱和带有盲板法兰的燃油沉淀舱上有燃油吸入接口。

应急发电机组燃用轻柴油由应急发电机组日用轻油柜提供。

## 4.2 滑油系统

### 4.2.1 滑油系统基本要求及布置

柴油机润滑系统的设计与其本身的工作型式、输出功率的大小和转速高低有关,需要进行润滑的柴油机部件主要有气缸、十字头轴承、连杆轴承、主轴承、传动齿轮、凸轮轴、进排气阀杆和导板等。

通常气缸润滑采用的方式有注油式润滑和飞溅式润滑。各类轴承的润滑方式有压力润滑、飞溅润滑和人工润滑。

柴油机润滑系统应能满足:

(1) 无论采用何种润滑方式或方法,都应确保柴油机在正常情况下发出最大持续功率。

(2) 管系和舱柜的布置都应使得系统有足够的滑油储存及供给清洁的滑油。

船上滑油系统的布置与柴油机所需的润滑要求有着紧密的联系,所配备的主滑油泵的容量应满足柴油机能输出最大持续功率，通常柴油机生产厂家在说明书中均有推荐的滑油系统。系统设计一般应遵循说明书中所推荐的形式。

### 4.2.2　滑油管系及附件

滑油管路一般由滑油贮存舱(柜)、滑油循环柜、滑油泵、净化设备(滤器、分油机)及滑油冷却器等设备组成，分为输送、日用、净化、泄放和尾管滑油 5 个系统。尾管滑油系统是一个独立的专为艉轴润滑和冷却的系统。

按滑油存放处所的不同，滑油系统可分为干曲轴箱式(简称干式)和湿曲轴箱式(简称湿式)两大类，分别如图 4-7(a)、(b)所示。无论何种形式的系统都应保证供给柴油机的滑油保持清洁，因此，装设滑油滤器尤为重要，且其结构应保证在不停止供油情况下进行内部清洗。常见的方法有使用双联滤器，也可用自清洗滤器。

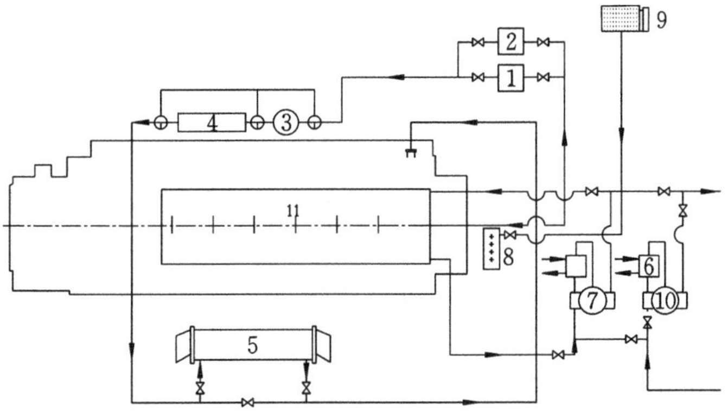


(a)

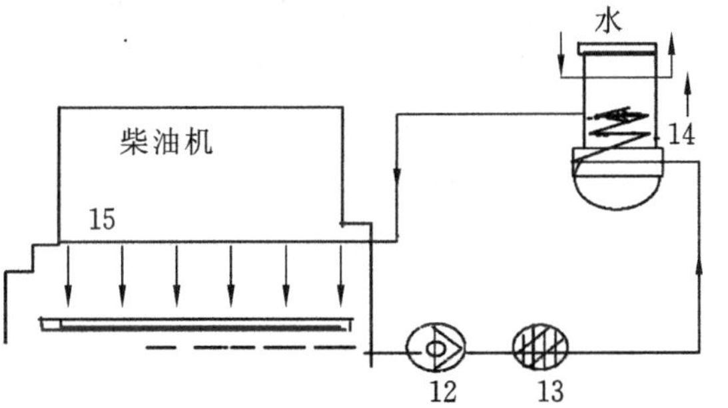


(b)

**图 4-7　润滑型式**

(a)干式润滑；(b)湿式润滑

1—柴油机驱动的滑油泵；2—电动机驱动的滑油泵；3—自清式滤器；4—并联的自清式精滤器；5—滑油冷却器；6—加热器；7—并用燃油分油机临时用于滑油分离；8—气缸注油器；9—气缸滑油柜；10—燃油分油机；11—滑油循环油舱；12—滑油泵；13—过滤器；14—滑油冷却器；15—滑油压力总管

为保证柴油机正常运行，需及时清洗滤器。在滤器的前后应设有压力表，当压力表读数有一定的压力差时，就应对滤器进行清洗。作为一种等效装置的滤器压差报警装置可替代压力表。

对于主涡轮机及输入功率大于 1470 kW 减速齿轮箱的滑油滤器应设有磁性装置，以便有效地滤去磨损下的粉状金属屑。

从干式润滑方式的特点来看，滑油存放在柴油机外部的滑油舱或柜内。常见的布置一般在柴油机油底壳下设置滑油循环舱，若此舱与船体外底板未用隔离空舱隔开，应在油底壳至滑油循环舱之间的泄油管路上装设截止阀，该阀的控制应在花钢板上易于接近的地点，一旦发生船体底部的破损，可通过关闭此阀而不至于造成海水进入主推进装置。在滑油循环舱内的泄油管应延伸至最低工作液面以下适当深度，并应与舱的出油口尽量远离，其目的是在滑油泄入滑油循环舱时减少气泡产生及避免滑油泵吸油时的夺油现象。

在多台柴油机共用一个滑油循环舱时，各机的油底壳与滑油循环舱之间不得使用泄油总管，而泄油管应各自独立接至滑油循环舱。

## 4.2.3 滑油系统设计要点

**1. 设计要点之一，注意事项**

滑油系统的布置应保证船舶在一定的横倾和纵倾范围内可靠地供油；同时，应尽可能缩短管路系统的长度。

滑油循环泵的布置应使吸入管长度尽可能短，因此油泵应尽量靠近柴油机或循环油柜。为能从双层底循环油柜可靠地吸油，泵的吸入高度应在允许的范围内。如齿轮式滑油泵，一般是 3 m 水柱；螺杆式滑油泵，约 4～5 m 水柱。泵的出口设有安全阀和调节压力的旁通阀。

为了减少管路阻力和管路振动现象，在滑油循环泵到过滤器的管路上要使弯头尽可能少，并缩短此管路长度。

过滤器是滑油管路的一种重要设备，分粗滤器和细滤器两种。一般为双联式滤器，平时运转只用 1 个，当堵塞时可用三通旋塞转换至另一个。滑油过滤器一般布置在滑油冷却器前，因为此时滑油温度较高，以利于减少过滤阻力和提高过滤效果。滤器前后要装设压力表，管路中还应设低压警报器，以检测和控制滑油的工作压力。

滑油贮存柜要靠近甲板注油口，并有一定高度，以借重力给循环油柜补充滑油或进入驳油泵。循环油柜的布置应使滑油能从主机自由流入，且应保证油泵吸入高度在允许范围以内。

如果增压器采用强制循环式压力润滑，则设置增压器滑油重力柜作为应急用，重力柜的高度必须在增压器轴线上方适当位置。

如滑油循环舱、滑油舱等的四周应设隔离空舱。

主滑油循环泵或其出口管路上应设置安全阀，以防止管内压力过高，其调定压力为管路正常供油压力的 1.1 倍。

**2. 设计要点之二，滑油管路设备估算**

(1) 滑油贮油舱

1) 主机滑油消耗量：

$$m_{zh}=g_{h1}\cdot N_{c1}\cdot Z\cdot t\cdot 10^{-6} \tag{4-2-1}$$

式中，$m_{zh}$ 为主机总滑油消耗量(t)；$g_{h1}$ 为主机滑油消耗率[g/(kW·h)]；$N_{c1}$ 为主机持续功率(kW)；$Z$ 为主机台数；$t$ 为续航率(h)。

2) 辅机滑油消耗量：

$$m_{fh}=g_{fh}\cdot N_{ef}\cdot t_1\cdot K_f\cdot 10^{-6} \tag{4-2-2}$$

式中，$m_{fh}$为辅机滑油总消耗量(t)；$g_{fh}$为辅机滑油消耗率[g/(kW·h)]；$N_{ef}$为辅机有效功率(kW)；$t_1$ 为续航时间内，辅机持续使用时间(h)；$K_f$ 为辅机负荷系数，取自电力负荷计算书，估算时可取 0.65。

3）滑油贮油舱容积：

$$V_c=(m_{zh}+m_{fh}+m_1+m_2)\frac{1}{r}\eta_V\cdot C \tag{4-2-3}$$

式中，$V_c$ 为滑油贮油舱容积($m^3$)；$m_1$ 为主机滑油换油量(t)；$m_2$ 为辅机滑油换油量(t)；$r$ 为滑油密度($t/m^3$)，一般取 0.92；$\eta_V$ 为容积系数，取 1.1～1.2；$C$ 为储备系数，取 1.1。

主、辅机换油量一般是根据柴油机说明书中的规定取值。

(2) 滑油循环泵(主滑油泵)

泵的选型计算主要考虑其排量和压头。主机单机功率大于 441 kW 时，应设置独立动力驱动的备用滑油泵，以选配与主机匹配的滑油循环泵作为备用泵。

1）排量

$$q_H=q_d\cdot N_e \tag{4-2-4}$$

式中，$q_H$ 为滑油循环泵排量($m^3/h$)；$q_d$ 为主机要求的单位功率小时排量[$m^3$/(kW·h)]；$N_e$ 为主机功率(kW)。

2）压头

滑油循环泵的压头应保证滑油进入最后一道轴承前压力有 0.078～0.094 MPa。一般不包括活塞冷却时取 0.294～0.392 MPa，包括活塞冷却时取 0.392～0.49 MPa 。

(3) 主机滑油循环柜

$$V_S=\frac{q_H}{Z}\eta_V \tag{4-2-5}$$

式中，$V_S$ 为循环柜容积($m^3$)；$Z$ 为循环倍率(次/h)；$\eta_V$ 为容积系数，取 1.1～1.2；$q_H$ 为滑油循环泵排量($m^3/h$)。

滑油循环倍率一般根据柴油机而定，低速机 6～12 次/h，中速柴油机 30～40 次/h，高速柴油机 50～60 次/h。循环倍率越大，则滑油就越容易变质，使用期就短。滑油循环柜应保证油泵在渔船倾斜情况下也能可靠吸油。

(4) 污油柜

污油柜用来贮存更换下来的滑油，一般只设一个，其容积为滑油循环柜的 1.2 倍。

(5) 油渣柜

油渣柜设置的目的在于存放分油机分离出来的油渣和水分。

$$V_{xa}=(0.03\sim0.04)Q_{fy} \tag{4-2-6}$$

式中：$V_{xa}$为油渣柜容积($m^3$)；$Q_{fy}$为分油机排量($m^3/h$)。

### 4.2.4　滑油管系实例分析

某成品油船滑油管系分析如下：

**1. 滑油注入和输送**

在上甲板左、右两舷各设二根单独的滑油注入管路为主、辅机系统油服务，注入管上带有截止阀和盲板法兰。

滑油输送泵用作机舱内滑舱柜中滑油的调驳，还能经由滑油注入管将滑油排岸。滑油输送泵吸入端设置一个双联滤器。

**2. 滑油日用系统**

如图4-8所示，主机滑油由主滑油泵供给。主滑油泵从滑油循环舱吸油，经由双联磁性滤器、滑油冷却器、一只温控阀和滑油滤清器或单联旁通滤器，然后进入主机。系统中设置一个温控阀以控制温度。主机滑油循环舱设在双层底中。主机带一台主滑油泵，另外还有一台滑油泵备用。

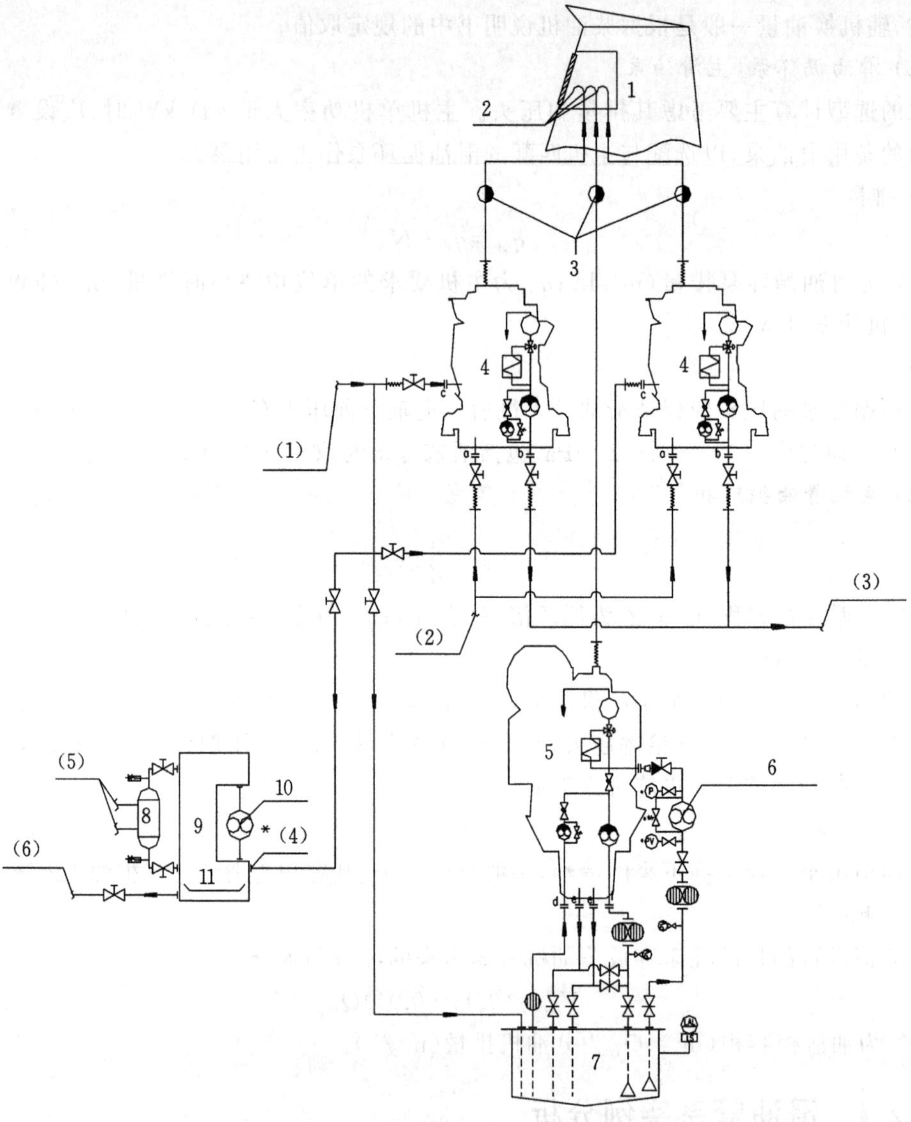


**图 4-8　某成品油船滑油日用管系原理图**

1—烟囱；2—防火网；3—凝水器；4—发电机；5—主机；6—主机滑油备用泵；
7—主机滑油循环舱；8—滑油冷却器；9—齿轮箱；10—齿轮箱滑油备用泵；11—齿轮箱油底壳
(1)—来自滑油贮油柜；(2)—来自滑油分油机；(3)—至污滑油舱；
(4)—滑油注入口；(5)—淡水冷却；(6)—至污滑油舱

每台发电柴油机都有其自身的强制润滑油系统，它包括滑油泵、一套滑油冷却器和滑油循环舱。

### 3. 滑油分离系统

如图 4-9 所示，滑油分离系统应能允许主机滑油持续分离，也能短暂分离。净油应输送到滑油循环舱或滑油澄清舱。分油机分离后的油渣应放至滑油污油舱，然后由油渣泵输送至焚烧炉废油柜。油渣排放管路应布置在上甲板左右舷。

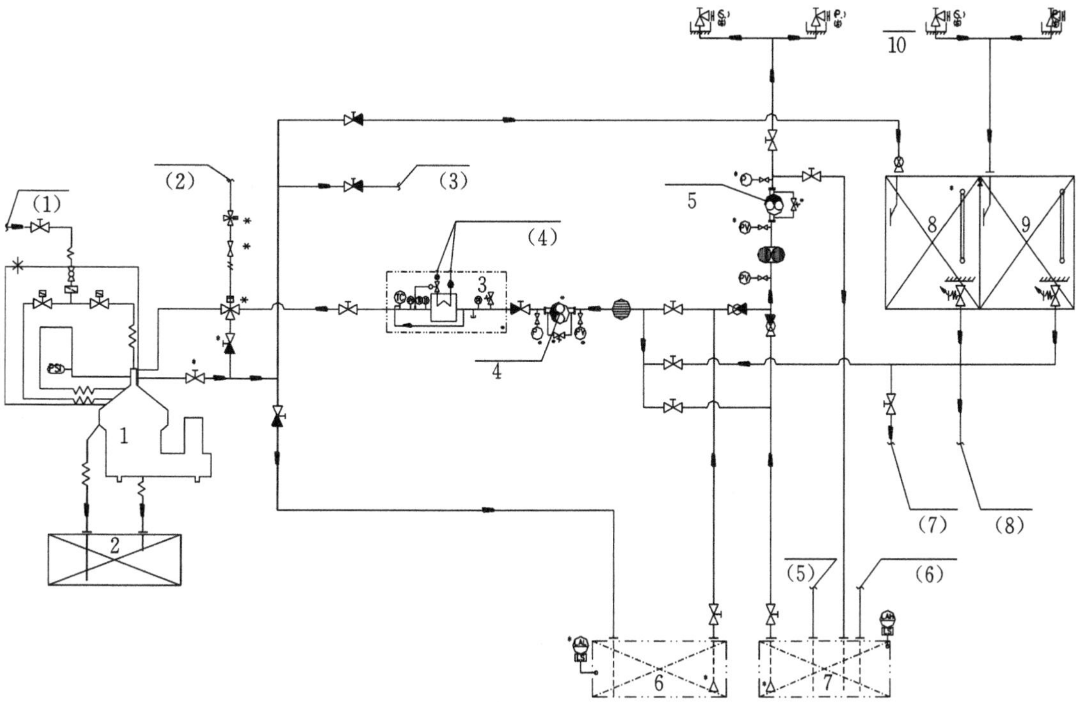


**图 4-9　某成品油船滑油输送净化管系原理图**

1—滑油分油机；2—滑油油渣舱；3—滑油加热器；4—滑油分油机供油泵；5—滑油输送泵；6—主机滑油循环舱；7—污滑油舱；8—滑油沉淀柜；9—主、辅机滑油储存舱；10—尾楼甲板；(1)—接燃油净化管系；(2)—接压缩空气；(3)—至辅机油底壳；(4)—接机舱蒸汽加热、凝水管系；(5)—来自辅机油底壳泄放；(6)—来自齿轮箱油底壳泄放；(7)—接至主、辅机和齿轮箱；(8)—接尾管滑油

**4. 滑油泄放系统**

如图 4-10 所示，主机的滑油应泄放至主机滑油泄放舱。主机扫气箱的污油应泄放至滑油泄放舱。泵、分油机和舱柜泄放油盘的油应尽可能放至滑油污油舱。

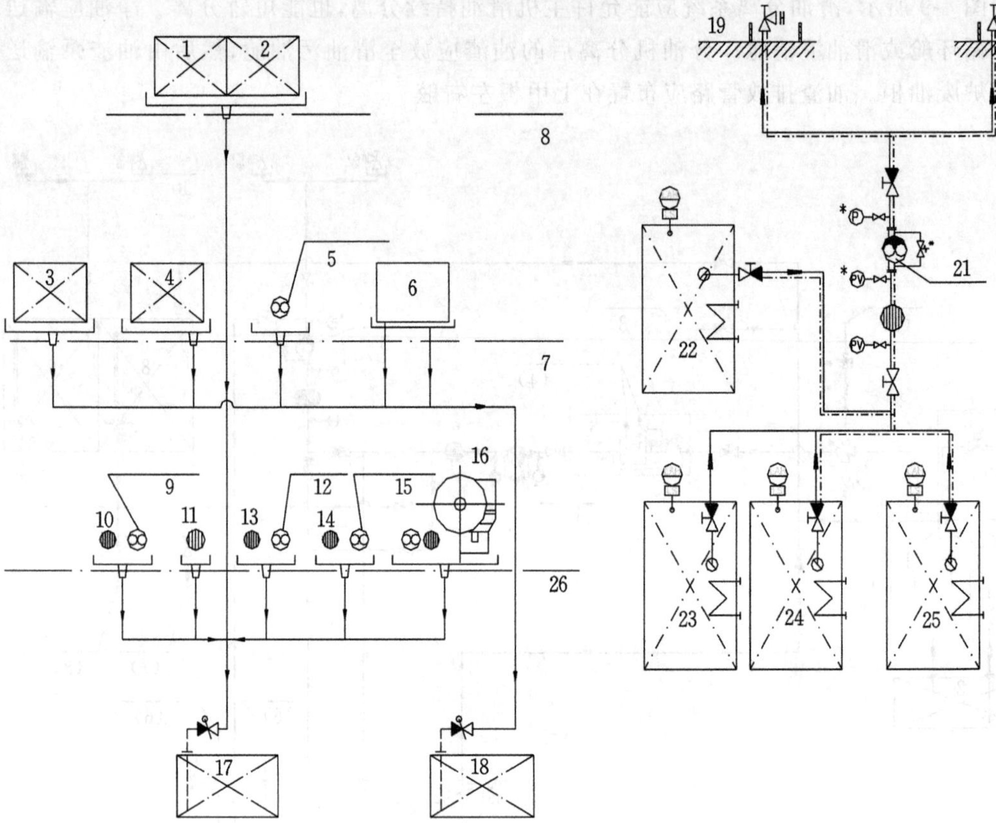


**图 4-10　某成品油船滑油泄放管系原理图**

1—滑油沉淀柜；2—滑油储存柜；3—液压油贮存柜；4—清洗油泄放柜；5—液压油输送单元；6—货油泵动力泵站；7—4.5m 平台；8—7.0m 平台；9—齿轮箱滑油备用泵；10—滤器；11—滑油精滤器；12—主机滑油备用泵；13—滤器；14—滤器；15—滑油输送泵；16—滑油分油机；17—污滑油舱；18—污滑油舱；19—尾楼甲板(左)；20—尾楼甲板(右)；21—油渣泵；22—燃油油渣柜；23—舱底水舱；24—滑油油渣柜；25—燃油泄放舱；26—底舱

# 4.3　冷却系统

## 4.3.1　冷却系统的功用及形式

**1. 功用**

船舶柴油机动力装置工作时，有许多机械设备要散发出大量的热量。例如在柴油机中，燃油燃烧时所放出的热量约有 25%～35%要从气缸、活塞等部件散出。为保证受热部件温度不致过高而影响正常工作，或者不致因热负荷过大而损坏，必须及时有效地散发这些热量。通常是使一定量的液体连续流经受热部件进行冷却，把这些热量携带至被冷却的机械设备以外。船舶柴油机动力装置中需要散热冷却的机械设备有：

（1）主、辅柴油机，包括气缸、活塞、喷油器、增压器等。

（2）主、辅机的滑油冷却器、淡水冷却器等热交换器。

（3）轴系中的齿轮箱、轴承、尾轴管等。

（4）空气压缩机、冷凝器等设备。

冷却系统的功能就是对上述需要散热的设备供以足够的淡水、江水、海水或冷却油进行冷却，以保证其在一定温度范围内可靠地工作。

**2. 冷却系统的形式**

根据冷却系统的工作特点，冷却系统的基本形式如图 4-11 所示。

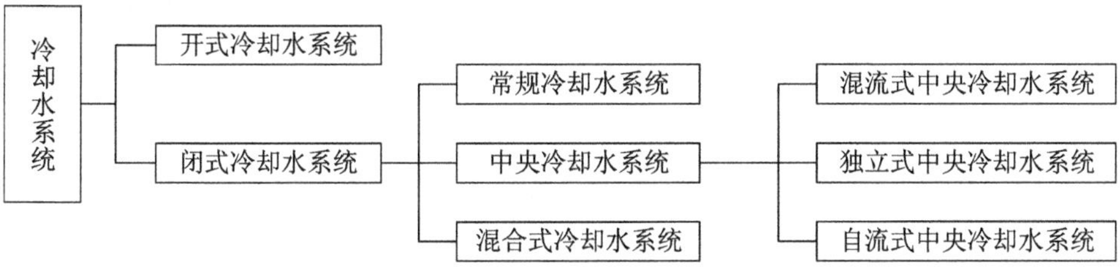


**图 4-11　冷却水系统的基本形式**

（1）开式冷却系统

开式冷却是用专用泵吸取舷外水直接对主、辅机进行冷却，又称直接冷却。如图 4-12 所示为开式冷却系统原理图。

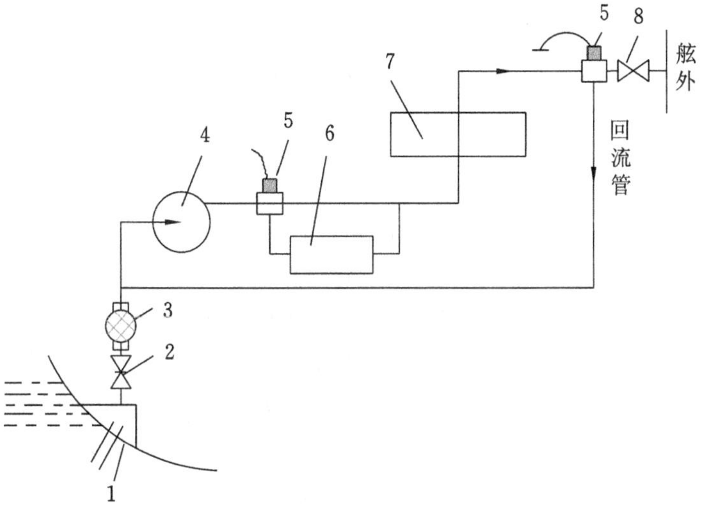


**图 4-12　开式冷却系统原理图**

1—海底门；2—通海阀；3—滤器；4—海水冷却泵；

5—温度调节阀；6—滑油冷却器；7—主机；8—单向阀

1）工作原理。海水泵(4)将海水自海底门(1)，经通海阀(2)、滤器(3)，再进入滑油冷却器和主机，冷却有关部位后汇集于总管，然后经单向阀排至舷外。温度调节器自动调节冷却水的流量，使滑油温度和进入柴油机的水温在允许的范围内。

2）优缺点。开式冷却系统设备少、管路简单、维护方便、水源丰富。不过，有两个问题也很突出：一是冷却水水质差，江、河水中的各种杂质和水面浮油进入冷却空间后，会造成堵塞或附着在冷却表面；海水对金属壁起腐蚀作用并能在冷却空间沉积水垢，使传热条件变坏，使金属壁过热受损；二是舷外水温度变化大，直接受季节、区域的影响，变化幅度大，不利于进入柴油机冷却。因此，开式冷却只能用于小型柴油机和对冷却水要求不十分严格的各种热交换器、空气压缩机、排气管、尾轴管等的冷却。

(2) 闭式冷却系统

闭式冷却是淡水泵吸入淡水对主、辅机进行冷却，舷外水则通过淡水冷却器带走淡水的热量，又称间接冷却。如图 4-13 所示为闭式冷却系统原理图。

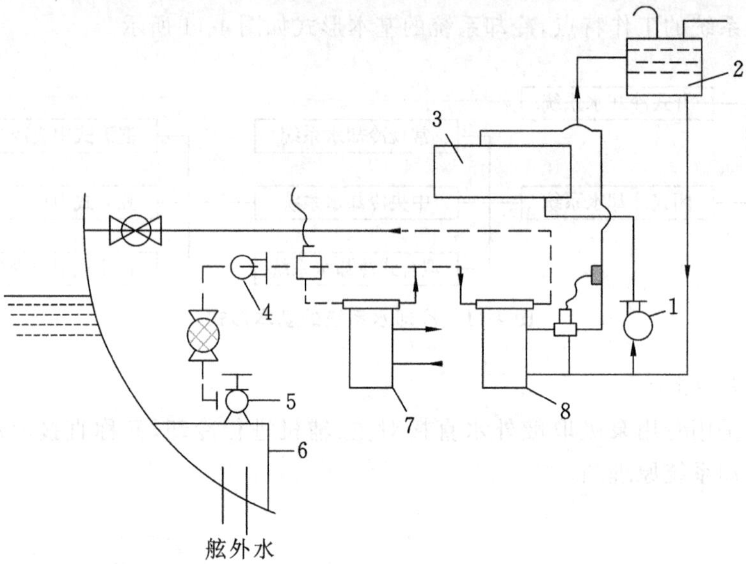


**图 4-13　闭式冷却系统原理图**

1—淡水冷却泵；2—膨胀水箱；3—主机；4—海水冷却泵；5—通海阀；6—海底门；7—滑油冷却器；8—淡水冷却器

1）工作原理。图中实线所示为淡水管路，虚线所示为舷外水管路。淡水泵(1)自淡水冷却器(8)吸入淡水，进入柴油机(3)冷却高温部件后，又回到淡水冷却器(8)，进行闭式循环。海水进行开式循环，与图 4-12 相似，只是管路中包括了淡水冷却器。

2）优缺点。淡水水质好，不会产生堵塞流道和析盐现象，积垢少，利于控制柴油机进、出水温度。但这种管路设备多、管路复杂、维修管理不便。闭式冷却广泛用于大、中型船舶。

3）膨胀水箱。闭式冷却管路中设置膨胀水箱，以适应管路内淡水随温度变化而产生的体积变化，在柴油机的淡水管最高处接出透气管与膨胀水箱上部相通，让淡水中分离出来的气(汽)体逸入大气；膨胀水箱置于淡水泵吸入口以上一定高度，使吸入管路保持一定的水压，防止产生汽化现象；向管路内补充淡水，向水箱中投药对淡水水质进行处理。

(3) 中央式冷却系统

中央式冷却系统是闭式冷却系统的一种，用一个中央冷却器取代管路中服务于不同冷却对象的各分冷却器，进行淡水和海水的热量交换；循环的淡水先通过各分冷却器吸取热量，后在中央冷却器中将热量传给海水，带出舷外。中央冷却系统投资虽然高于常规冷却系统，但因克服了开式冷却系统水质差、温度变化受环境影响大的缺点而被广泛应用。

中央式冷却系统几乎使系统中的所有设备用低温淡水冷却，低温淡水循环工作也是一种闭式冷却系统，淡水所吸收的热量在中央冷却器中传递给海水。用于冷却中央冷却器的海水系统，只包括海水泵、过滤器、阀件和长度极短的海水管路，如图 4-14 所示。在海水温度 32 ℃时，低温淡水（中央冷却水）维持 36 ℃，以防止排气温度过高，这由温度调节三通阀来保证。低温淡水也有膨胀水箱。

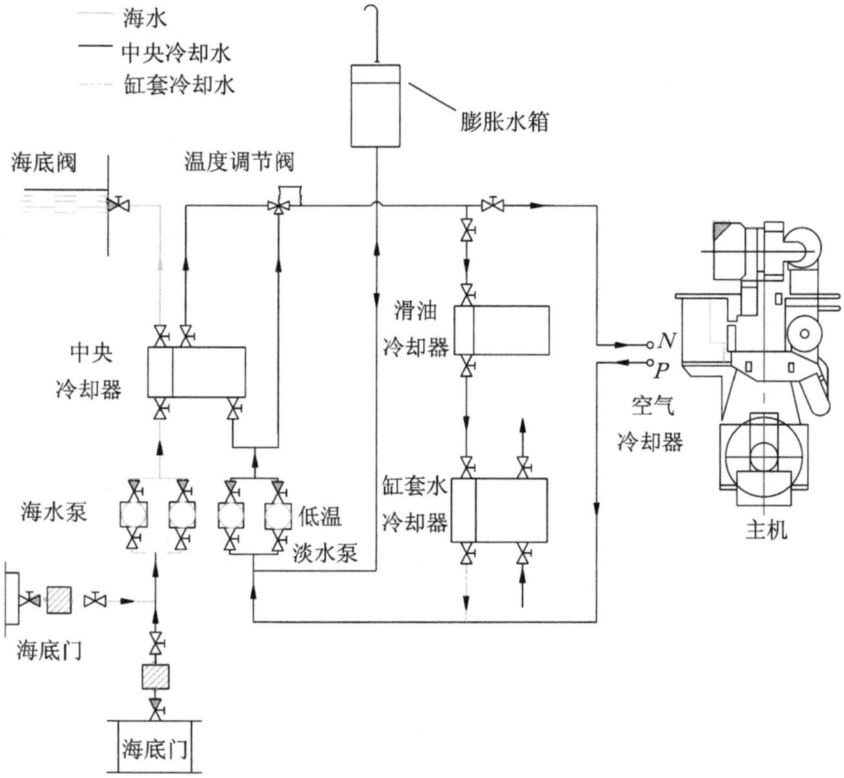


**图 4-14　中央冷却系统原理图**

在柴油机的淡水冷却系统中，有高温水回路和低温水回路。如采用高低温水的混合来调节参数，则属于混流式。如高低温回路各自分开，则为独立式。对某些船型，其中央冷却器设计为用自流海水（利用船舶航行的速度）来冷却，这称为自流式中央冷却系统。

（4）舷外自然冷却

舷外自然冷却也是一种闭式冷却方式。与一般闭式冷却系统相比，就是把海水对淡水的冷却移至舷侧，把淡水冷却器装在船舶水线以下船壳的外板上，利用舷外水进行自然冷却。

优点：省去了海水泵及其管路，并减少了驱动海水泵的动力；减少了维护管理的工作量。

缺点：冷却器安装于舷外，易撞坏；舷外冷却器的材质要求高，初建费增加。

### 3. 系统型式的选择

（1）低速柴油机的冷却水系统

常规冷却水系统和中央冷却系统均可选用，但一般优先选择后者。

中央冷却系统中，基本上均推荐使用独立式中央冷却系统（Sulzer 柴油机推荐使用混流式中央冷却系统）。

独立式中央冷却系统必须设置高温水冷却器，但对高温水的调节比混流式可靠。

对航速较高的集装箱船，也可选用自流式中央冷却系统，以进一步提高航行的经济性。

(2) 中速柴油机的冷却水系统

大部分中速柴油机制造厂推荐中央冷却系统（混流式或独立式），且为保证该系统完全符合预定要求，制造厂还能成套供应系统的附属设备（包括冷却水泵、冷却器等）。设计时必须符合也仅须符合柴油机制造厂所推荐的系统。

## 4.3.2 对冷却系统的要求

(1) 柴油机冷却管系的布置应能有效地调节冷却水的进水温度，闭式冷却系统应设有淡水膨胀水箱，并建议装设高温警报器。

(2) 海水冷却系统的冷却泵应至少连接于有 2 个舷外海水进口的管道上，为此，船舶所设置的海水吸口多分布在两舷，这样可确保冷却系统中任意一台泵能从任意一个海水吸口吸取海水。为适应船舶在不同吃水或航行于多泥浅水河道的需要，海水吸口往往布置成高、低位吸水。低位海底门（海水箱）在机舱底部，高位海底门则设于舭部，在船舶正常航行情况下，任意一台冷却泵或循环泵均可自任意一海水吸口吸取海水。浅水区域，螺旋桨转动带起泥沙，此时用高位海底门；深水区域或风浪大时则用低位海底门，以防船体摇晃吸不到水。

(3) 海水吸入滤器是海水冷却系统中不可缺少的附件，为保证滤器在清洗时不至于中断冷却水，海水冷却泵和海水箱之间管路上的滤器布置如图 4-15(a)所示。从管系布置要求来看，对航行于冰区的船舶，冷却水排出管应接出 1 根连接管至上述海水箱，并且连接管的直径与冷却水排出管相同，如图 4-15(b)所示。

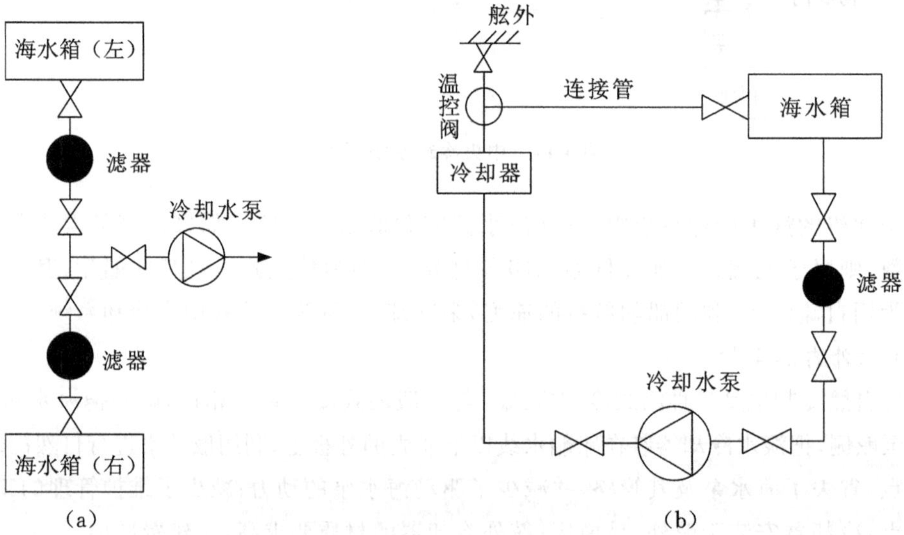


图 4-15 海水吸入滤器

(4) 主柴油机闭式淡水冷却管系应按需要装设适当的加热设备（蒸汽加热器或电加热器）或与辅机淡水冷却管路接通，以备主机暖缸加热用。

(5) 以柴油机作为主推进装置的船舶，冷却水泵的配备与柴油机的台数、用途和所采用的冷却水系统的方式有关。根据规范的要求，冷却水泵的配置应满足表 4-5 中的最低限度的规定。对于辅机而言，只要每台辅机的冷却水泵均为机带泵，且相互独立布置，可免设备用冷却水泵。而当多台辅机共用一个冷却水系统时，仍需设置备用泵，其配置泵的数量可参照表 4-5 中多台主机的方式，所不同的是备用泵可独立设置或用其他足够排量的泵来替代。此外，采用淡水冷却的主机和辅机冷却系统，只要其管路布置与海水系统有应急连接时，淡水备用冷却泵可免设。对于“近海航区”“沿海航区”“遮蔽航区”或与之相当航区的船舶，表 4-5 所要求的备用冷却水泵可用其他具有足够排量的泵或便于安装和连接的完整的备品泵代替。500 总吨以下的货船，可不设要求的备用泵或备品泵。

**表 4-5 冷却水泵配置表**

| 柴油机台数和冷却方式 | | 住冷却水泵 | | 备用泵(独立) | | 备用泵 | |
|---|---|---|---|---|---|---|---|
| | | 海水泵 | 淡水泵 | 海水泵 | 淡水泵 | 海水泵 | 淡水泵 |
| 单主机 | 开式 | 1 台 | — | 1 台 | — | — | — |
| | 闭式(一般) | 1 台 | 1 台 | 1 台 | 1 台 | — | — |
| | 闭式(中央) | 1 台 | 1 台(高)<br>1 台(低) | 1 台 | 1 台(高)<br>1 台(低) | — | — |
| 多主机 | 开式 | 每台机带 | — | — | — | 1 台 | — |
| | 闭式(一般) | 每台机带 | 每台机带 | — | — | 1 台 | 1 台 |
| | 闭式(中央) | 1 台 | 每台机带 | 1 台 | — | — | 1 台 |

(6) 航行于冰区的船舶，其冷却水系统应确保船舶冰区航行时冷却水的供给。为此，至少有一个海水箱应满足以下要求：

1) 海水箱应有足够大的容积，该海水箱容积通常按每 750 kW 发动机功率约 1 $m^3$ 计算，此发动机功率应包括船舶营运所必需的辅机功率，海水箱进口格栅的通流面积应不小于进水管截面积的 4 倍。根据需要，在海水箱上可设有融冰加热盘管。

2) 海水进口应尽可能靠近船舶中心线布置，并尽量靠后。应足以使浮冰处在进水管口上方。

3) 考虑冰区的影响，冷却水排水管与海水箱之间应装设一根能通过冷却水全排量的连接管。

(7) 为使柴油机冷却水系统不遭受腐蚀和结垢，通常在淡水冷却水中加入处理药剂。

(8) 在高温淡水冷却泵及低温淡水冷却泵的出口应装截止止回阀。由于截止止回阀的尺寸比较大，考虑到生产设计时的布置困难，因此可用一只蝶形止回阀和一只蝶阀来代替。

(9) 海水箱上应设透气管、压缩空气管和蒸汽管，以便吹除污物和冰粒等。排水口排出用过的污水，通常布置在海底门或吸水口之后，并尽可能使两者远离。

(10) 海水管路的布置应在满足对各种设备的压力和温度参数的要求下，力求设备能量小、管路短，方便操纵和检修等。海水泵出口接空气冷却器、制淡装置；淡水冷却器主要是缸套冷却器，应布置在管路末端；其他冷却器，如滑油冷却器及活塞淡水冷却器可采用串联或并联形式布置在管路中。

### 4.3.3 冷却系统实例分析

如图 4-16、4-17 所示分别为某成品油船海水冷却水管系原理图和淡水冷却水管系原理图。

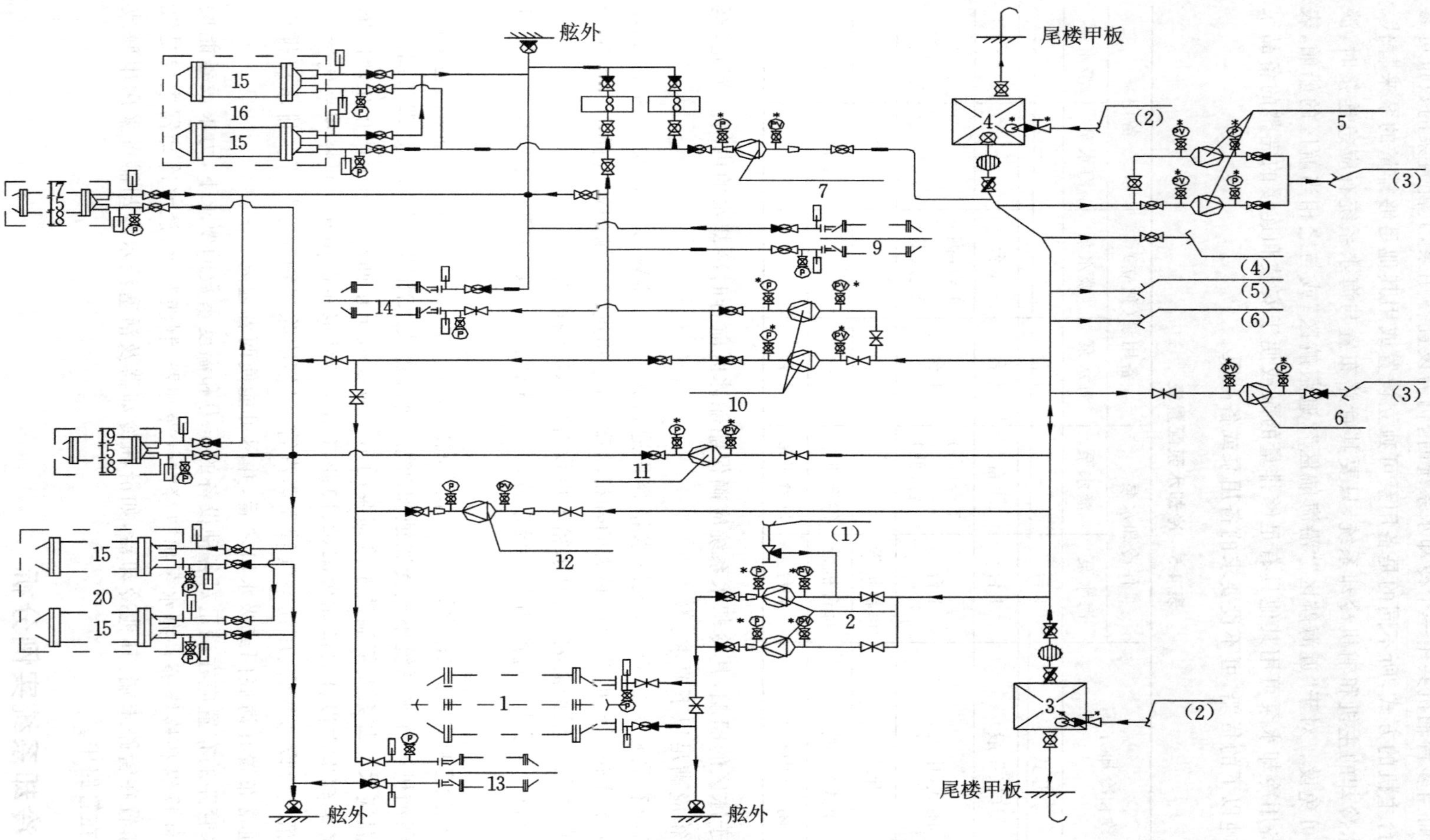


**图4-16　某成品油船海水冷却水管系原理图**

1—主机淡水冷却器；2—主机海水冷却泵；3—低位海水门；4—高位海水门；5—惰性气体甲板水封海水泵；6—惰性气体洗涤塔海水泵；7—冷藏兼空压机冷却水泵；8—空压机；9—液压动力单元冷却器；10—辅机海水冷却泵；11—空调冷却水泵；12—蒸汽凝水冷却泵；13—大气冷凝器；14—辅机淡水冷却器；15—冷凝器；16—冷藏装置；17—厨房；18—立柜空调机；19—监视室；20—中央空调机组

（1）—舱底应急吸口；（2）—压缩空气；（3）—至惰性气体管系；（4）—至海水压力柜卫生水泵；（5）—至舱底总用泵；（6）—至消防总用泵压缩空气；

（3）—至惰性气体管系；（4）—至海水压力柜卫生水泵；（5）—至舱底总用泵；（6）—至消防总用泵

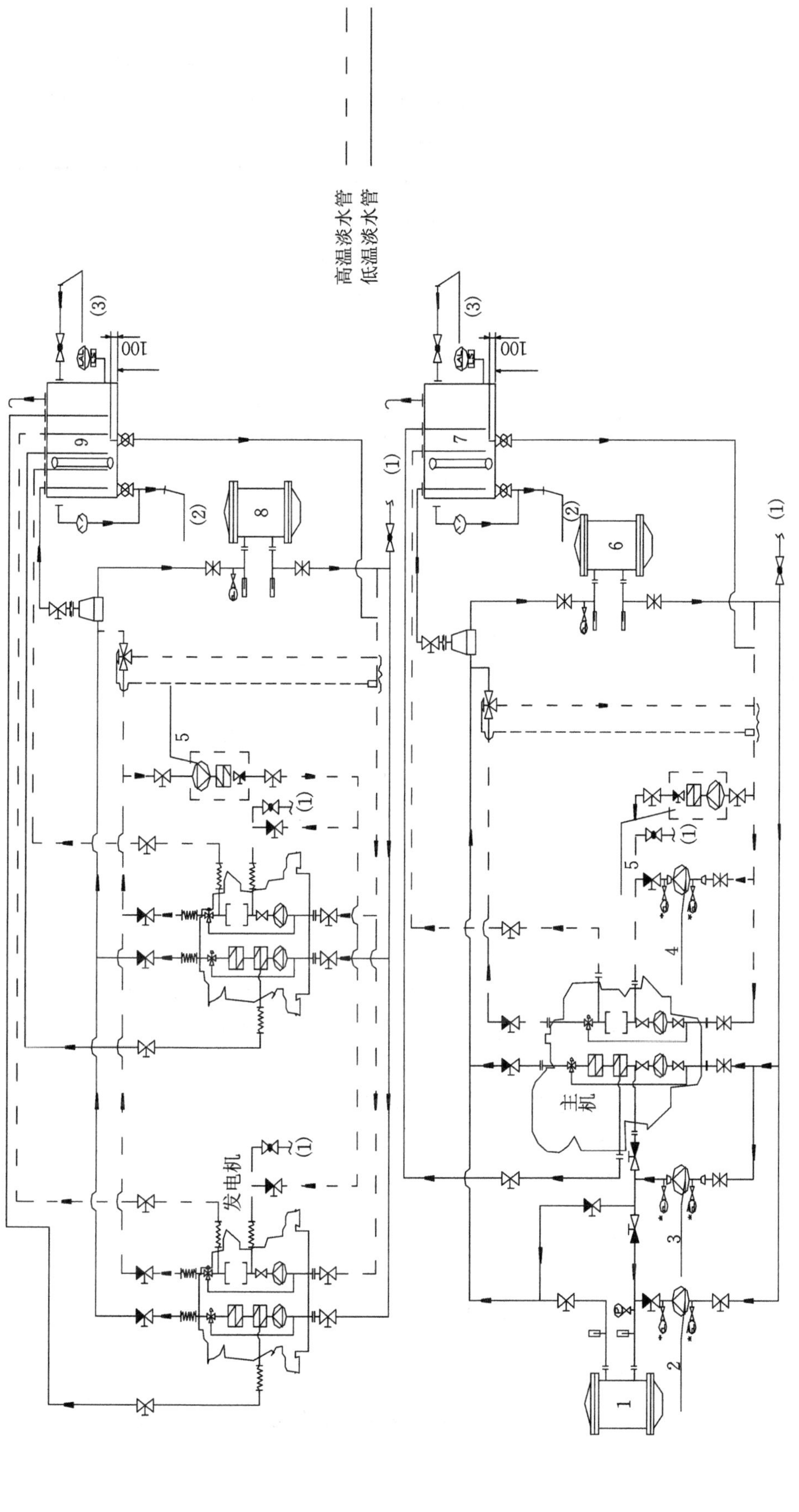


**图4-17　某成品油船淡水冷却水管系原理图**

1—齿轮箱滑油冷却器；2—齿轮箱淡水冷却泵；3—低温淡水冷却备用泵；4—高温淡水冷却备用泵；5—缸套水预热单元；6—主机淡水冷却器；7—主机淡水膨胀水箱；8—辅机淡水冷却器；9—辅机淡水膨胀水箱

（1）—至舱底；（2）—泄至舱底；（3）—来自淡水压力柜

**1. 海水冷却管系**

主机冷却用的海水由海水泵从海水总管吸水后泵出，经主机淡水冷却器后排至舷外。

1台中央空调和2台柜式空调冷却水通过空调机冷却水泵泵入。大气冷凝器冷却水由蒸汽凝水冷却水泵泵入。冷藏装置和空压机冷却水由冷藏装置兼空压机冷却水泵泵入。

辅机冷却海水由辅机海水冷却泵从海水总管吸水后泵出分2路，一路冷却辅机淡水冷却器；一路作为空调、大气冷凝器和冷藏装置的备用。货油泵液压动力站也由辅机海水冷却泵冷却。

冷藏装置冷却水泵在瘫船情况下可作为空压机的冷却水泵，因此冷藏装置冷却水泵需接至应急配电板。

**2. 淡水冷却管系**

主机淡水冷却系统分为高温淡水和低温淡水系统。冷却淡水经淡水冷却器冷却后由主机高温淡水泵和低温淡水泵供应主机。当主机冷却水从出水总管排出后，即进入淡水冷却器冷却后再进机，循环使用。在高温淡水进淡水冷却器进口之处装有温控阀用来调节高温淡水温度。

主辅机缸套水预热器由主机厂提供。

齿轮箱通过淡水冷却，使用齿轮箱淡水循环泵循环。

2台辅机淡水冷却系统分为高温淡水和低温淡水系统。经各自的淡水冷却器后由机带淡水泵泵入，冷却辅机后从出水总管分别进入各自淡水冷却器后再进机，循环使用，在高温淡水进淡水冷却器进口之处装有温控阀用来调节高温淡水温度。

主机设置一个1 $m^3$ 淡水膨胀水箱，辅机设置一个0.5 $m^3$ 淡水膨胀水箱。膨胀水箱有管路与主辅机淡水泵入口相连接，系统消耗的淡水由机舱淡水压力柜对膨胀水箱加以补充，淡水透气向上进入膨胀水箱。在系统最低处设有放泄阀，泄至舱底。

# 4.4 压缩空气系统

以压缩空气作为起动源的船舶，由空压机产生的压缩空气主要用于主、辅机的起动、汽笛、控制和杂用等，其中用于主、辅机启动和控制的压缩空气管系是确保船舶正常航行的基础。

压缩空气管系应满足：

(1) 充足的压缩空气量，保证主、辅机冷态连续起动。

(2) 冰区加强船舶满足附加要求。

(3) 供给干燥、清洁的控制空气。

压缩空气系统由空气压缩机、水气分离器、空气瓶、减压阀、安全阀、管路及各种附件组成。

## 4.4.1 压缩空气系统设计要点

**1. 充气设备及空气瓶的配置**

对于由压缩空气起动的主推进柴油机，必须配备2套充气设备，即2台空气压缩机，允许 2 台空气压缩机中的一台为主机自带，而另一台必须是独立驱动的压缩机。

空气压缩机总排量应在 1 h 内使得空气瓶的压力由大气压力升至保证主机连续启动所需的压力，根据以往的经验，此压力为 2.5～3.0 MPa。上述的空气瓶应至少配备 2 只，且其总容量在不补充充气的情况下，确保可换向的主机冷态连续启动不少于 12 次，不可换向的主机冷态连续起动不少于 6 次。

**2. 特殊要求**

对于无限航区的船舶，其主、辅机为压缩空气起动，除非主空气压缩机之一是由应急电源供电(作为初始起动的设施)，否则应设有不需船外提供动力的应急空压机。应急空压机可由如下任一种方式驱动：

(1) 手动起动的柴油机。

(2) 如果容量允许，也可用手动操作。

(3) 应急电源供电的电动机。

其布置方式如图 4-18 所示。

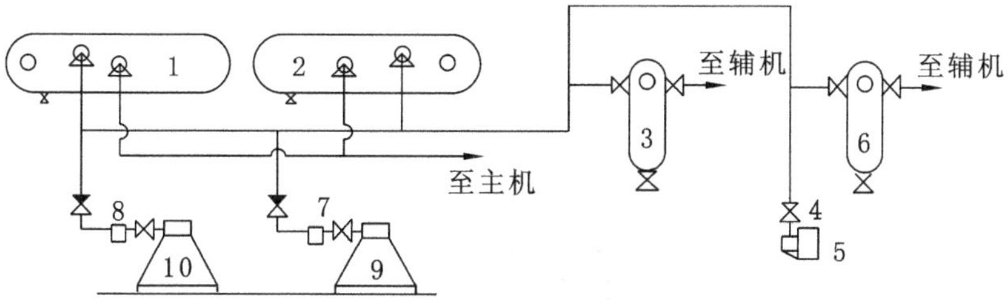


**图 4-18　空气压缩系统布置方式图**

1,2—主空气瓶；3—辅空气瓶；4—止回阀；5—应急空压机；
6—应急空气瓶；7,8—油水分离器；9,10—主空气压缩机

当辅机为电起动，而船舶又未设应急发电机时，作为初始起动的措施应设置专用应急发电机或一组连续可充的应急蓄电池。

**3. 安全装置**

压缩空气系统中所设安全装置有：

(1) 空气压缩机上的安全阀，开启压力不大于工作压力的 1.1 倍。

(2) 压缩空气冷却器水套壁上的安全阀或安全膜片。

(3) 空气压缩机曲轴箱容积超过 0.6 $m^3$ 时，应设曲轴箱安全阀。

(4) 大型低速柴油机的启动空气总管的安全阀，开启压力为最高启动压力的 1.1 倍。

(5) 减压阀后的安全阀。

(6) 气缸直径大于 230 mm 的柴油机的起动空气系统所设的火焰阻止器。

(7) 空气瓶上的安全阀或易熔塞。

**4. 对冰区加强的特殊要求**

考虑到压缩空气除主机起动外，还有其他用途，空气瓶容量应适当增加。而对 B1* 级船，主机可换向，空气压缩机的总排量应保证在不超过半小时的时间内将空气瓶充至所需的压力。

**5. 气动控制系统的动力源**

为自动控制供给的压缩空气不同于一般压缩空气,用气质量至关重要,需经油水分离和干燥处理。一般布置采用如下两种方法:

(1)压缩空气来自起动空气瓶或专用空气瓶,如图 4-19(a)所示。

(2)压缩空气来自专用空气压缩机,经专用空气瓶供气,如图 4-19(b)所示。

专用空气压缩机应具有气压低于规定值时自动启动工作的功能。

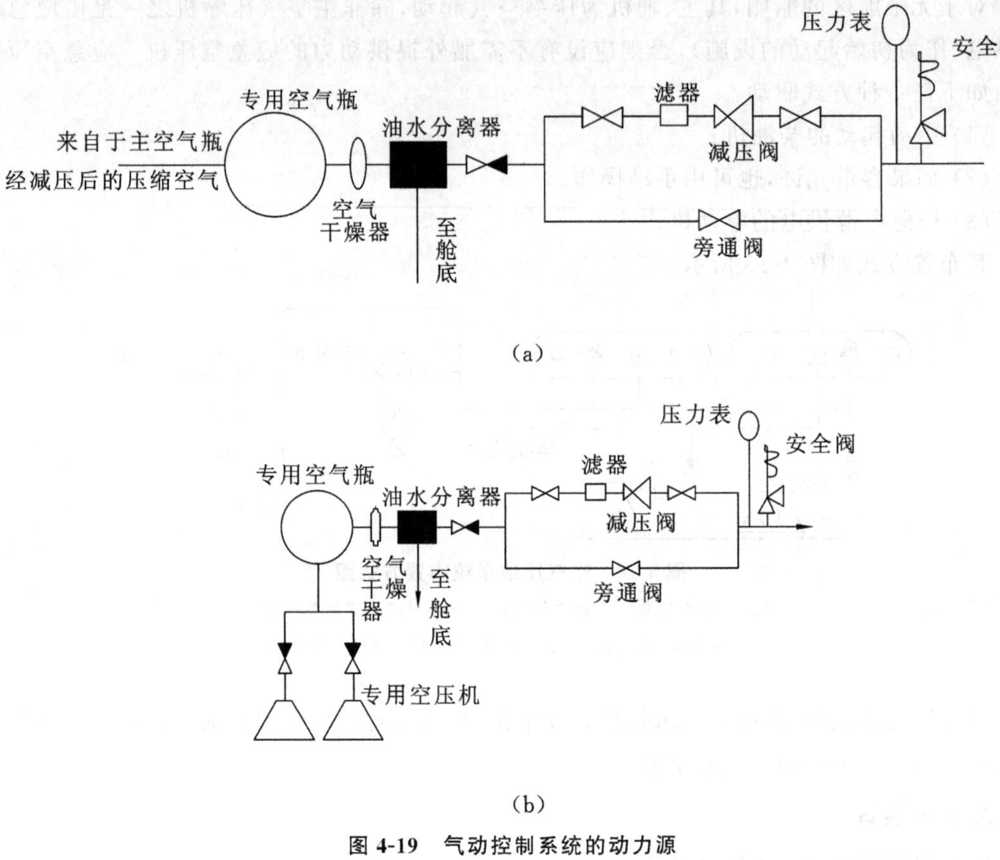


图 4-19　气动控制系统的动力源

**6. 气动速闭阀的动力源要求**

为有效地操纵气动速闭阀,船上一般在机器处所外设有一个速闭阀专用空气瓶,空气瓶是由主空气瓶经减压后供气,且容量应满足在不充气情况下可操纵所有速闭阀。

若机器处所内的供气源设有截止阀,且该阀又无法在应急空气瓶处所进行操纵,则截止阀应始终处于常开位置并锁定。另外,速闭阀专用空气瓶不得使用易熔塞作为安全装置。

## 4.4.2 压缩空气管系实例分析

如图 4-20 所示为某成品油船压缩空气管系原理图。该系统设有两台空压机,其排量 54 $m^3/h$,压力 3.0 MPa;2 只 0.25 $m^3$×3.0 MPa 主空气瓶(主机厂供);一只 125 L×3.0 MPa 辅机起动空气瓶(主机厂提供);一只控制空气瓶 100 L×0.7 MPa;一只杂用空气瓶 200 L×0.7 MPa。

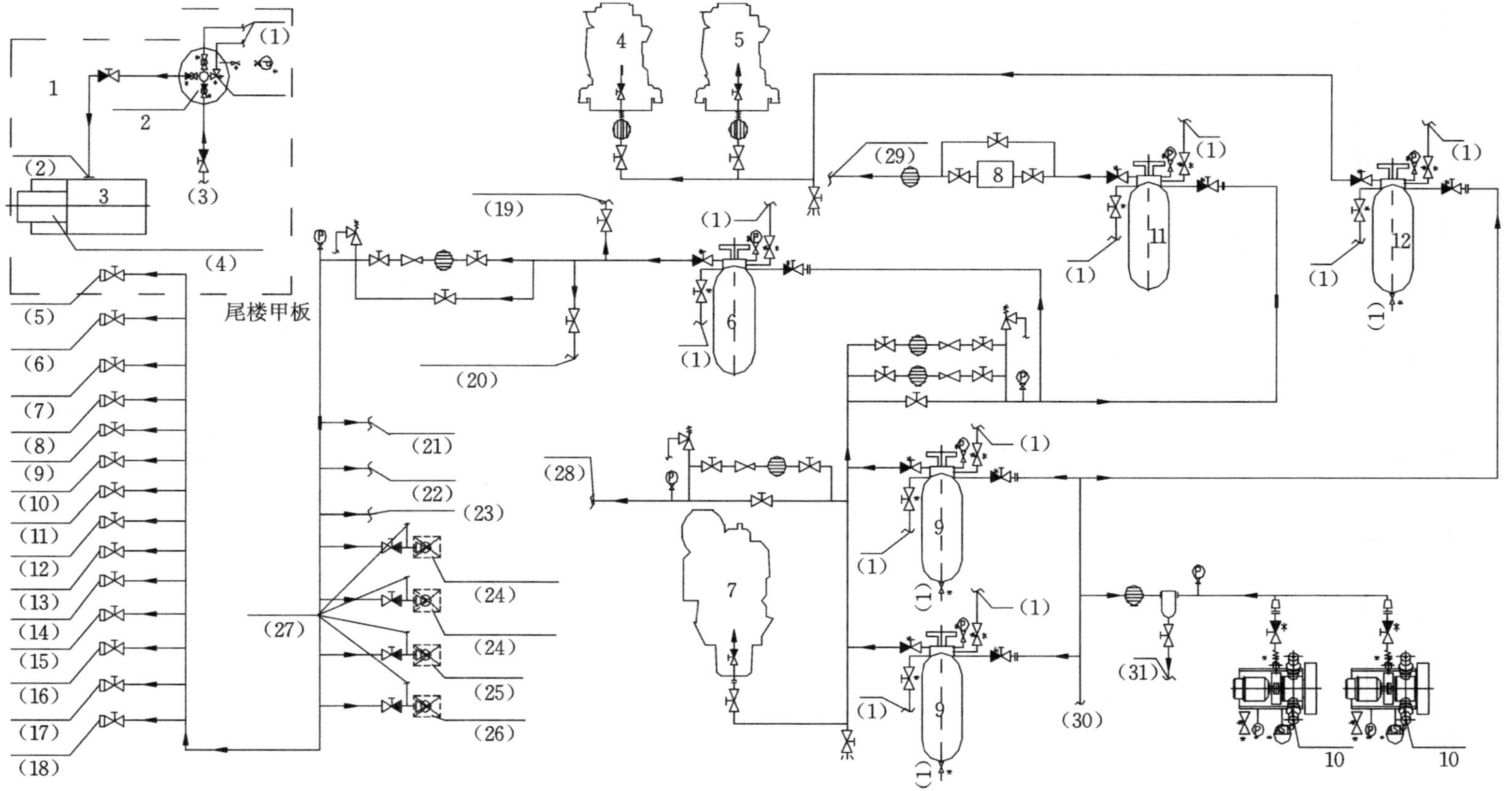


**图4-20　某成品油船压缩空气管系原理图**

1—应急柴油发电机室；2—应急空气瓶；3—应急柴油发电机组；4—No.1辅机；5—No.2辅机；6—杂用空气瓶；7—主机；8—空气干燥器；9—主空气瓶；10—空压机；11—控制空气瓶；12—辅空气瓶；（1）—至舱底；（2）—起动空气进口；（3）—来自机舱主空气瓶；（4）—需配两种能源起动；（5）—至应急发电机室；（6）—冷冻机室；（7）—空调机室；（8）—舵机房；（9）—至CO2室；（10）—至锅炉处；（11）—至烟囱处；（12）—至发电机组；（13）—至分油机室；（14）—至机修间；（15）—至主机处（左）；（16）—至主机处（右）；（17）—至4.4m 平台；（18）—至7.7m 平台；（19）—通用压缩空气管路；（20）—至燃、滑油舱柜气动快关阀管系；（21）—至海水压力柜；（22）—至淡水压力柜；（23）—滑油自清滤器；（24）—至泵舱海水门；（25）—至机舱低位海水门；（26）—至机舱高位海水门；（27）—接自机舱蒸汽加热管系图；（28）—至气笛；（29）—接至控制管系；（30）—至应急空气瓶；（31）—泄放

(1) 主、副机压缩空气起动系统

主机空气瓶可由任一台空压机充气。空压机由压力继电器控制起动及停车。一台低于2.2 MPa时起动到3 MPa时停止,另一台低于1.8 MPa时起动到3 MPa时停止。空压机的压缩空气出机后经过气水分离器去除水分后充入主空气瓶,再由主空气瓶向其他气瓶充气。主空气瓶向主机提供3.0 MPa压力的起动空气,副空气瓶向副机提供3.0 MPa压力的起动空气。主空压机用海水冷却。

(2) 气笛压缩空气

主空气瓶出来的压缩空气经减压阀组减压到1 MPa,直接向气笛供气。

(3) 控制空气系统

从主空气瓶出来的压缩空气经减压阀组减压到0.7 MPa,可直接向控制空气瓶充气,从控制空气瓶出来的空气经空气干燥器干燥后方可达到需用控制空气的各设备处。

(4) 杂用空气系统

杂用空气瓶出口分两路,一路从1 MPa减压至0.7 MPa至快关阀空气瓶,货油管吹洗和全船杂用;一路从1 MPa减压到0.4 MPa供压力柜充气、机舱各处杂用和各海水门吹洗之用。

# 4.5 排气系统

## 4.5.1 功能与型式

将柴油机和锅炉产生的废气排至大气的排气管是船舶动力管系中不可缺少的组成部分,对于排气管系布置,本身除应遵循设备性能要求外,管系中的附件布置应满足规范的要求。

排气管的功能是将主、辅柴油机及辅锅炉的废气排到机舱外的大气中去,使机舱保持良好的环境。此外,还要考虑降低排气噪声、余热利用、火星熄灭等。

柴油机的排气形式有水上排气和水下排气两种。水下排气用在军用船舶上较多。

柴油机的排气是由各气缸排出,汇集于排气总管,然后经过废气涡轮增压器、补偿装置、废气锅炉或消声器排入大气。

排气系统大致有以下几种形式:

(1) 柴油机的废气直接由排气管经消声器排至大气。这种形式多用于没有废气锅炉的中、小型柴油机。

(2) 在消声器和柴油机集气管之间装设热膨胀补偿器,补偿排气管路因受热而引起的管子变形。

(3) 管路上装有废气锅炉,柴油机的废气经膨胀接头、废气锅炉排至大气。锅炉设置旁通管路,由换向阀控制废气的流向,以便在清洗锅炉或不需要蒸汽时将废气导入大气。旁通管路上装有消声器。

(4) 对上述(3)的形式,旁通管路不装消声器。这种形式广泛用于大中型船舶主柴油机。

(5) 对上述(3)的形式,可用废气燃油混合式锅炉替代废气锅炉,利用废气调节阀控制锅炉蒸汽产量。

以上各种形式的排气管路均通过烟囱向上排出废气。对某些不设机舱棚的船舶,也可沿船尾或朝左、右舷排气。

### 4.5.2　对排气系统的设计要求

(1) 为利于废气排出,排气管一般应向上方导出,力求管路短而少弯头。若排气管必须在水线上或水线以下穿过船旁板或尾部导出时,应在排出端装设止回阀等安全设备,以防舷外水倒灌。在运载易燃、易爆危险货物时,排气管不得通过船旁板导出。

(2) 排气管与配电板、燃油舱柜和燃油管应保持一定距离,以免引起火灾。

(3) 排气管和消声器要装设冷却水套或包扎绝热材料,表面温度不得超过 60 ℃,以免灼伤管理人员。

(4) 每台主机应有单独的排气管和消声器。辅机可以几台合用 1 根排气管,但要在发动机附近联接,并应装有把每台发动机的排气管与总管隔离的设备。除废气锅炉外,锅炉烟道不得与柴油机排气管相通。

(5) 装运易燃或易爆货物(如棉花、麻、火柴等)的货船及拖船,排气管必须装设灭火星设备(如用湿式消声器)。对于油船和专运石油产品的运输船和拖曳油驳的拖船,发动机排气管的灭火装置应采用饱和蒸汽式喷水设备,以免火星与油气接触,引起火灾。

(6) 主机排气管上的废气锅炉兼有消声作用,不必再设消声器。这种消声器只用在辅机和应急发电机上,柴油机厂一般不配套供应消声器。

### 4.5.3　主要设备和附件的选型

#### 1. 废气锅炉

为了提高动力装置的经济性,常对柴油机排气废热加以利用,最广泛采用的是废气锅炉。利用废气锅炉产生蒸汽或热水,供应船舶日常生活和加热设备的需要;或者废气锅炉产生蒸汽、驱动汽轮机发电。

废气锅炉按工作方式可分为单纯利用柴油机排气来产生蒸汽(或热水)和既利用柴油机排气又燃烧燃油来产生蒸汽两种。废气锅炉按结构可分为火管锅炉和水管锅炉两类。火管锅炉按加热面的组成又可分为立式、卧式和立式火管—水管锅炉。水管锅炉又可分为自然循环和强制循环两种。

不同型式的废气锅炉和废气燃油混合式锅炉都有各自的特点,在选型时,要根据船舶的类型和要求,根据蒸汽压力、温度和蒸汽产量结合各种锅炉的特点进行选择。

从安全可靠观点,柴油机船舶所用的锅炉蒸汽参数都不高,各种类型的锅炉都较易满足可靠性的要求。通常蒸汽压力较高时宜采用水管锅炉,压力较低时选用烟管锅炉。

烟管锅炉与水管锅炉相比重量、尺寸大,单位受热面蒸汽产量低,但对水质要求不高,蓄水量大,特别是烟道阻力较小,故在船上广泛采用。强制循环废气锅炉设备较复杂,维护保养要求较高,而且要增设 1 台处于高温炉水下工作的循环水泵,故中、小功率船舶很少采用。在蒸汽量需求大,但体积又受到限制时,可采用强制循环锅炉。油船、客船和利用废热发电的船舶，绝大多数是采用强制循环废气锅炉。

**2. 消声器**

在船舶柴油机动力装置中，主、辅柴油机往往是最强的噪声源，实际上决定了整船的噪声级。在排气管路上设置消声器，就是从噪声源外部采取措施，降低排气噪声。

消声器可分成3种类型：阻性消声器、抗性消声器和复合式消声器。

阻性消声器是在其内部敷设吸声材料，利用增加声阻的原理吸收噪声。当声波进入消声器后，吸声材料使一部分声能由于摩擦而转化为热能被吸收，从而起到消声作用。一般选用多孔性的柔顺材料，如玻璃丝、棉毡、矿渣棉、石棉绒绳、细铜屑等作为吸声材料。排气消声器的吸声材料要耐高温。

阻性消声器高频范围消声效果好，低频噪声消声效果差。在高温、有蒸汽、有油气及有浸蚀作用的气体中吸声材料的使用寿命短、吸声性能降低，故很少单独使用。

抗性消声器是根据声学滤声器原理，利用改变管路的声阻抗来降低某些频率或频段的噪声，有膨胀式消声器、共振式消声器等。它利用管截面的突变引起声速及声阻抗变化所产生的反射和干涉作用，使沿管道传播的某些频率或频段的噪声得到降低。

复合式消声器由阻性和抗性复合而成，或由多种结构形式组合而成。出于不同的消声考虑，有多种不同的复合消声器。把对中低频有效的抗性消声器和对高频有效的阻性消声器组合起来，并综合各种消声结构优点而做成的复合式消声器，在一个宽广的频率范围内都有良好的消声效果。

**3. 补偿器**

钢管的线性膨胀系数一般取 $a=11.7\times10^{-6}$ m/(m·K)，即温度每升高100 K管道将伸长1.2 mm/m。为了补偿柴油机排气管受热膨胀而引起的管道伸长变形量，防止因热膨胀使管道产生压缩应力出现管道破裂、法兰紧密面泄漏等事故，常常在排气管路中装设热膨胀补偿器。钢制膨胀接头就是其中一种，这种补偿器除能补偿管道受热时出现的线膨胀外，还可以减少由柴油机传给排气管、并沿排气管传给船体的机械振动，同时有隔声作用。

一般，主机的增压涡轮器排气出口需装一只膨胀节，然后在排气管向上的管段上，每一个水平段及垂直段均装一只膨胀节，并设管道固定点。锅炉排气出口、废气锅炉进出口分别设置一只。

# 4.6 舱底水系统

## 4.6.1 功能与组成

任何船上均需设置舱底水管系，以便船内万一浸入海水时舱底水管能有效排除海水，它对船舶的安全具有重要作用。舱底水管系的设计与布置主要依据这一用途，故舱底水管系是保船设施之一。此外，在正常情况下，积存于船上自然产生的污水，如机器各部的泄水，冷却水的泄漏，水密舱壁的渗漏，结构上的凝水，浪水浸入，雨、雪及冲洗甲板和尾轴填料函处的漏水等，也需由上述舱底水管系进行排放。机舱内的舱底水在排放时应满足有关防止船舶造成污染方面的规定。

舱底水管系包括舱底泵、舱底水总管、舱底水支管、泥箱和阀件等，如图 4-21 所示。舱底水管一般选用镀锌无缝钢管。

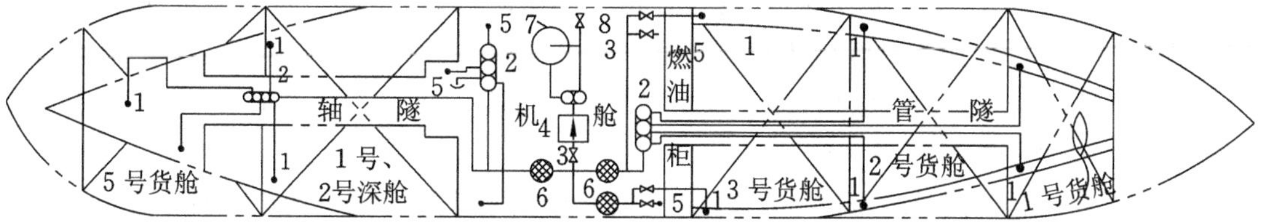


**图 4-21　舱底水系统的全船布置原理图**

1—舱底水吸口 2—舱底水集合阀箱；3—舱底水总管；4—舱底水泵；
5—机舱舱底水吸口；6—泥箱；7—油水分离器；8—舷外排出口

一般客船和货船在甲板以下的水密舱室，除固定装载淡水、压载水及燃油等舱室外，均设有舱底水管系，以便抽除和排干该处所的积水。

用于抽除和排干舱底水的舱底泵应为自吸式舱底泵和舱底水喷射器。由于舱底水喷射器的吸头较小，为使喷射器更有效地抽吸舱底水，喷射器与污水井间的垂直距离应尽可能短，一般控制在 5～6 m 以内。舱底水管路及其吸口的布置应考虑船舶在不利的纵、横倾状态下仍能抽干舱底水。吸口常布置在舱室的后部，对较宽的舱室，在其两舷各设 1 只吸口，较长的舱室在其前部两舷也设置吸口，轴隧和管隧在其前部增设 1 只吸口。为使舱底水集中，应在机舱、货舱及宽而大的舱室设置污水井或污水沟，狭小处所设置小型污水坑，机舱和轴隧内的舱底水支吸管及直通舱底泵吸管设置泥箱。

货舱内的舱底水管应尽可能敷设在双层底上面的舷旁，如通过双层底内时，应采用厚壁钢管且不应设滑动式膨胀接头。在舱底水管吸口端装设止回阀或易于操纵的截止止回阀以防回流。敷设在货舱内的舱底水管要设防护设施以免货物损伤舱底水管。

双层底较高的大型货舱，一般在双层底内设置管隧，其中敷设舱底水管、压载水管等。如舱底水管不可避免通过深舱时，最好在深舱内设有套管式管隧，否则应采用厚壁钢管且不应设有滑动式膨胀接头，并在舱底水吸入管的开口端附近装设止回阀。

周期无人值班的机舱应设置舱底水高水位报警装置，排放舱底污水应符合防污染方面的要求。

## 4.6.2　设计要点

（1）所有机动船舶均应设舱底水系统，并能有效地排除任何水密舱中的积水。

（2）舱底水系统应在船舶正浮或横倾不超过 5°时，均能通过不少于一个吸口（一般均应在两舷设置吸口）排干任何舱室或水密区域内的积水。

（3）系统中的管路应能防止舷外海水（或河水）或来自压载水舱的水进入货舱或机炉舱；或从一舱进入另一舱的可能性。对与舱底水系统和压载水系统有连接的任何深舱，应采取有效措施，以防止深舱装有货物时不慎灌入海水，或在深舱装有压载水时，通过舱底排水管抽出压载水。

（4）系统中水的流向是单方向的，因此管系在舱底水吸入管、直通舱底泵的吸入管、舱底泵与总管的连接管上都应装设截止止回阀。

(5) 为防止各舱舱底水相互沟通，管路中的分配阀箱、舱底水管和直通舱底水泵支管上的阀门等均应为截止止回阀。

(6) 舱底水泵、压载水泵、消防水泵等若相互接通时，管路中的布置应能保证各泵能同时工作且互不干扰。舱底水泵应为自吸式泵。

(7) 机舱内至少设两个吸口，并且至少有1个通过吸入支管与舱底水泵直接相连，其余则可经过舱底水总管到舱底水泵。

(8) 为在机舱破损时应急排水，一般还应设有接至主冷却海水泵的应急排水支管，并应装设截止止回阀。不必配置泥箱，阀杆应适当延伸以使手轮在花钢板以上的高度为450 mm以上，并设醒目的标示牌。若主冷却水泵不适合用于抽除舱底水时，则应急吸口可接至除舱底泵外最大排量的一台动力泵。

(9) 除舱底水应急吸口外，机舱和轴隧内的舱底水吸口均设置泥箱，直管下端或应急吸口不得装设滤网。货舱及除机器处所和轴隧外的其他舱室舱底水吸入管的开口端，应封闭在网孔直径不大于10 mm的滤网箱内，滤网的流通面积应大于该舱底水吸入管截面积的两倍。

## 4.6.3 舱底水管系的布置

一般船上舱底水管系的布置方法经常采用独立式和单总管式。单总管式多用在带管隧的大型船上，总管敷设在管隧内，并在适当部位引出各舱室支吸管，各支吸管上的阀件设在管隧内，一般为遥控式的截止止回阀，这些阀件既能就地操作也可从控制室进行液压遥控或气压操纵。单总管的管径应与机舱内舱底水总管管径相同，并在机舱内装设单总管截止阀。机舱污水井、污水坑及舱底水管系布置如图4-22～4-24所示。

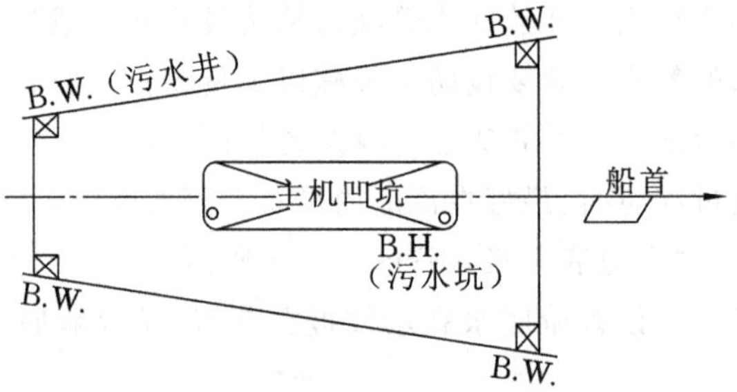


**图 4-22　散货船机舱污水井及污水坑布置**

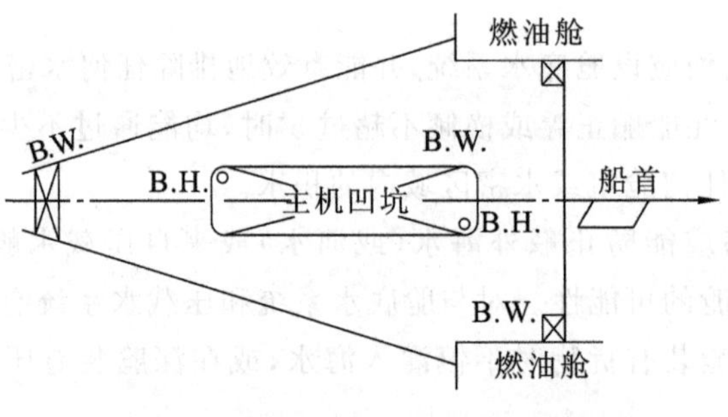


**图 4-23　货船机舱污水井及污水坑布置**

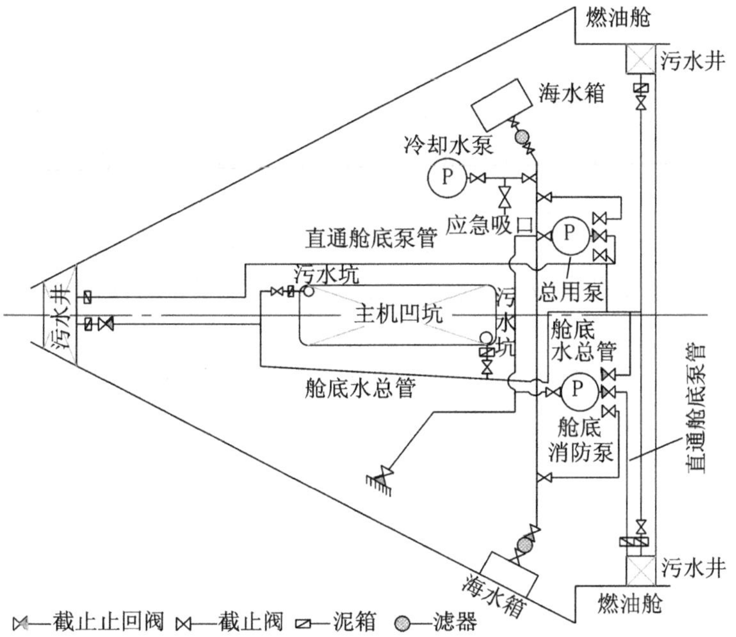


图 4-24　尾机型货船机舱舱底水管系布置

## 4.6.4　主要设备

### 1. 舱底泵

舱底水泵用于抽除舱底水，有时需排水的舱室离泵比较远，因此所有的动力舱底泵必须为自吸式或带有可靠的自吸装置。常用的自吸装置为压缩空气喷射器、叶片式真空泵等，且都配备自动控制装置，在舱底水泵起动时自吸装置动作，使吸入管路形成负压，而一旦引水成功自吸装置即自动停止工作。

(1) 舱底泵的数量

每艘船舶的动力舱底泵数量按照表 4-6 选取。

表 4-6　动力舱底泵数量

| 船舶种类 | | 独立动力泵 | 主机带动或独立动力泵 |
|---|---|---|---|
| 客船 | 业务衡准数≥30 | 3 台 | 1 台 |
| | 业务衡准数<30 | 2 台 | 1 台 |
| 除客船外的船舶 | 船长>91.5 m | 2 台 | — |
| | 船长≤91.5 m | 1 台 | 1 台 |

客船的业务衡准数用下列公式计算：

当 $P_1>P$ 时：

$$C_s=72\frac{M+2P_1}{V+P-P_1}\tag{4-6-1}$$

其他情况时：

$$C_s=72\frac{M+2P}{V} \tag{4-6-2}$$

式中，$C_s$ 为业务衡准数；$M$ 为船型基线与限界线间的机器处所容积，加上内底板以上机器处所以前或以后的任何固定燃油舱的容积（$m^3$）；$P$ 为限界线以下旅客处所的总容积（不包括行李舱、储藏室、食品库和邮件舱）（$m^3$）；$V$ 为限界线以下的船舶总容积（$m^3$）。

$$P_1=K\cdot N \tag{4-6-3}$$

式中，$N$ 为核准该船搭载旅客数；$K$ 为 $0.056L$；$L$ 为最深分舱载重线两端所引垂线间的长度（m）。

如 $K\cdot N$ 之值大于 $P$ 与限界线以上的实际旅客处所容积的和，则公式中的 $P_1$ 应取 $P$ 与限界线以上旅客处所总容积之和或 $(2/3)K\cdot N$ 两者之较大值。

(2) 舱底泵的排量

每一动力舱底泵应能使流经所需的舱底水总管的水流速度不小于 2 m/s。则每一舱底泵的排量 $Q$ 应不小于按下式计算之值：

$$Q=5.66d_1^2\times10^{-3} \tag{4-6-4}$$

式中，$Q$ 为每一舱底泵计算排量（$m^3/h$）；$d_1$ 为舱底水总管计算内径（mm）。

LR、GL 等规定为：$Q=5.75d_1^2\times10^{-3}$。

每台独立动力舱底泵可以由几台泵组成的舱底泵组替代，但每一泵组的总排量应不低于上述的每一舱底泵计算排量。除客船外的其他船舶，可以允许其中一台舱底泵的排量小于按公式计算排量，但不能低于计算排量的 70%，而排量的不足部分应由其他舱底泵予以补足。另外，除客船外的船舶，只要有足够排量的舱底水喷射器完全可以取代独立动力舱底泵。

(3) 舱底泵压力

舱底泵的压力一般为 0.2～0.3 MPa（20～32 m 水柱），大型船舶舱底水泵的压力一般为 0.5 MPa。如舱底水泵兼消防水泵时，其压力需满足消防泵的要求，一般为 0.5～0.8 MPa（50～80 m水柱）。

**2. 舱底油水分离器**

舱底水中含有大量污油，直接排放至舷外将造成航行水域和港口的污染，所以必须装设舱底油水分离器。

船用舱底油水分离器应满足下列要求：

(1) 舱底水经处理后应达到所规定的排放标准。

(2) 在横倾 22.5°下仍能正常工作。

(3) 能自动排油。

同时希望其构造简单、体积小、重量轻、易于检修。

因为平时需要处理的舱底水量并不多，所以现在使用的是小型油水分离器，其容量一般为 0.5～10 t/h，通常以 1～3 t/h 的为多。

# 4.7　压载水系统

在正常营运条件下，为了调整船舶的正浮或倾斜角度，均以吸入、排出或调驳压载水来完成，故船上均需设置压载水舱和压载管系。此外，通过调节压载水还可调节船舶的稳性、剪力和弯矩，减轻船体振动。一般货船是以首尾尖舱及双层底舱作为压载水舱。根据情况有时船上还以某些深舱作为压载水舱。压载泵布置在机舱内，而压载管通常敷设在双层底舱内。散货船上的压载舱，除上述首尾尖舱和双层底舱作为压载舱外，一般还利用货舱上部两舷的顶边舱作为压载舱。向顶边舱注水方法，是从甲板上的甲板冲洗管引出的支管或从双层底舱内的压载管引出并沿货舱舷旁直立向上的支管进行注水，也有从压载泵直接引进的管路进行注水。顶边舱的排水一般是靠水的重力通过阀件直接向舷外排放。

为了防止压载舱内的海水自由液面影响稳性高度(GM)，同时为了易于调整船舶的正浮或倾斜角度，通常在船上设置各自独立的几个压载舱。因此，压载管系应根据具体情况进行布置。压载泵的数量和排量是根据压载水总量和排放压载水所需时间来确定。

为了避免海水进入船内，压载管的舷旁排出阀应为钢质或铜质阀件，该阀安装在舷旁外板上或焊于外板的短管上。舷旁排出口一般在轻载水线以上。除舷旁阀、首尖舱防撞舱壁上的阀和海底阀为钢质或铜质材料制造外，压载管系中的其余阀件可用普通铸铁材料制造。压载水管一般选用镀锌无缝钢管，压载舱内的压载水吸口布置在压载舱的后部，管口呈喇叭形，以便抽净压载水。因海水经过海水箱处的滤器进入压载舱，故压载水管吸口处不需装设滤网。

## 4.7.1　设计要点

世界各国规范及SOLAS公约对压载水系统设计一般要求：

(1) 压载管系的布置和压载舱吸口的数量，应使船舶在正常营运条件下的正浮或倾斜角度均能排除或注入各压载舱的压载水。

(2) 当压载舱长度超过35 m时，一般应在前、后端设置吸口。

(3) 压载管系的布置应避免舷外的水或压载舱内的水进入货舱、机器处所或其他舱室。

(4) 压载水管不得通过饮水舱、锅炉水舱或滑油舱。如不可避免，则在上述舱内的压载水管应为厚壁管，并采用焊接接头。

(5) 如货舱兼作压载舱时，压载管系应设置盲断装置。

(6) 船舶分舱长度$L_s$超过80 m的货船，如在假定浸水舱范围内设有管道、管弄或隧道，其布置必须保证继续浸水不会扩展到那些假定浸水的舱室以外的其他舱室。

(7) 150总吨及以上的油船和任何客船，以及4000总吨及以上的其他船舶，一般不应在燃油舱内装载压载水。倘若必须在燃油舱内装载压载水,则应设有适当的防止含油压载水污染海洋的设施。

(8) 低于干舷甲板的防撞舱壁(客船为限界线下的防撞舱壁)只准穿过1根管道,以处理首尖舱内的压载水。首尖舱如被纵向分割成两个分舱以装载不同的液体时,则每一分舱可装1根穿过防撞舱壁的管道。

(9) 压载水在管系中的流动有进有出,既要将压载水注入各压载舱,又要通过同一管路将压载水由压载舱中抽出,因此管系中不能设止回阀。

穿过防撞舱壁的管道应装有能在干舷甲板(客船为舱壁甲板)以上操作的截止阀,该阀应装在首尖舱舱壁的首尖舱一侧,并带有指明阀开或关的装置。

对除客船外的其他船舶,如果上述阀不是位于装货处所内,而且在一切营运情况下均易于接近,也可安装在防撞舱壁的后侧,且不必设置在干舷甲板以上进行控制的机构。

## 4.7.2 布置方式

一般船上压载水管系的布置方法大致分为独立式、单总管式、环形总管式、分组形总管式和重力排水式,现对目前常采用的独立式、单总管式和重力排水式布置方法作简单介绍。

(1) 独立式

如图4-25所示,管系中的阀件全部集中布置在机舱内,且每一压载舱有1根独立的压载水管。中机型船上,一般机舱前部压载舱的阀件集中布置在机舱前部,机舱后部压载舱的阀件集中布置在机舱后部。而尾机型船上,一般由于只有尾尖舱作为压载舱,故全船压载舱的阀件均集中布置在机舱前部。这种布置方法的优点是手动操纵的阀件全部集中布置在机舱内,对操纵和管理极为方便。但当压载舱数较多,压载水管管径又大时,双层底内敷设压载水管就不方便,而且在机舱内布置数量多、体积大的阀件也较困难。

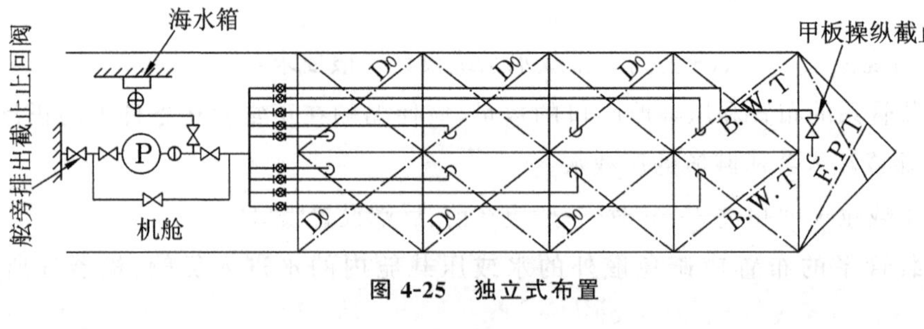


图 4-25 独立式布置

(2) 单总管式

散货船和矿砂船上的压载管系多采用单总管式布置方法,如图4-26所示。从首至尾靠近船舶中纵剖面处布置1根总管,并在适当部位引出各压载舱分支管,舱内阀件可由传动杆从上层甲板上进行操纵,这种布置方法既避免了独立式布置的缺点,又可节省大量管材。

近来新造的上述船舶,由于双层底较高,常在双层底内中央部位从首至尾设置管隧,总

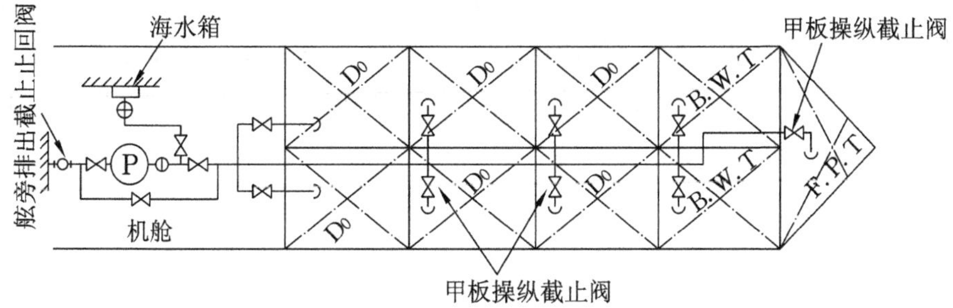


图 4-26　单总管式布置

管和各舱支管阀件均布置在管隧内，阀件直接安装在管隧的侧壁上，这些阀件既能就地操作，也可从上层甲板上或控制室进行液压遥控或气压操纵，这样总管和阀件均不浸在海水中，从而避免了腐蚀现象的产生，也方便进行检查。

为了各压载舱中的压载水能够相互调驳，管隧内常布置 2 根压载水总管。当某一压载舱的压载支管上的遥控阀件出故障时，可起到备用作用。当压载水吸口布置合理又连接到自吸式泵上（舱底泵兼作压载泵）时，又可起到扫舱作用。

（3）重力排水式

散货船和矿砂船上常设置顶边舱作为压载水舱，当顶边舱中充满压载水且舱内液面高出水线时，压载水的排放是靠水的重力作用通过阀件自然向舷外排放。当然，该舱在水线以下时，重力排水不起作用，还是需要压载泵进行排放压载水。

重力排水式布置方法如图 4-27 所示，在顶边舱底部设有连接厚壁无缝钢管上的钢质平面板阀。或如图 4-28 所示，在顶边舱下部作一凹井，在其中装设 1 只钢质舷旁截止阀，开启上述阀件，顶边舱内压载水靠其重力自然向舷外排放，阀件是通过传动杆在甲板上进行操纵。

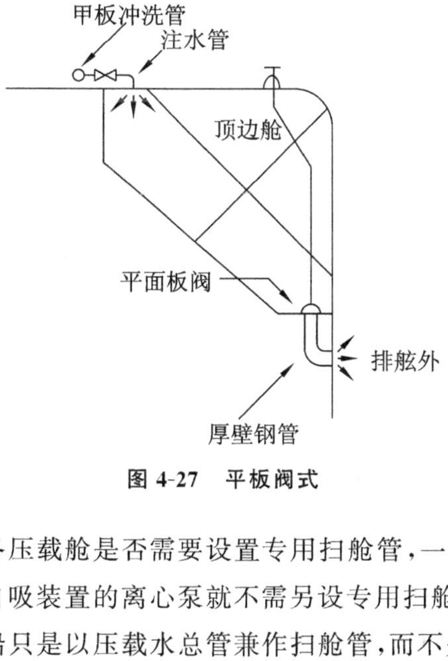


图 4-27　平板阀式

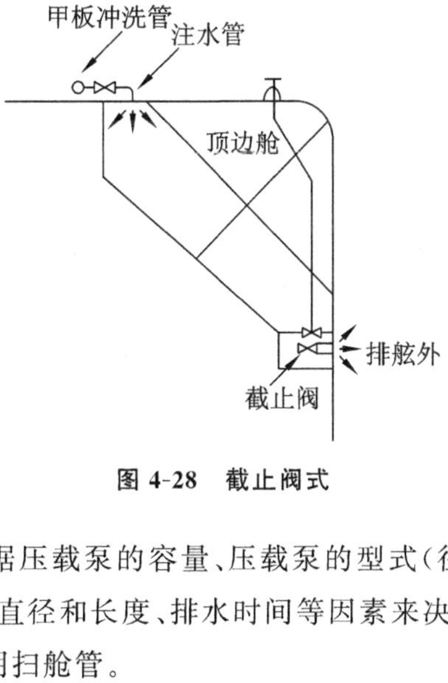


图 4-28　截止阀式

各压载舱是否需要设置专用扫舱管，一般是根据压载泵的容量、压载泵的型式（往复泵和带自吸装置的离心泵就不需另设专用扫舱泵）、管直径和长度、排水时间等因素来决定，大多数船只是以压载水总管兼作扫舱管，而不另设专用扫舱管。

货舱或深舱兼作压载舱时，舱内污水井中同时设置压载管吸口和舱底水管吸口，当该舱作为压载舱时，在注入海水前应将相邻的舱底水管盲断，以防海水通过舱底水管进入其他舱室，反之应将压载管盲断，盲断方法一般采用盲板法兰，如污水井各自独立时，如图 4-29 所示采用密封盖板盲板。

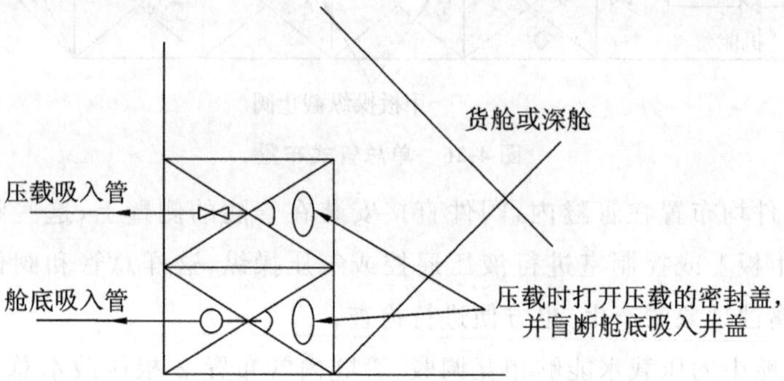


**图 4-29　管子盲断**

## 4.7.3　主要设备

### 1. 压载泵

船上一般都设置两台压载泵，且在压载水量不大的情况下，由舱底总用泵和消防总用泵兼用。当压载水量较大，这两台泵应单独设置，型式可为立式或卧式电动离心泵。小型船舶可以只设一台压载泵(由其他泵兼用)。

对大中型船舶，为了提高吸干能力一般都配备扫舱泵。活塞式往复泵和喷射泵均可作为扫舱泵，但目前大部分均采用喷射泵。

压载泵的排量主要取决于注排水所需的时间，注排水所需时间依船型不同而不同。一般散货船取 10 h～12 h，油船取 10 h～14 h，集装箱船可取 10 h～16 h。

### 2. 压载管系管径

(1) 海水门与泵之间的管路

注水时，要使泵达到额定排量，务必使泵吸口处的有效吸入压力(NPSHa)大于泵的需要吸入压头。由于这段管道一般都很短，所以可取泵吸入口直径作为该段管道直径，无需做进一步计算，基本上可以满足要求。但有时应按泵设计的要求做放大放长处理。

(2) 泵与压载舱之间的管路。

这段管路的管径应由排水时间来决定。

$$q_y=\frac{1}{4}\pi d^2 c\times 3600\times 10^{-6} \tag{4-7-1}$$

式中，$q_y$ 为压载泵计算排量($m^3/h$)；$d$ 为压载水管计算内径(mm)；$c$ 为压载水在管内流速(m/s)。

压载水管内径根据压载泵的排量和管内工质的流速来确定，压载泵吸入管内的工质流速最大为 3.5 m/s，一般为 2～3 m/s，而排出管内的工质流速最大为 4～5 m/s。离心泵在 Q—H 曲线与管系阻力特性曲线交点处运行，所以泵的实际排量不是原先预定的值，需要对管系进行阻力计算以确定泵的实际排量，再算出排水时间。如与原定时间相差较大，则需修正管道的直径，再进行阻力计算求出泵的实际排量和排水时间。这样反复计算，直到计算结果令人满意为止。

**3. 调驳阀箱**

为满足压载水系统的工作特点和简化管路，多采用调驳阀箱来调驳各压载水舱的压载水。调驳箱的原理如图 4-30 所示，图中与压载泵吸入管相通的下半部为阀箱的驳出侧（即自流灌入侧），该侧各阀专用于控制各压载舱水的驳出。与压载泵排出管相通的上半部为阀箱的吸入侧，该侧各阀开启时可将水分别注入各相应的压载舱。例如，欲将压载水自 No.1 舱（左）驳至 No.2 舱（右），只需将 No.1 舱（左）的驳出阀及 No.2 舱（右）的驳入阀打开即可。由此可看出，通过船上压载水系统可将全船各压载舱的压载水驳进、驳出或相互调驳。也可不用压载泵，舷外海水靠压差自动流入压载水舱，但自流式注入较慢，可根据实际情况进行操作。

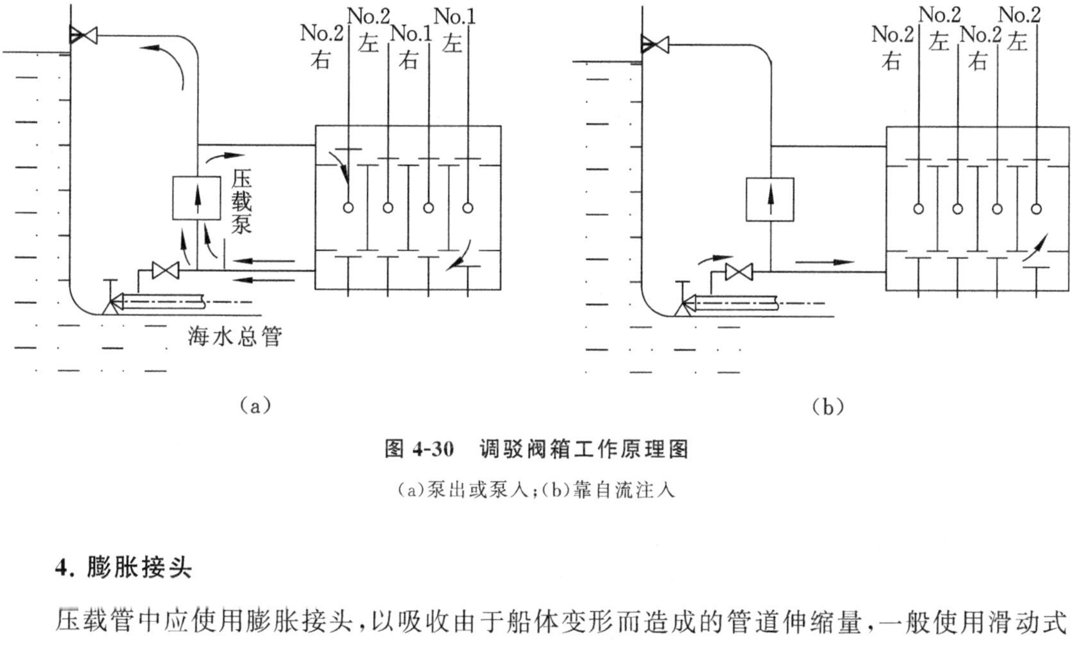


**图 4-30　调驳阀箱工作原理图**

(a)泵出或泵入；(b)靠自流注入

**4. 膨胀接头**

压载管中应使用膨胀接头，以吸收由于船体变形而造成的管道伸缩量，一般使用滑动式膨胀接头或将管道弯曲。滑动式膨胀接头因不像管道弯头那样受安装位置的限制，而且直径大时价格还比管道弯头便宜，故使用最为广泛。但由于存在泄漏、破损等缺陷，安全性比管道弯头差，各船级社的规范也限制其使用场合。滑动式膨胀接头的伸缩量一般为±(30～40 mm)，在普通压载管中每 30 m 安装一个。

# 4.8 消 防 系 统

船舶消防系统是各种固定式灭火系统的总称，该系统的作用是迅速控制火势并将火扑灭。为实现这个目的，必须尽快地将足够数量的灭火剂施于火灾区域。

国际航行船舶上的固定式灭火系统的设计、安装和试验，必须符合现行《国际海上人命安全公约》(以下简称 SOLAS 74 公约)和现行相关规范的规定。

固定灭火系统是固定装设的灭火系统，使用有效的灭火剂，如水、$CO_2$、泡沫、干粉和蒸汽等。水灭火系统是常用且行之有效的灭火系统之一，每艘船都必须装设水灭火系统，并布置遍及全船。其他灭火剂的灭火系统根据保护处所安全需要按照现行 SOLAS 74 公约和规范的规定选用。蒸汽灭火系统目前已经淘汰，即使使用，也只作为辅助性质。固定式灭火系统只用于灭火，并不能取代结构防火。

船舶灭火系统的设计应与船舶用途相适应。船舶分为客船、货船、油船、运粮船、滚装船以及液化气体船和化学品船等。任何系统均应适应船舶结构及其所保护的处所的情况。

常见的固定式灭火系统分为：水灭火系统、$CO_2$ 灭火系统、水雾灭火系统、低倍数泡沫灭火系统、高倍数泡沫灭火系统、干粉灭火系统、自动喷水系统、蒸汽灭火系统等。

上述灭火系统中，$CO_2$ 为气体灭火系统，干粉为固体灭火系统，其余为液体灭火系统。下面主要介绍水灭火系统，其他参见相关设计手册和规范。

## 4.8.1 水灭火系统的功用及组成

水灭火系统的基本原理是利用强大的水流喷注在着火区，使可燃物温度急剧下降，并且由于水流受热后产生大量的水蒸气，从而稀释氧气浓度扑灭火焰。

水灭火系统广泛用于扑灭起居处所、货舱、机舱等处的火灾。水灭火系统除了用于扑灭火灾外，还可以用于冲洗甲板、舱室和通道地板，起锚时冲洗锚链、锚链筒上的污泥，以及夏季喷淋甲板，防止由于阳光直射甲板而引起油舱内温度的升高。

各国规范和 SOLAS 74 公约等均对水灭火系统的装备和系统的安置提出了各种要求，它是保障船舶安全的极为重要的一个系统。

水灭火系统由消防泵、管系、阀件、消防水带、消防水枪、消火栓及国际通岸接头等组成。

如图 4-31 所示为某远洋货船水灭火系统原理图。设在机舱内的消防水泵(1)通过阀从海水总管吸入海水。然后通过截止止回阀经消防管路送至各消防阀处。舱底水泵(2)也与消防管系接通，作为备用泵。另在船尾专门设有应急消防水泵间，由一台柴油机(4)独立带动一台应急消防水泵(3)，此泵从独立的海水门吸水，然后送入全船消防管系中，以供船舶失电或机舱失火而消防水泵无法使用时作为应急消防。

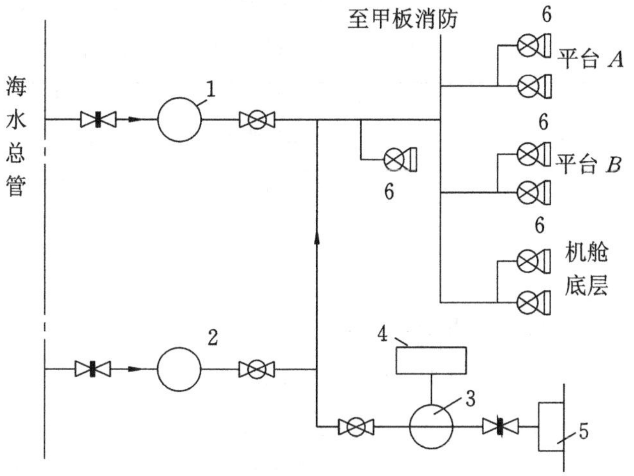


**图 4-31　某远洋货船水灭火系统原理图**

1—消防水泵；2—舱底水泵；3—应急消防泵；4—柴油机；5—海水门；6—消防阀

## 4.8.2　水灭火系统的基本要求

### 1. 主消防泵

(1) 每艘船舶均应按要求配置独立驱动的消防泵。

(2) 卫生泵、压载泵、舱底泵或总用泵均可兼作消防泵。

(3) 船舶消防泵数量按各国规范要求。

(4) 消防泵的总排量不得低于各国规范规定数值。任何船舶每一台消防泵均不得小于 25 $m^3/h$,满足两股水枪的水量使用需求。

(5) 为了随时获得供水,1000 总吨及以上的客船,至少应能从内部位置的任何消火栓上立即获得一股有效的水柱,并保证自动启动所需消防泵持续供水;1600 总吨及以上的无人值班机器处所的货船,应有 1 台主消防泵能从机器处所外进行遥控起动,或由主消防泵之一对消防总管系统始终保持压力。

(6) 当机器处所内设有消防泵时,在机器处所之外易于到达的适当位置装设隔离阀,以使机器处所内的消防水管能与机器处所外的消防总管隔断(应急消防泵亦应满足这一要求)。

### 2. 应急消防泵

(1) 应急消防泵应为独立的、由动力驱动和自给引水的泵。

(2) 客、货船需要设置固定独立驱动的应急消防泵。对于 1000 总吨以下的客船和 2000 总吨以下的货船,一般将消防泵与动力源布置在同一机舱内。当机舱失火时,消防泵将失去作用,因而应用固定独立驱动的应急消防泵作为替代措施。

(3) 固定独立驱动的应急消防泵应布置于机舱外的钢质围壁的舱室中,且其动力源不能与机舱内的机器有关。一般对电动机驱动的应急消防泵由应急发电机供电,由柴油机驱动的应急消防泵,其柴油机应能在 0 ℃(或限航区的最低温度)的冷态条件下进行人力起动。如人力起动不可行时,可采用压缩空气起动柴油机。压缩空气是从机舱内的主空气瓶引至应急消防泵舱内的小空气瓶中,空气起动装置应能使柴油机驱动的应急消防泵在 30 min 内至少起动 6 次,且在前 10 min 内至少起动 2 次。燃油供给柜所存的燃油,应能使该泵在全负荷下至少运行 3 h。在主机舱以外可供使用的储备燃油,应能使该泵在全负荷下再运行 15 h。

(4) 应急消防泵的布置。在船舶营运中可能遇到的纵倾、横倾、横摇和纵摇条件下,应急消防泵总吸头和正吸头能达到使应急消防泵的排量不少于计算的消防泵总排量的 40%,且在任何情况下应不少于 25 $m^3/h$。并在此水量排出时,任何消火栓处的压力均不小于规定的最低压力。

**3. 消火栓、消防水带、消防水枪及其接头**

(1) 为了确保船上任何部位失火时能够得到至少 2 股不是由同 1 只消火栓射出的水柱,因此甲板上消火栓间的距离一般不超过 20 m 。对较宽的上层建筑和从一舷到另一舷搬动消防水带有困难时,在船的两舷设置消火栓。消火栓布置在易于接近之处,并尽可能靠近生活、服务处所以及机、炉舱的入口两侧。

(2) 500 总吨以上的客船和 1000 总吨以上的货船,在机舱内和锅炉舱内的两舷至少各设置 1 只消火栓。船上一般用直径为 65 mm 的消防水带,小型船上一般用直径为 50 mm。

(3) 所有消防水枪应为设有关闭装置的两用型式(即水雾/水柱型)。

(4) 消防水带长度:国内一般选用 20 m;国外允许使用的有 10m、15 m、20 m 和 25 m 等几种。

(5) 消火栓、消防水带、消防水枪均应获得各主管机关型式认证,国际上接头型式通常有:NOR 接头、STORZ 接头、SMS 接头及 Instantaneous BSS336 接头。不论何种型式均应为快速接头。我国消防快速接头用 STORZ 型。

(6) 至少备有 1 只国际通岸接头,并便于由船舶的任何一舷连接,以便在船舶失火时相互救援灭火。

### 4.8.3 舱底压载及消防管系实例分析

如图 4-32 所示为某成品油船舱底压载消防管系原理图。机舱舱底水可由舱底总用泵(140 $m^3/h \times 0.86$ MPa)或消防总用泵(140 $m^3/h \times 0.86$ MPa)由舱底水舱及机舱内各污水井中的泥箱吸入并排出,同时可由舱底油水分离器的泵吸入,分离后的水排至舷外,油排至油渣舱。消防总用泵和舱底总用泵可互为备用,尾压载水舱由舱底总用泵从海水总管泵水压载,并可调驳。

全船消防水也由消防总用泵或舱底总用泵供水,可供全船灭火用水。全船泡沫灭火及日常冲洗甲板等杂用,也可用于冲洗锚链。每层甲板均设有消防龙头,在甲板上设有两只国际通岸接头分布在左、右舷,供水时可临时接用。货油区域甲板设有消防水龙头和洒水管系,用于货油区域甲板冲洗、消防和降温。

泵舱内的舱底水可用洗舱泵排至污油水舱,锚链舱舱底水排放由喷射泵直接排出。

泡沫灭火的水源也来自消防水,消防泵的排量需满足泡沫灭火的要求。

本船应急消防泵舱为一台电动离心水泵(60 $m^3/h \times 0.8$ MPa),由应急电源供电,供应急消防用。

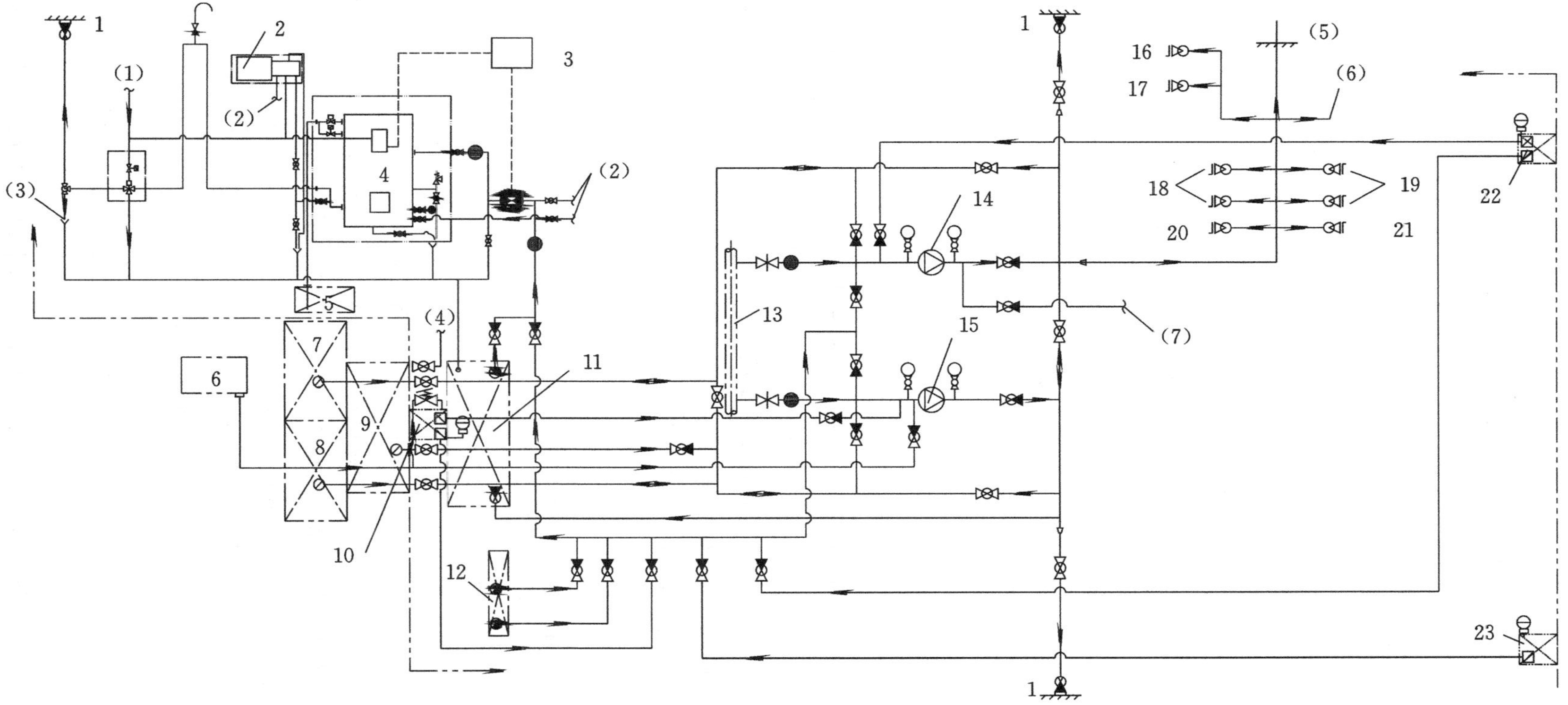


**4-32 某成品油轮机舱舱底压载消防管系图**

1—舷外；2—油分浓度计；3—起动装置；4—油水分离器；5—油渣舱；6—舵机舱；7—尾压载水舱左；8—尾压载水舱右；9—尾轴冷却水舱；10—污水井；11—舱底水舱；12—隔离空舱；13—海水总管；14—消防总用泵（能自吸）；15—舱底总用泵；16—烟囱内消火栓（尾楼甲板）；17—烟囱内消火栓（上甲板）；18—平台尾消火栓；19—平台首消防栓；20—底层尾消火栓；21—底层首消防栓；22—污水井左；23—污水井右

（1）—压缩空气；（3）—取样点；（4）—淡水注入；（5）—向上接全船消防总管；（6）—接生活污水处理装置冲洗水口；（7）—惰性气体

# 4.9 供水系统

## 4.9.1 功能与组成

供水系统的任务是满足船员和旅客日常生活用水需要,可分为饮水系统、洗涤水系统和卫生水系统。

饮水系统主要供应炊事用水、饮用水和医疗用水等。

洗涤水系统包括冷水供应系统和热水供应系统,主要供应浴室、洗衣室、洗物池和洗盆等处的冷热洗涤水。

卫生水系统从舷外吸取海水或江水供厕所、洗脸间和浴室等处冲洗用。

从20世纪80年代以来,大中型船舶已开始应用洗涤淡水作为卫生水,并把便具、面盆、莲蓬头等卫生设备预舾装在一起成组装式卫生单元,节省了生活用水系统管路在船上安装的时间。

在人员不多或短航程的小型船舶上,用水量不大,为减少设备和简化管理,饮用和洗涤都取自城市供应的自来水,因此由1个系统供应。大型客船用水量大,为了保证饮用水的供应,则将饮水系统单独分开。对于海船,特别是远洋船舶,由于海上航行持续时间很长,为避免清水贮存过久而变质,同时减少淡水的装载量,一般专门设置海水淡化装置制造淡水,以供饮用等。船舶航行时,除船员和旅客生活需要大量淡水外,柴油机淡水冷却管路中淡水的泄漏、辅助锅炉蒸汽凝水管路的泄漏等,也需要及时给予淡水补充。

供水系统的主要设备包括水泵、水柜和热水器等。船舶的供水方式不同,其供水系统有很大差别。

## 4.9.2 供水方式和管路布置

船舶的供水方式可分为重力式和压力式两种。

(1) 重力供水

重力供水的特点是水箱里的水借重力经管路流至全船各用水处。因此,该系统在高于用水处设置重力水柜,重力水柜内设置高低液位继电器,根据柜内水位的高低自动地启动和停止日用淡水泵。这种供水管路十分简单,水泵向水箱注水,水箱直接用管子和阀与用水处相连。

重力式供水系统的优点是用水处的出水压力稳定,即使是离重力水柜较远处的压力变化也不大。另外,当日用淡水泵发生故障时,尚可短时供给一定数量的水。它的缺点是:供水压力低、重力水柜在高处占有相当大的容积,影响船舶稳性;若处于露天,尚须采取防冻措施,设备的费用较高。

适用于小型船舶、驳船或在停泊作业时要求尽量减少振动及噪声的科学调查船等。

(2) 压力供水

压力供水的特点是用密闭的压力水柜代替重力水柜,借助水柜中空气的压力将水送至各用水处，如图 4-33 所示。在大、中型船舶上，至少应设两个压力柜：一个是海水压力柜，供应卫生水；一个是清水压力柜，供应生活用水。这种压力水柜的布置不受高度的限制。其工作原理如图 4-33 所示。由于水柜密封，当水泵(1)向压力水柜(2)进行充水时，随着水面升高，柜内上部的空气逐渐被压缩而产生压力，当水充到规定液面时，水泵(1)即停止供水，压力水柜(2)内的水就依靠柜内上部空间被压缩了的空气的压力，经管路、阀件输至各用水处。为保障正常工作，压力水柜头部设有压力表(9)和安全阀(8)，还设有压力开关(7)以便自动控制水泵(1)的工作。当柜内压力低于规定的最低工作压力时，则由压力开关(7)自动启动水泵(1)，当柜内压力达到规定的最高工作压力时，亦通过压力开关(7)停止水泵(1)供水。为减少压力水柜充气容积和补充柜内空气的消耗，通常在压力水柜顶部接压缩空气注入管。由于压缩空气中可能带有油分，故饮水压力水柜不宜充压缩空气。

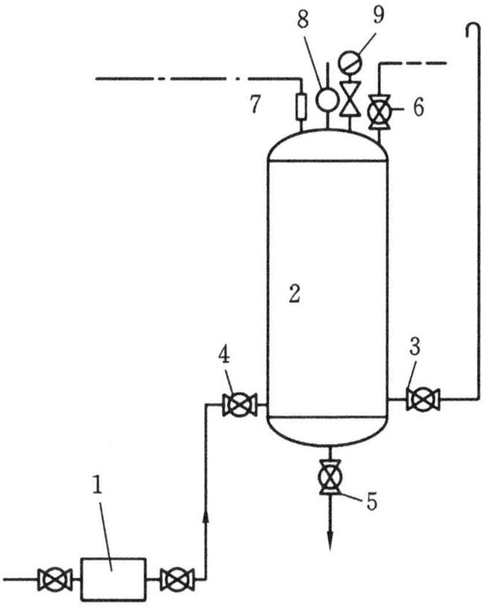


**图 4-33　压力式供水系统**

1—电动水泵；2—压力水柜；3—截止阀；4—截止止回阀；5—放水阀；
6—压缩空气进气阀；7—压力开关；8—安全阀；9—压力表及旋塞

如果船上需要供应热水，则在供水系统中加设热水器。热水器有蒸汽加热、电加热和燃油加热 3 种，其中蒸汽加热最为常见。压力式热水供应系统的工作原理如图 4-34 所示。

密闭的热水器(3)内设有蒸汽加热盘管(4)，蒸汽通过温度调节阀(5)进入加热器(3)。一般热水器加热的温度控制在 70～80 ℃，蒸汽量的多少由温度调节阀(5)自动调节控制。从热水器出来的热水供应管路，一般均应包扎绝热材料，防止热量散失。大型船舶或热水消耗量大、管路较长的船舶，则设一专门的热水循环泵(小船可设热水循环管，进行自然循环)，使热水进行强制循环，以便随时供应热水。

## 4.9.3　管路布置

供水管路布置时，要注意以下事项：

(1) 为在系统发生局部故障时不致影响整个供水系统的工作，同时也避免过大直径的

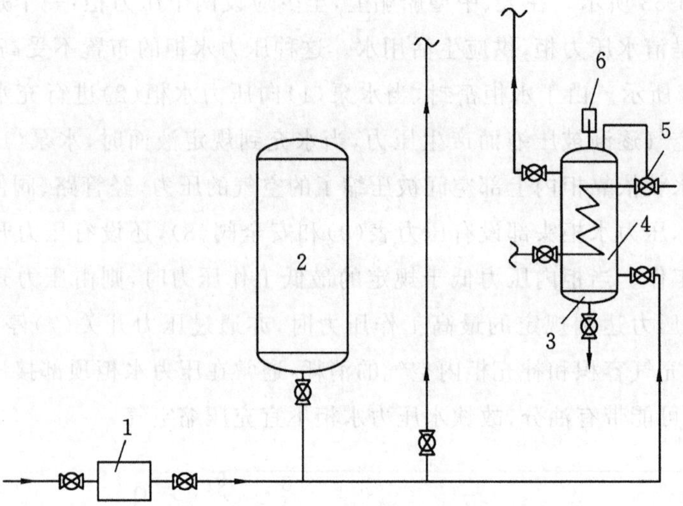


**图 4-34　压力式冷热水供水系统**

1—水泵；2—清水压力柜；3—热水器；4—蒸汽加热盘管；5—通度调节阀；6—温度计

供水管，可采用分区供水，即将全船划分为几个用水区，各区直接从压力水柜的输出管上引出1路供水干管，并装设截止阀，分别控制。客船通常按甲板层或客舱等级来划分供水区域，这样可使系统更加灵活可靠。

(2) 供水干管应力求避免通过起居室、粮库和购物舱等处，通常各种供水干管敷设在各层甲板两边走道上方，然后再由干管引出支管到附近的各室内用水设备。

(3) 当几个用水区相距较远时，可按分区设置热水器，分别向集中在各自区内的几个用水处供热水，以避免热水管路过长。

(4) 在小型船舶上，亦可通过在主机排气管上设热水套来代替专门的热水器，以节约能源。

# 4.10　船舶通风系统

机舱通风系统的作用是降低机舱温度，排除各种油气、水蒸气，供应新鲜空气，以保证动力装置的正常工作和改善机舱管理人员的工作和卫生条件。

船舶通风的方式一般为：①机械送风和机械抽风；②机械送风和自然排风；③机械抽风和自然进风；④自然进风和自然排风。各舱室通风方式的选择须根据具体舱室的通风要求及有关规范、规则和公约的要求而定。

船舶通风系统一般要求：

(1) A类机器处所应有足够的通风，以保证其中的机器或锅炉在所有气候（包括恶劣气候）条件下全功率运转时，该处所能有充足的空气供应，从而确保工作人员的安全和舒适以及机器的运转。其他机器处所应有适当的通风。

(2) 所有锅炉舱自然通风用的风斗，应具有能将风斗转至任何所需位置并加以固定的转动装置。

(3) 灯间、油漆间以及其他储存易燃、易爆物品或可能积聚有毒气体、易爆气体的舱室，均应设有安全和有效的通风装置。

(4) 当舱室通风管通过其他舱室时，应符合有关防火分隔和破舱稳性的相关要求。

(5) 送风区应在高温层下面，排风区在它的上面。新鲜空气应送至需要通风的地方，如管理人员的工作场所及主要散热设备，不要将高速空气直接吹向机器。

通风系统还应符合船级社规范中对消防系统的相关要求。

# 第 5 章　船舶推进装置的特性与配合

## 5.1　船舶推进装置能量的传递

**1. 功率传递过程**

船舶主机的功率在传递至螺旋桨的过程中，有一系列的损失，如图 5-1 所示。

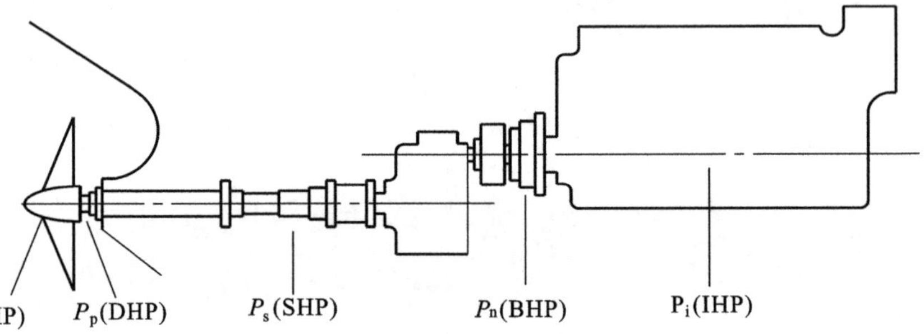


**图 5-1　推进装置功率传递过程示意图**

**2. 功率转换计算**

(1) 指示功率 $P_i$(IHP)

指示功率 $P_i$(IHP)是在标准环境状况下，最大持续输出工况时柴油机所发出的指示功率，用以下公式计算：

$$P_i = \frac{G_{Tm} \cdot H_u}{3600} \cdot \eta_i \tag{5-1-1}$$

式中，$G_{Tm}$ 为主机在最大持续输出时的燃油消耗率(kg/h)；$H_u$ 为柴油的低热值(kJ/kg)；$\eta_i$ 为柴油机的指示效率，四冲程机 $\eta_i$ 为 0.42～0.50，二冲程机 $\eta_i$ 为 0.35～0.54。

(2) 持续功率 $P_n$(BHP)

持续功率 $P_n$(BHP)指柴油机在标定转速及标准环境状况下所输出的持续运转的最大有效功率。对于船用主机，此挡标定功率称为最大持续功率，用符号 $P_{mc}$ 表示，通常也称其为额定功率。

在非标准状况时，$P_{mc}$ 可用下式计算：

$$P_{mc} = P_i \cdot \eta_m \cdot \eta_t \cdot \eta_\varphi \tag{5-1-2}$$

式中，$\eta_m$ 为柴油机的机械效率，非增压机 $\eta_m$ 为 0.75～0.85，增压机 $\eta_m$ 为 0.80～0.92；$\eta_t$、$\eta_\varphi$ 分别表示温度与湿度的修正系数，可参照有关标准选用。

通常把持续功率 $P_n$ 作为柴油机、轴系、传动设备及螺旋桨等的强度计算标准，并作为船舶动力装置中各种辅机、设备以及舱柜等选型和估算容量的依据。

(3) 轴功率 $P_s$(SHP)

轴功率 $P_s$(SHP)指 $P_{mc}$(或 $P_n$)在扣除传动设备、推力轴承和中间轴承等传动损失后的实际输出功率，其数值与上述部件的结构型式、数量及在轴系上的测量位置有关。如将测量仪器安装在尾轴管的前端，则所得的功率为：

$$P_s = P_{mc} \cdot \eta_g \cdot \eta_{rt} \cdot \eta_{rz}^n \tag{5-1-3}$$

式中，$\eta_g$ 为减速装置效率，减速齿轮箱约 0.95～0.97，液力耦合器约 0.94～0.985；$\eta_{rt}$ 为推力轴承的机械效率(米楔尔型约为 0.995)；$\eta_{rz}$ 为每一个滑动中间轴承的机械效率(约 0.997～0.998)；$n$ 为中间轴承的数目。$\eta_{TRM} = \eta_g \eta_{rt} \cdot \eta_{rz}^n$，$\eta_{TRM}$ 称为传递效率。

(4) 螺旋桨收到功率 $P_p$(DHP)

螺旋桨收到功率 $P_p$(DHP)指 $P_s$ 扣除尾轴轴承及密封填料损失后所输出的功率：

$$P_p = P_s \cdot \eta_w \tag{5-1-4}$$

式中，$\eta_w$ 为尾轴承及密封填料的机械效率，约为 0.985～0.99。

上述式中减速装置、轴承、尾管装置的效率乘积称之为传递效率 $\eta_{TRM}$。

(5) 螺旋桨敞水收到功率 $P_o$(OHP)

螺旋桨敞水收到功率 $P_o$(OHP)指考虑相对旋转效率后所输出的功率：

$$P_o = P_P \cdot \eta_R \tag{5-1-5}$$

式中，$\eta_R$ 为螺旋桨相对旋转效率，约为 0.96～1.05。

(6) 推力功率 $P_t$(THP)

推力功率 $P_t$(THP)是螺旋桨产生推力 $T$ 和进速 $V_a$ 时所做的功率：

$$P_t T = P_o \cdot \eta_o \tag{5-1-6}$$

式中，$\eta_O$ 为螺旋桨敞水效率(约为 0.45～0.7)。

(7) 船体有效功率 $P_e$(EHP)

船体有效功率 $P_e$(EHP)指克服船舶航行阻力所需的功率：

$$P_e = P_T \cdot \eta_H \tag{5-1-7}$$

式中，$\eta_H$ 为船身效率。

$$\eta_H = \frac{1-t}{1-w} \approx 0.95 \sim 1.2 \tag{5-1-8}$$

式中：$t$ 为推力减额系数；$w$ 为伴流分数。

上述式中螺旋桨敞水效率、相对旋转效率、船身效率的乘积称之为推进效率 $\eta_D$。

## 5.2　船机桨匹配的几个基本概念

**1. 船机桨能量关系**

船、机、桨的能量转换关系如图 5-2 所示。如忽略轴系、传动设备等的中间损失和船、机、桨之间的相互影响，则船、机、桨三者之间的能量应是相等的。当船舶不带减速齿轮箱并按等速直线航行时，主机与螺旋桨的关系是：桨的转速应等于主机转速；桨所需的转矩应等于主机所能供给的转矩。船体与螺旋桨之间的关系:桨的进速等于经修正伴流后的船速;桨的有效推力等于船体所受的阻力。三者中,主机为能量发生器,将电能或热能等转变为机械能——旋转力矩;桨为能量转换器,通过旋转力矩克服桨旋转阻力矩产生推力;推进器为能量吸收器,依靠推力克服船舶阻力推进船舶航行。

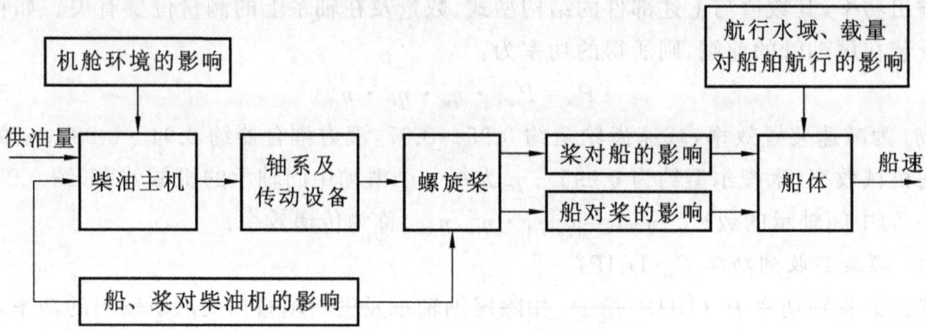


图 5-2　船机桨能量关系

**2. 特性**

广义地说,它反映船、主机(实际上指的是柴油机推进装置)和桨的主要技术经济指标(功率、扭矩、主机的燃油耗油率和排气温度等),随其转速或航速的变化关系,这些关系由它们三者各自的特性所决定,即:船的特性、主机的特性和桨的特性。

船的特性:船的特性可用航速变化时的阻力特性来表示。

机的特性:主机的特性主要用其柴油机的供油量、平均有效压力、轴的输出扭矩及功率等随转速(航速)的变化关系表示,并受到推进装置的组成和型式的影响,即:

(1) 主机的类型:是否采用增压,是采用高速机还是低速机等。

(2) 传动方式与设备的影响:是直接还是间接传动(包括采用电传动或液力传动)或是采用减速传动;是并车还是分车;所采用的离合器型式等。

(3) 轴系的数目:是单机单桨轴系还是多机多桨轴系等。

桨的特性:桨的特性受到桨的结构和水动力因素的影响,常用推力和扭矩来表示。

所谓特性曲线,就是把船、机、桨三者随转速或航速变化的一些技术经济参数,分别或集中地在图上用曲线表示出来,以了解它们的变化特点、配合关系和工作范围。

**3. 工况**

所谓工况,就是指船、机、桨三者的工作条件。尽管船、机、桨的工作条件千变万化,但可归纳为两种类型:设计负荷平衡点的工况与偏离设计负荷平衡点的工况。后者我们称之为变工况。

(1) 设计负荷平衡点工况

在此工况工作时,船舶是在所设计的线型、尺度和载重量下运行,气候和海面状况均是设计任务书所规定的,主机的输出功率与转速也是设计所要求的。在上述条件下,船、机、桨三者的能量达到平衡,船舶按设计航速运行。

(2) 变工况

由于船、机、桨的工作条件总是在不断变化,因此,船舶在实际运行中常常偏离设计平衡点，一般将那些偏离设计负荷平衡点的工况统称为变工况。影响工况的因素主要有以下几个：

（1）船舶阻力发生变化，如遇风浪、潮水、上滩、装载量变化等。

（2）操纵方式的变化，如起航、加速、转弯、倒车等（有时也将这些工况称为过渡工况）。

（3）船、机、桨自身性能的变化，如主机及轴系的长期使用；设计时对轴系传动系数估计不准，零部件制造工艺上的误差；船舶的污底；螺旋桨直径及螺距比的变化等。

上述变化将影响船、机、桨配合，因此在设计、管理时必须重视。

**4. 研究特性、工况与配合的目的**

船舶航行时各能量平衡点的稳定与变化，是我们研究工况与配合的归宿点。我们研究船、机、桨的特性和其在不同工况条件下的配合，目的在于：

（1）合理地确定设计平衡点的负荷，使能量供求平衡，不应供大于求或求大于供。

（2）船舶的种类、用途及运行方式复杂多样，如推、拖船和渔船常出现往返负荷不平衡的情况；工程船和渔船常要求轴带某些机械设备及微速航行；港作船要求操纵灵活；某些航行于复杂航道的船，要求带紧急制动装置；破冰船要求制动保护装置等。这些都要求有相适应的推进装置及螺旋桨（定距或变距）等。只有掌握了船、机、桨的特性及它们的配合关系，才能对它们进行合理的组合、选优，以提高其经济效益及满足使用要求。

（3）通过分析各种工作条件下船、机、桨的特性及配合情况，不仅能揭示能量转换过程中各特性参数的变化规律，还可以了解其运行的经济性及适应性，以及它们的工作范围和限制，进而找出最佳参数和转换方式，得到一个具有最佳营运经济性和投资效果的设计方案，并且能够合理地进行管理。

# 5.3　船机桨的基本特性

## 5.3.1　船舶的阻力特性

船舶在航行时，受到空气和水这两种介质的阻力。在正常的气候（3～4 级风）及海况下，航速不高的船舶的空气阻力仅占总阻力的 2%～3%，船舶航行时的阻力特性主要是以分析船速及载量变化时水对船舶阻力的影响为依据。

一般民用船舶的阻力以摩擦阻力为主。实船或船模的试验表明，水对船体的总阻力与航速的 $m$ 次方成正比，即：

$$R = C_1 \cdot V_s^m \tag{5-3-1}$$

式中，$R$ 为水对船体的阻力（N）；$V_s$ 为船速（kn）；$C_1$ 为阻力系数，与船体线型、排水量、污底程度、拖带、航道及海况等因素有关。$m$ 为指数，对于航速不高的民用船舶来说，可取 $m=2$；对水翼船及滑行艇可参考有关资料。

若航速为 $V_s$ 时其船体总阻力为 $R$，则直接用于克服船体阻力所需的功率 $P_E$ 为：

$$P_E = RV_s \times 10^{-3} \cdot \ \mathrm{kW} \tag{5-3-2}$$

式中，$R$ 为船体阻力（N）；$V_s$ 为船速（m/s）。

上述阻力、功率随航速的变化关系，可通过模型及实船试验求出。如图 5-3 所示为某船的阻力功率随航速的变化关系，由图可见，其阻力约与航速平方成正比变化，功率则约与航速的三次方成正比；图中的曲线 2 为实船试航测试所得。由于实船航行时增加了附属体等的阻力影响，故曲线 2 在相应航速下所克服的阻力要比曲线 1 大。如图 5-4 所示表示出各种工况下的阻力曲线。

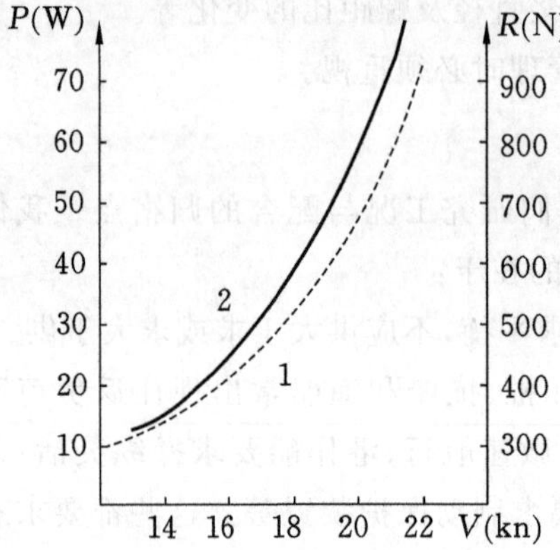


图 5-3　某船阻力、功率随航速变化的曲线

1—裸船体；2—实船

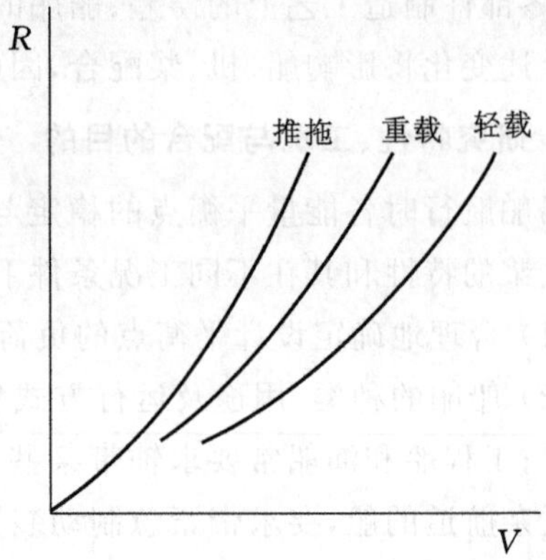


图 5-4　船在不同工况下的阻力曲线

## 5.3.2　船舶柴油机的工作特性

### 1. 柴油机的输出功率与转矩

柴油机的功率：

$$P_D = \frac{P_e \cdot V_s \cdot n \cdot i}{0.225 \times 1.36 \times 9.8 \times 10^4 \cdot m} = B_N \cdot P_e \tag{5-3-3}$$

式中，$P_e$ 为平均有效压力(Pa)；$V_s$ 为气缸有效工作容积($m^3$)；$n$ 为曲轴转速(r/min)；$i$ 为气缸数；$m$ 为行程数。

柴油机的转矩：

$$Q_D = \frac{0.0318 V_s \cdot i \cdot P_e}{\mathrm{m}} = B_m \cdot P_e \tag{5-3-4}$$

对于型式一定的柴油机，$B_N$、$B_m$ 均为常数。如果忽略柴油机的喷油泵性能、扫气性能及机械效率在不同转速时的变化，可近似地认为：当柴油机的供油量一定，仅其转速变化时，从式(5-3-3)可见，$P_D$ 随转速成正比变化，如图 5-5 所示。图中虚线表示在供油量一定时，实际柴油机的 $P_e$($Q_D$)与 $P_D$ 随转速 $n$ 的变化情况。

为了便于分析问题，本章采用上述经过简化处理的 $P_D$、$Q_D$、和 $P_e$ 随 $n$ 的线性变化关系作为分析船、机、桨特性配合的依据。

### 2. 柴油机的特性

当柴油机工况发生变化时，柴油机的性能及主要参数(如功率 $P_D$、平均有效压力 $P_e$、燃油消耗率 $b$、排气温度 $T_t$、有效效率 $\eta_e$ 等)随工况改变相应变化。所谓柴油机的特性，就是指柴油机的性能指标及主要参数与运转情况之间的变化关系，主要有：速度特性、负荷特性、调速特性、万有特性及减额功率输出特性、限制特性、推进特性等。

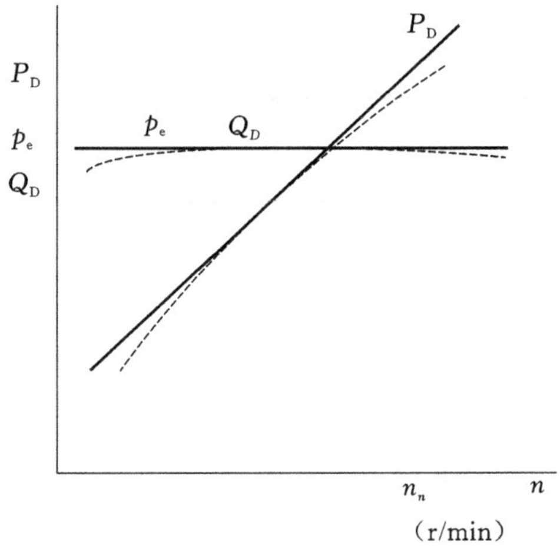


**图 5-5　$P_D$、$P_e$、$Q_D$ 和 $n$ 的关系**

(1) 速度特性(外特性)

柴油机运转中,只改变转速 $n$,而 $P_e$ 保持不变,这种运转特性称为速度特性或外特性。它表达柴油机的技术经济指标随转速或航速的变化关系,通常用以表示主机的工作性质。外特性的测定是在喷油泵的油量调节齿条固定在一定的位置上进行的。根据油泵齿条固定的位置不同,外特性分为以下几种:

1) 1 h 功率特性。指将柴油机供油量固定在 1 h 功率所对应的供油量位置时的速度特性,也常称之为油泵保险特性,如图 5-6 中的线 1。这种特性由于它的气缸热负荷较高,只适于某些船舶主机短时使用,使用时间应控制在 1 h 以内。国产小型船用柴油机的最大供油量,常用油泵齿条限制在这个位置上,不允许供油量超过它。

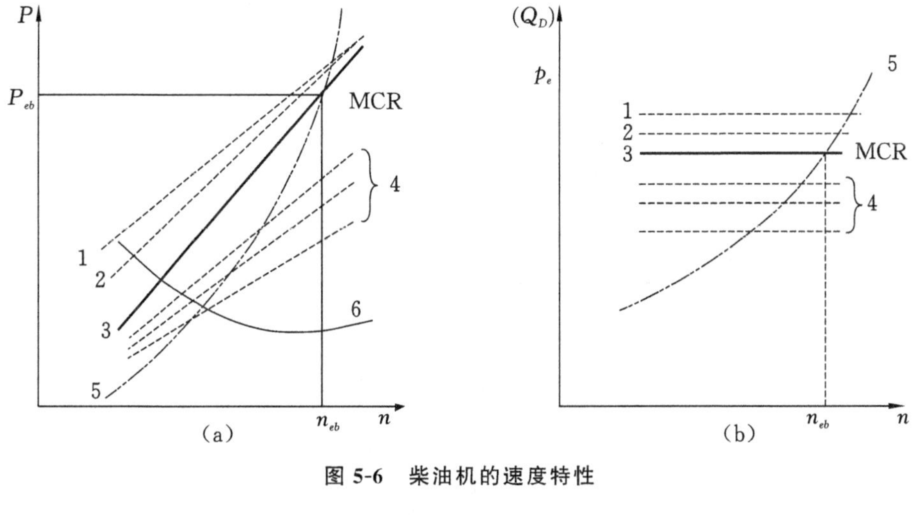


**图 5-6　柴油机的速度特性**

2) 12 h 功率特性。指将柴油机的油泵齿轮条固定在 12 h 功率所对应的供油量位置上的速度特性,如图 5-6 中的线 2,其供油量介于线 1 与线 3 之间。按此特性工作只允许连续工作 12 h。按此标定的功率可供间歇使用的船舶(如轮渡)主机作螺旋桨的设计负荷点。

3）标定外特性。指将油泵齿条固定在标定功率相应供油量位置的速度特性，如图 5-6 中线 3。有的船用低速柴油机往往将标定功率所对应的供油量作为最大供油量，并在油泵齿条上加以限制，其相应的输出功率及转速（即 MCR 点），可作一般船舶螺旋桨的设计负荷点。

4）部分外特性。指供油量固定在小于标定功率（如 90%、75%、50%等）供油量的各个速度特性。它由许多根形态变化与线 3 相似的线簇组成，如图 5-6 中线 4，船舶在实际运行中常用这类曲线。但应指出，若偏离设计平衡点过大，按部分特性运行的主机，其耗油率较高。

图中线 5 为螺旋桨推进曲线，线 6 为柴油机有效耗油率 $b$ 随转速的变化曲线，可见：$P_e$ 和 $P$ 随供油量增加而增大；在供油量一定时，$P$ 与 $n$ 成正比变化；柴油机按推进特性运行时，转速愈低，$b$ 值愈高，当转速接近标定转速 $n_H$ 时，$b$ 值较低。外特性的实用意义首先是确定柴油机允许工作的最高负荷限制线，其次是用于分析机带桨工作时的匹配情况。

（2）调速特性

在调速器作用下柴油机的功率、转矩与其转速的关系叫作柴油机的调速特性。

图 5-7 示出装有全制调速器的柴油机的调速特性。柴油机在带发电机或通过离合器带桨工作时，必须带有全制式调速器。全制式调速器可以任意选定柴油机的工作转速，当调速器的弹簧处在不同位置时，可以得到相应的调速特性曲线 1、2、3、4 等等。$h_1$、$h_2$、$h_3$ 是柴油机在不同供油量时的外特性曲线；Ⅰ、Ⅱ、Ⅲ为不同工况的推进线。

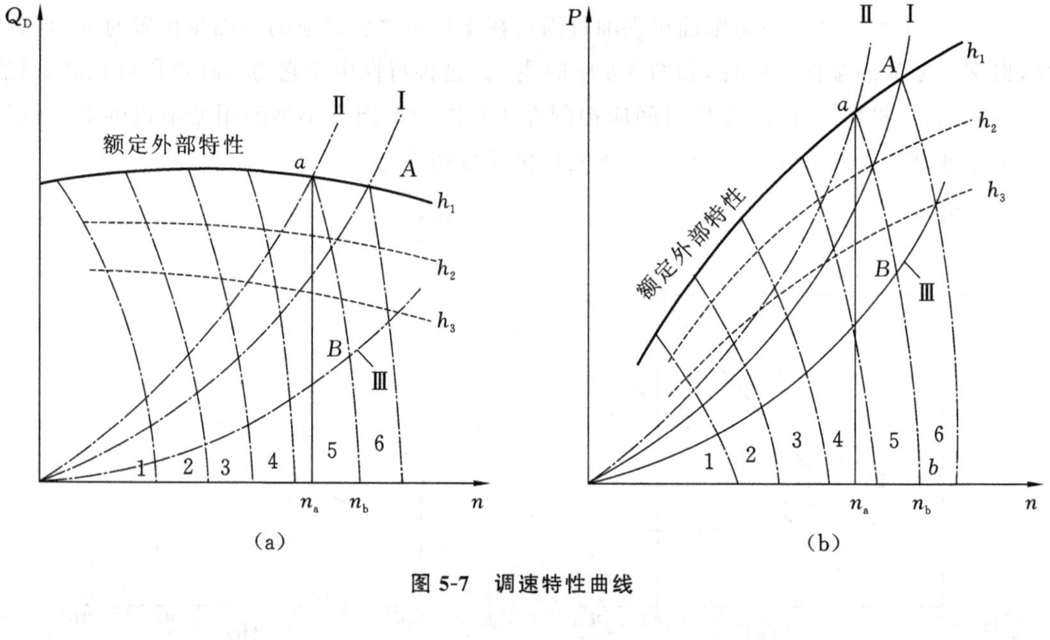


**图 5-7 调速特性曲线**

当负荷减小时，调速器将喷油泵柱塞的工作行程从 $h_1$，逐渐调节到 $h_2$、$h_3$ 等，则柴油机的特性就逐渐改变到相应的部分特性上，使其转速基本保持不变。如柴油机在推进线Ⅱ与 $h_1$ 的交点 $a$ 处运转，其相应的转速为 $n_a$，若这时外界的负荷突然减少到空载，那么，若所采用的调速器是相当灵敏的，则其空载的转速仍应是 $n_a$，但实际上柴油机因其调速器并非绝对灵敏，因此，图中的线 5 也非垂直向下，而是向右倾斜，配合点移到 $B$ 点，倾斜度与调速器的灵敏度有关。

(3) 负荷特性

负荷特性是指在某一固定不变的转速下，柴油机的性能参数随负荷 $P_e$ 变化的规律，如图 5-8 所示。可见，柴油机按负荷特性运转时，其 $b$ 的最低处发生在略低于标定负荷 $P_{eb}$ 的附近。从图 5-8(b)可见，在柴油机按发电机组或电力推进工作时，无论其转矩或负荷如何变化，它都将按调速特性线 $R$ 工作，并使其转速基本保持不变。

负荷特性的实际意义其一是确定非增压柴油机的标定工况；其二是负荷特性易测定，常在柴油机调试、改变设计时用作检验调试效果，所以又称之为调整特性；其三是作为带发电机工作的特性；其四是测出不同转速的负荷特性，用于制取万有特性等，负荷特性可与速度特性综合出其他任何一种实用工况的特性。

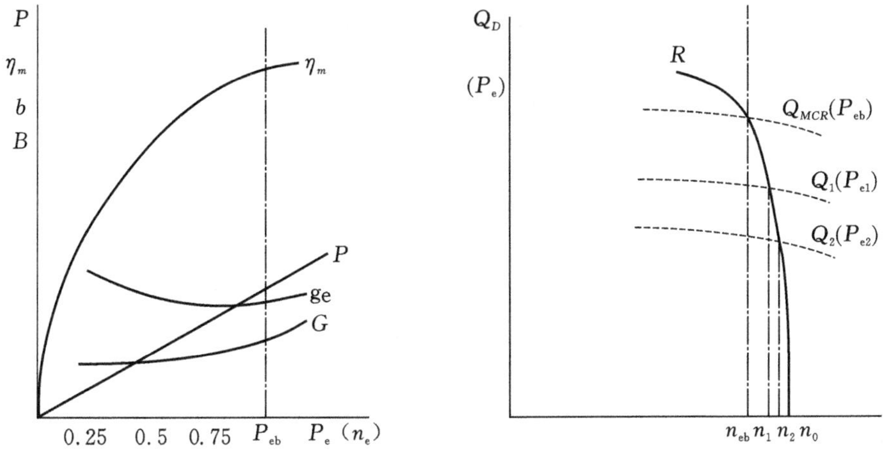


(a)　　　　(b)

**图 5-8　负荷特性曲线**

$\eta_m$—机械效率；$R$—调速特性曲线；$Q_{eb}(P_{eb})$—额定转距(负荷)；

$Q_1(p_1)$、$Q_2(P_2)$—不同供油量时的负荷；$n_{eb}$、$n_1$、$n_2$—各负荷下的相应转速

(4) 万有特性

在柴油机的运转范围中，在同一转速下用几个不同的喷油泵量作试验，并将有关结果记录下来；再分别固定各档转速，供入不同喷油泵量进行试验，将结果按 $P$、$n$、$b$、$Q_D(P_e)$ 等参数整理绘制成图，即得万有特性曲线。

图中 $P$ 与 $n$ 坐标间的环形曲线为等耗油率曲线(用同样的方法，可绘出爆压、排温、扭矩等万有特性曲线)。图中还列出了机、桨负荷随转速百分数的变化关系，以及 $n$、$P$、$P_e(Q_D)$ 与 $b$ 四个参数之间的关系。有了万有特性图，只要知道了柴油机的转速 $n$ 和功率 $P$，就可从图上查出此时的耗油率 $b$ 和输出转矩 $Q_D$，或知道另外两个参数，求得其他有关参数。

万有特性的实际意义：一是选配柴油机；二是确定柴油机的允许工作界限；三是用于检查柴油机的工作状态。

(5) 柴油机的推进特性

当柴油机作为船舶主机带螺旋桨，按螺旋桨特性($P=cn^3$)工作时，为柴油机的推进特性。根据主机的额定功率和额定转速计算出各种转速下的功率值，其相对百分数变化值见表 5-1。

表 5-1 机带桨工作时转速与功率的对应值

| $n$(%) | 63 | 79.5 | 91 | 96.5 | 100 | 103 |
|---|---|---|---|---|---|---|
| $P$(%) | 25 | 50 | 75 | 90 | 100 | 110 |

可见 $n=103\%n_H$ 时，柴油机的功率就已达到额定功率的 110%。

推进特性的实际意义：首先是根据柴油机的工作能力合理地设计、选用螺旋桨；其次是确定使用中功率与转速的配合点；第三是确定推(拖)船舶在各种工况下的负荷；第四是用以确定船舶的经济航速。

(6) 柴油机减额输出特性

提高柴油机的热效率，即降低柴油机燃油消耗的方法之一是提高气缸内最高燃烧压力 $P_{max}$ 和平均有效压力 $P_e$ 的比值。$P_{max}$ 是柴油机结构强度的设计依据，在设计时已确定。而柴油机的功率是与 $P_c$ 和转速 $n$ 的乘积成正比，一般把最大持续功率点(MCR)时的 $P_e$ 定为最大标定点。

所谓减额输出，就是把 MCR 时的 $P_e$ 值降低(即功率下降，转速相应下降或不变)，作为新的标定点，而此时的 $P_{max}$ 仍维持与 MCR 相对应的值不变，这样就提高了 $P_{max}$ 与 $P_e$ 的比值，实现了比 MCR 低的燃油消耗率。这与俗称的减速航行不一样，后者是以 85%～90%的 MCR 作为主机的常用负荷，而以 50%～75%MCR 的低负荷连续运转。以降低航速来减少燃油消耗量，往往会导致耗油率的增加。

### 5.3.3 螺旋桨推进特性

船舶螺旋桨推进特性主要反映螺旋桨的推力 $T$、转矩 $Q$、推力系数 $K_T$、转矩系数 $K_Q$ 以及桨的敞水效率 $\eta_p$ 等随船速(转速)和进速系数 $J$ 的变化关系。

$$J=\frac{V_a}{n_p \cdot D} \tag{5-3-5}$$

$$K_T=\frac{T}{\rho n_p^2 D^4} \tag{5-3-6}$$

$$K_Q=\frac{Q}{\rho n_p^2 D^5} \tag{5-3-7}$$

$$\eta_p=\frac{TV_a}{Q \cdot 2\pi n_p}=\frac{K_T}{K_Q} \cdot \frac{J}{2\pi} \tag{5-3-8}$$

式中，$\rho$ 为水的密度(kg/m$^3$)；$D$ 为螺旋桨直径(m)；$n_p$ 为螺旋桨转速(r/s)；$V_a$ 为螺旋桨进速(m/s)。

设 $n_p=C_3\times V_S$，由 $V_a=V_S(1-\omega)$ 及公式 5-3-5 可以得到：

$$C_3=\frac{(1-\omega)}{J \cdot D} \tag{5-3-9}$$

设 $P_p=C_4\times n_p^3$，由 $P_\rho=2\pi M_P n_p$ 及公式 5-1-5、5-3-7 可以得到：

$$C_4=\frac{2\pi\rho D^5}{\eta_R}K_Q \tag{5-3-10}$$

进速系数 $J$ 是研究螺旋桨特性的一个重要参数，从螺旋桨的速度三角形中可以看出，它大致反映螺旋桨攻角 $\alpha_k$ 的大小。随着 $J$ 的减小，$\alpha_k$ 将增大；当 $J$ 增大时，$\alpha_k$ 将减小。从图 5-9 中可以看出 $K_T$、$K_Q$、$\eta_p$ 随 $J$ 的变化关系。

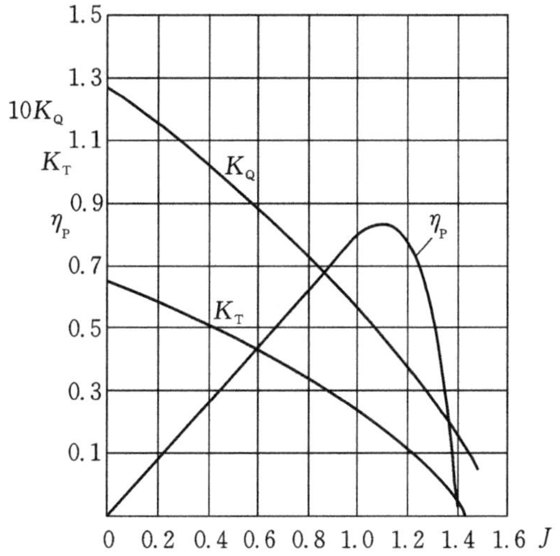


**图 5-9　螺旋桨的特性曲线**

在给定的船舶中，其桨径为定值，$J$ 仅随 $V_a/\eta_p$ 而改变，当 $V_a/\eta_p$ 为常数时，$K_T$、$K_Q$ 亦为定值，故桨的推力 $T$ 和转矩 $Q$ 就与其转速的平方成正比，即：

$$T = C_T \cdot n_p^2 \tag{5-3-11}$$

$$Q = C_Q \cdot n_p^2 \tag{5-3-12}$$

式中，系数 $C_T$ 与 $C_Q$ 随 $P_p$ 变化很小，可看成常数，设 $F$ 为螺旋桨的切力，则螺旋桨所需的功率就可写成：

$$P_p = F \cdot 2\pi \cdot R \cdot n_p = 2\pi M_p \cdot n_p = C_p \cdot n_p^3 \tag{5-3-13}$$

图 5-10 表示不同的 $J$ 在其保持定值时有关 $T=f(n)$，$Q=f(n)$ 和 $P_p=f(n)$ 等的函数关系。可见，当 $n$ 一定时，$J$ 降低，则 $T$、$Q$、$P_p$ 均要相应增大；在保持 $J$ 不变时，$T$、$Q$ 均与 $n$ 的平方成正比变化，$P_p$ 则与 $n$ 的立方成正比变化。

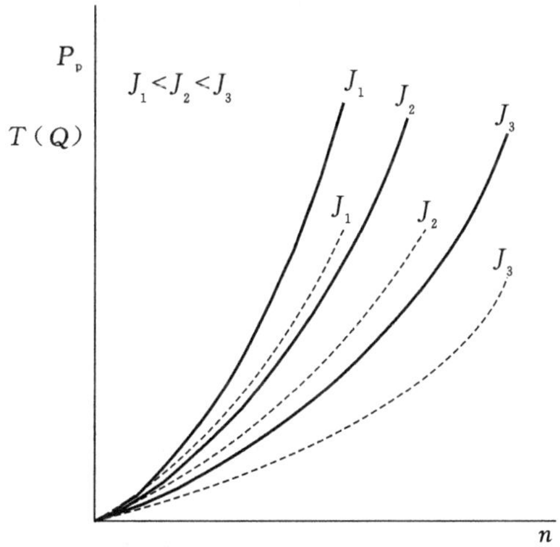


**图 5-10　不同 $J$ 的推进特性**

### 5.3.4 航速与转速的转换关系

在研究船、机、桨工况配合时，必须将三者的特性参数置于同一坐标里才便于分析。但在前述的分析中，船的阻力特性一般用其随航速的变化关系表示，螺旋桨及主机的特性则是以其主要技术参数随转速的变化关系表示，为此需建立航速与转速二者之间的相互关系及能量转换的关系式。因为船舶在稳定工况（例如在进速系数 $J$ 为定值的情况下）匀速航行时，螺旋桨所产生的有效推力 $T_e$ 和船舶阻力 $R$ 是相等的，即

$$T_e = T(1-t) = R \tag{5-3-14}$$

式中，$t$ 为推力减额分数。

即船舶的阻力与螺旋桨的推力也是可以互换的。因此，为了简化所研究的问题，往往将船、机、桨三者的配合关系简化为机、桨二者的配合问题来研究，必要时再把船的因素考虑进去。

由公式 5-3-5、5-3-6 消去直径 $D$，有

$$C_6 = \frac{K_T}{J^4} = \frac{T}{\rho n_p^2 D^4} \times \frac{D^4 n_p^4}{V_a^4} = \frac{T \cdot n_p^2}{\rho v_a^4} \tag{5-3-15}$$

或

$$K_T = C_6 \times J^4 \tag{5-3-16}$$

由公式 5-3-5、5-3-6 消去转速 $n_p$，有

$$C_7 = \frac{K_T}{J^2} = \frac{T}{\rho n_p^2 D^4} \times \frac{D^2 n_p^2}{V_a^2} = \frac{T}{\rho \cdot V_a^2 \cdot D^2} \tag{5-3-17}$$

或

$$K_T = C_7 \times J^2 \tag{5-3-18}$$

公式 5-3-14 和 5-3-16 可分别用于已知桨转速和已知桨直径下机桨匹配计算。

**计算实例：**

单轴系船舶由定螺距螺旋桨推进，它是由柴油发动机通过减速箱来驱动。已知：排水量 $\Delta = 15000$ t；船速 $V_s = 20\text{kn} = 10.29$ m/s；船舶阻力 $R = 777.5$ kN；有效功率 $P_e = 8000$ kW；伴流系数 $w = 0.2$；推力减额系数 $t = 0.12$；相对旋转效率 $\eta_R = 0.99$；最大可能的螺旋桨直径 $D_{max} = 5.8$ m；海水密度 $\rho = 1025$ kg/m$^3$；柴油发动机转速 $n_e = 600$ r/min；传递效率 $\eta_{TR} = 0.95$，传递效率可以假定不变；采用 Wageningen B5-75 桨。

确定如下参数：

螺旋桨的最佳螺距比 $(P/D)_{opt}$；相应的最优螺旋桨速度 $n_P$，$n_P$ 所必需的变速箱比；相应的螺旋桨敞水效率 $\eta_0$、推进效率 $\eta_D$；所需的螺旋桨动力 $P_p$、发动机制动所需的动力 $P_B$；进速系数 $J$，推力和扭矩系数 $K_T$，$K_Q$。

解：首先确定此为已知桨转速的机桨初步匹配问题，由 5-3-17 得

$$C_7 = \frac{T}{\rho \cdot V_a^2 \cdot D^2} = \frac{R/(1-t)}{\rho \cdot V_s^2 \cdot (1-\omega)^2 \cdot D^2} = \frac{777.5/(1-0.12)}{1025 \times 10.29^2 \times (1-0.2)^2 \times 5.8^2} = 0.3781 \tag{5-3-19}$$

作如图 5-11 所示机桨匹配分析图，分别取不同螺距比得到桨参数如图 5-12 及表 5-2 所示。

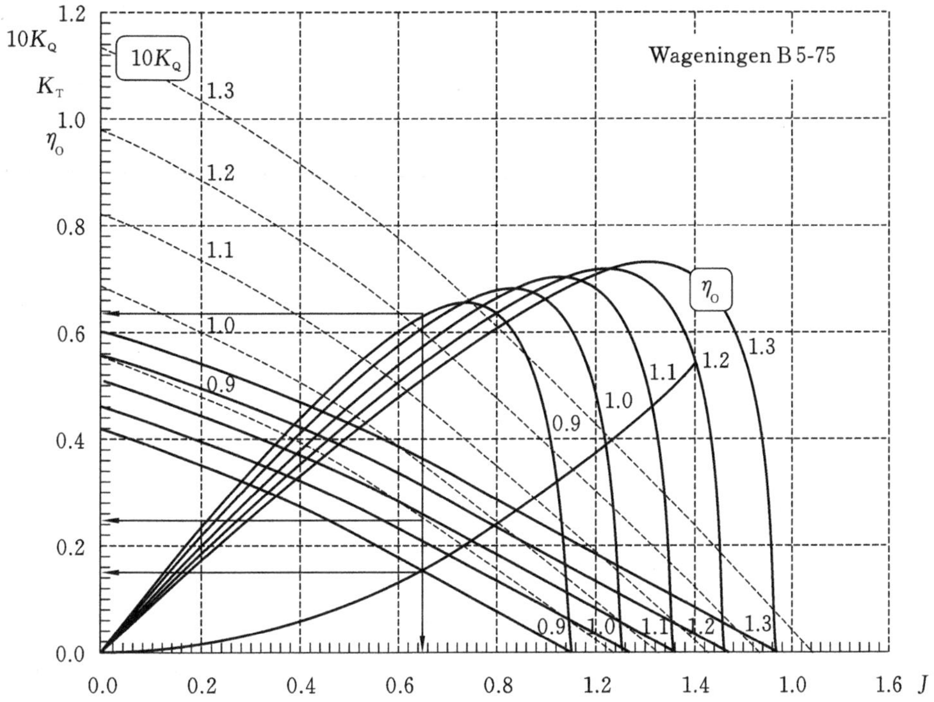


图 5-11　机桨匹配分析图

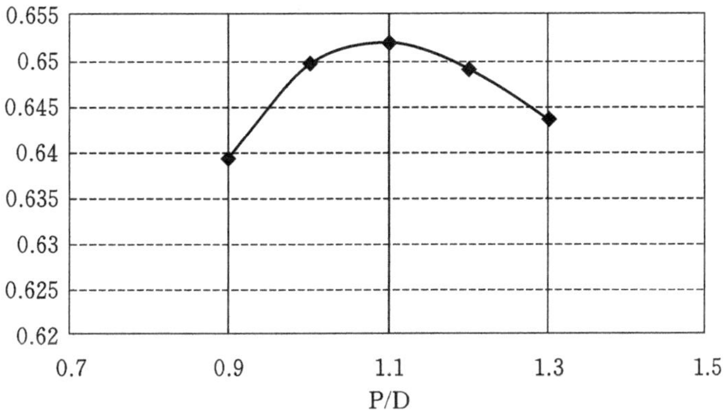


图 5-12　机桨匹配图

表 5-2　桨参数表

| $P/D$ | $J$ | $K_T$ | $K_Q$ | $\eta_o$ |
|---|---|---|---|---|
| 0.9 | 0.651 | 0.160 | 0.0259 | 0.639 |
| 1.0 | 0.706 | 0.188 | 0.326 | 0.650 |
| 1.1 | 0.756 | 0.216 | 0.0399 | 0.652 |
| 1.2 | 0.804 | 0.245 | 0.0482 | 0.649 |
| 1.3 | 0.851 | 0.274 | 0.0575 | 0.644 |

当 $\eta_{0,\max}=0.652$ 时，最佳螺距比 $P/D$ 是 $(P/D)_{\text{opt}}=1.10$。最佳状况的其他参数也可确定：

$$K_{T,\text{opt}}=0.216, K_{Q,\text{opt}}=0.0399 \text{ 和 } J_{\text{opt}}=0.756$$

最佳的螺旋桨速度是：$(n_p)_{\text{opr}}=\dfrac{V_a}{J_{\text{opt}}*D}=\dfrac{V_s*(1-w)}{J_{\text{opt}}*D}=1.877\ s^{-1}=112.6\ \text{r/min}$

变速箱比 $i$ 的应选择：$i=\dfrac{n_e}{n_{p,\text{opt}}}=\dfrac{600}{112.6}=5.33$

# 5.4 机桨匹配分析

## 5.4.1 机桨配合性质

### 1. 柴油机的允许使用范围

船舶在航行中工况多变，这就要求柴油机的功率、转矩及转速在很大的范围内变化。为使柴油机满足长期使用的工作可靠性及一定的寿命，就必须规定其能长期工作的最高允许负荷与转速及其关系。这种关系即称之为限制特性。它们通常由下列限制特性构成：最大负荷限制特性线、最低负荷限制特性线、最高转速限制特性线和最低转速限制特性线。

柴油机的工作范围由以上 4 条限制特性线所限定，实际运行中，其工作点一般不超出此范围。

(1) 最大负荷限制

柴油机允许使用的最大负荷限制是以柴油机能够达到的“极限功率”为基础，再根据对柴油机的安全可靠性和寿命的要求在一定的安全系数下确定的。它构成了柴油机的允许使用范围的上限。

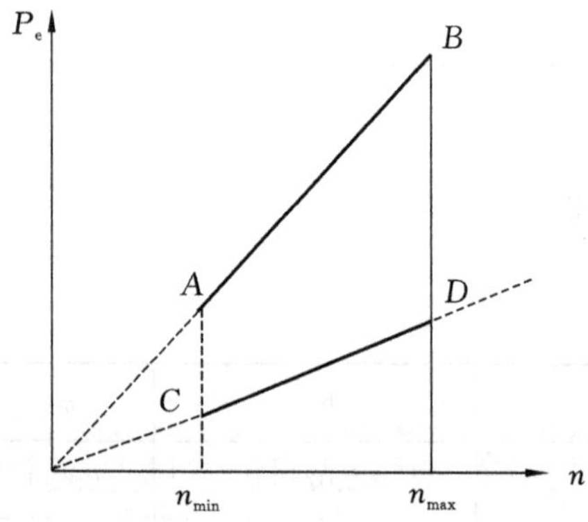


**图 5-13 极限功率曲线**

非增压情况下，每台柴油机都存在一个极限转矩，它与柴油机的转速基本无关。用 $P-n$ 坐标表示，为一根通过坐标原点的、斜率为其极限转矩的直线，如图 5-13 所示。图中直线 $AB$ 即为无增压柴油机的极限功率外特性线或极限功率线。可以设想，柴油机如果在这种状态下工作，由于燃油中有相当的部分不能完全燃烧，必然会导致燃烧室及排气系统中的积碳迅速增多，后燃严重引起燃烧室组件温度的迅速增高，排气严重地冒烟。

对于机械增压或涡轮增压但增压度较低的柴油机，其极限功率线与非增压机大体相同。当增压度较高时，柴油机的极限功率线 2-3-4-5-6(见图 5-14 所示)受限制的原因比非增压或低增压柴油机复杂得多。主要表现为增压器喘振或烟度的限制、限制排气温度、极限爆发压力、增压器极限转速等。这些限制均可通过控制相应转速下的不同喷油量来实现。

测量极限功率是制造厂或研究部门为了对产品进行试验和鉴定而进行的。在试验时，采取了许多必要的安全措施以防止发生人身和机械事故，实际使用时绝对不允许达到这种程度。

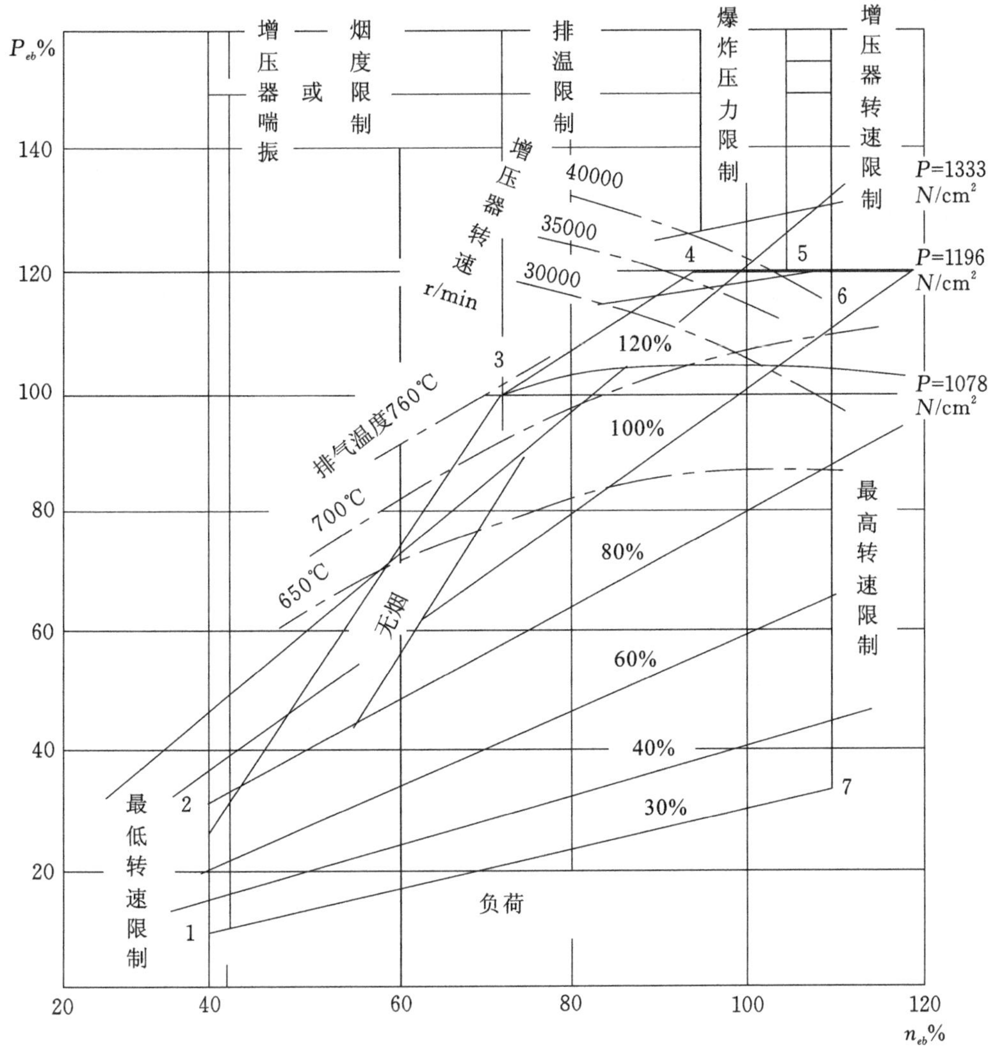


**图 5-14　高速柴油机的极限工作范围**

(2) 最低负荷限制

它是柴油机允许使用范围的下限。若柴油机的负荷过低，相应的供油量必然会很小，各缸的供油不均匀度随之增大，甚至有的缸会间断地不发火。此外，整机的温度较低，缸内的温度也偏低，燃烧恶化，积炭增加。没有燃烧的燃油比例增大，它们通过缸壁流入滑油中，既加速了缸壁和活塞裙部的磨损又稀释了滑油，恶化了柴油机的润滑条件。同时燃气中的二氧化硫和三氧化硫成分与水汽在温度偏低的缸内凝结成亚硫酸和硫酸并残留在机件表面和缝隙中，加速了机件的锈蚀。因此，一般对柴油机的最低负荷也作出限制，通常为标定负荷的 10%～25%，并要求尽可能避免长时间在低负荷下运转。

(3) 曲轴最高转速限制

它构成了柴油机允许使用范围的最高转速限制。过高的转速，使传递动力的组件的惯性力急剧增大，导致振动加剧，甚至飞车。由于飞车而引起的连杆螺栓断裂甚至导致整机报废的事故并不少见。因此，一般柴油机说明书都对标定转速和短时间工作的最高转速作出明确规定，许多柴油机还设有超速安全装置。作为主机的柴油机的最高允许转速一般为$1.03n_{eb}$。

（4）最低稳定转速的限制

它构成了柴油机允许使用范围的最低转速限制。任何一台柴油机均有最低稳定转速的限制，这一限制大体来自以下几个方面：

1）调速器与柴油机的配合。随着曲轴转速的降低，调速器与柴油机在配合中可能出现较大的波动，最终导致柴油机不能稳定运行，或因不均匀度过大而不能正常工作。

2）热力循环的正常进行。曲轴转速过低时，各缸供油的不均匀度加剧；供油压力下降，导致柴油雾化不良，混合质量较差；缸内温度偏低，柴油不能完全燃烧，且各缸燃烧情况差别很大，使转速波动加剧；缸壁温度偏低还会加速燃气对燃烧室组件特别是缸套的锈蚀。

某些二冲程柴油机在转速较低时，由于增压器获得的能量减少，不能保证扫气压力大于缸内的废气压力而影响换气过程的正常运行。

3）建立油膜的需要。在轴与轴承及活塞或缸套等有相对运动的机件之间建立保护油膜，相对运动速度是个决定因素。曲轴转速过低，就不能保证建立连续的油膜。通常，最低稳定转速 $n_{\min}=(30\%\sim50\%)n_{eb}$。

**2. 机桨工作区的划分**

螺旋桨的设计负荷点或者主机的最大持续输出点，均要求二者能在所允许运行的工作区域选取一个机、桨合理匹配的设计工况点。为此必须先了解主机带桨在各个工作区域运行时的性质，及其工作的可行性、适应性及所受到的限制等。现以某柴油机带桨工作时的功率与转速关系（见图 5-15）为例加以说明。

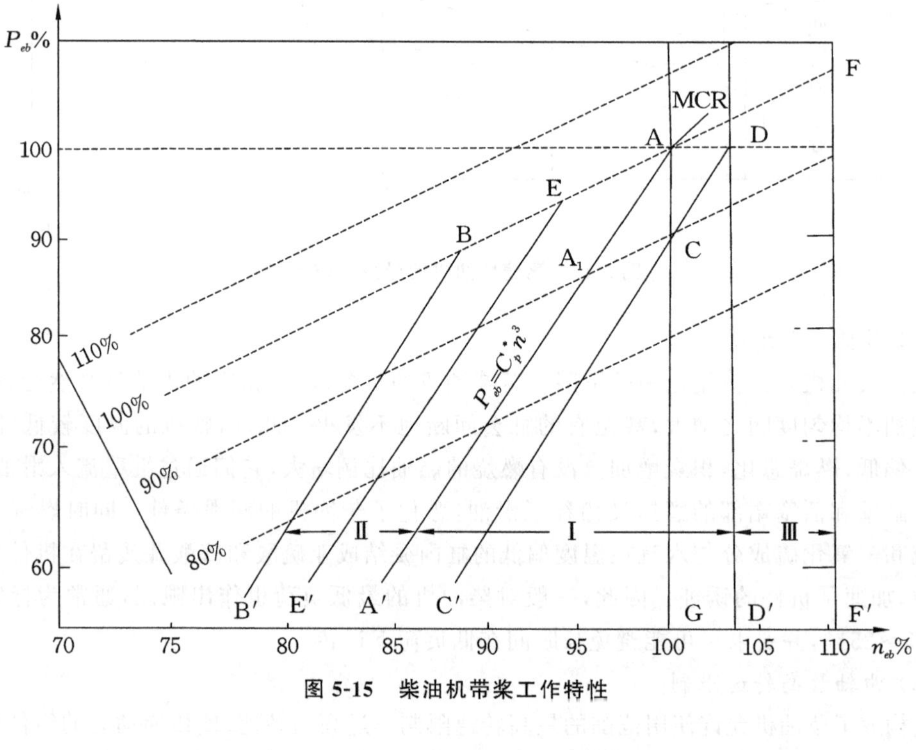


图 5-15　柴油机带桨工作特性

图 5-15 中表示了柴油机带桨位于不同工作区域时的情况。图中纵坐标所表示的功率百分数及横坐标所表示的转速百分数均是取其对数。AA′线是设计状态的理论推进线（$P_p=C_pn^3$），它通过 100％功率和 100％转速的 A 点处（即 MCR 点）。EE′和 CC′分别为桨过重或过轻时的推进线；图中斜度较小的 $P_e$ 线为平均有效压力 $P_e$（或扭矩 $Q_D$）的百分数线。根据柴油机的性能及机桨配合的特点，将机桨的工作范围划分成三个区域。

（1）区域Ⅰ位于图中 AA′线（右边）与线 DD′线之间，常称为安全区，在此区域内的负荷 $P_e$ 不可能超过 100％$P_e$ 的负荷线，转速也在极限转速 DD′线以内。

（2）区域Ⅱ位于图中 AA′线与 BB′线之间，称为短时工作区。在此区域里的机桨配合点一般均是在桨过重时发生，例如假定其中的推进线 EE′和全负荷 100％$P_e$ 线在 E 点相交，这时的转速将低于额定转速 $n_{eb}$，如果发动机装有调速器就可能出现超负荷，故一般在桨重而转速又过低时，主机不能按全负荷 100％$P_e$ 运行，有时还必须减小油门的供油量，以防止它超负荷。特别是对于增压柴油机，由于转速下降，废气排量减小，废气涡轮前的压力下降，涡轮功率也下降，导致涡轮带动的压气机转速及进气量的减少。因此在降低转速的同时，减少了每循环的充气量，引起增压压力下降和气缸充气量的减少。此时虽然功率及转速均已下降，但主机每循环的喷油量有可能不变，其过量空气系数会减少，将引起热负荷升高等多种问题，影响主机的安全运行。在此区域只允许短时工作。

（3）区域Ⅲ位于图中 DD′线（或 AG 线）与 FF′线之间，并称为超转速运转区域，供新船试航时为能达到设计航速，使其能在 100％$P_c$ 条件下短时间内作超转速（103％～108％）$n_{cb}$ 运转，在此情况下对发动机的磨耗及寿命产生某些不良影响，一般不宜常用。通常不同的机型其区域划分范围是有所差别的。

**3. 螺旋桨设计负荷点的确定**

螺旋桨的设计负荷点是机、桨额定工况的配合点，它与设计时所选定的机、桨特性曲线有关，将它们的性能曲线示于同一个功率—转速（或扭矩—转速）特性图上，其交点即为配合点。理论上此点是通过 100％$P_{mc}$、100％$P_e$ 和 100％$n_{eb}$ 的 MCR 点，在实船营运过程中，这个配合点往往会发生变化。例如，船舶在使用一段时间后，因污底引起船体阻力增加，主机的性能会降低；此外，气候、海况以及设计条件也会出现某些变化。如果螺旋桨的设计负荷点是按新船满载试航时能吸收主机 100％功率选定的（见图 5-15 中 A 点所示），则新船试航时，主机将沿 AA′线在 A 点附近运转，但当遇到风浪或因使用一段时间后船体污底而使船体阻力增加，则螺旋桨将会加“重”，此时 A 点将向 B 点（如果油门仍保持在额定供油量的位置不变），转速与功率就会相应降低。然而，如果螺旋桨时间工况点取在 C 点，即预先留有一定储备，则对船底清洁的新船，当其在良好的气候、海况条件下满载试航时，主机将沿 CC 线运转，这时螺旋桨就要“轻”一些。当螺旋桨负荷逐渐加大，C 点将逐渐上升，一直可升高到 A 点（使用调速器控制时），或将 C 点移到 $A_1$ 点（无调速器并保持油门不变）而不致超负荷。这说明负荷点取在 C 点（即使其具有一定的储备量），尽管在开始营运时负荷较轻，但在以后的长期运行期间，其主机负荷就不致过重，可保证船舶的安全营运。

储备的主要方法：

（1）功率储备（并称为“P 储备”）取主机功率的某一百分比（例如 90％），转速为 100％，船体阻力取新船满载试航时的阻力作为设计工况（即该设计点为图中的 C 点）。

（2）转速储备（并称为“N 储备”）取 100％主机功率，适当增加转速（例如取转速为 103％nn），而船体阻力取新船满载试航时的阻力作为设计工况(即设计点为图中的 D 点)。

(3) 阻力储备(并称为“R 储备”)取 100％主机功率、100％转速,而船体阻力则取满载运行时船体有一定程度污底,并有风浪时的阻力(例如取新船静水试航时阻力的 120％)作为设计工况(即图中的 AA′线代表船舶在满载营运时的主机输出曲线,而新船试航时的输出曲线则在 AA′线下面)。

以上三种方法虽然表现的形式不同,其含义是一致的,即新船在试航时,螺旋桨“轻”一些,经过一定时期的运行或遇到风浪时,虽然逐渐加“重”,但仍不致使主机超负荷。当然考虑储备后设计的螺旋桨,在新船试航时如要测试 100％主机功率时的航速,主机就必须要超转速,或加大油门至额定供油量位置。除这三种方法外,也有既将阻力增加某一百分比,又对在 100％转速时的主机功率打一折扣来设计螺旋桨;也有在设计时先不考虑储备(即 100％功率、100％转速、100％新船试航阻力、以下称为“O 储备”),待算出螺旋桨参数后凭经验适当加以修正(例如对扭矩和转速再分别打折扣等)。

## 5.4.2　典型机型的配合特点

### 1. Sulzer RTA 38-B

如图 5-16 所示为 Sulzer RTA 38-B 型柴油机带调距桨的机桨工作范围,如图 5-17 所示为其带定距桨时的机桨工作范围图。

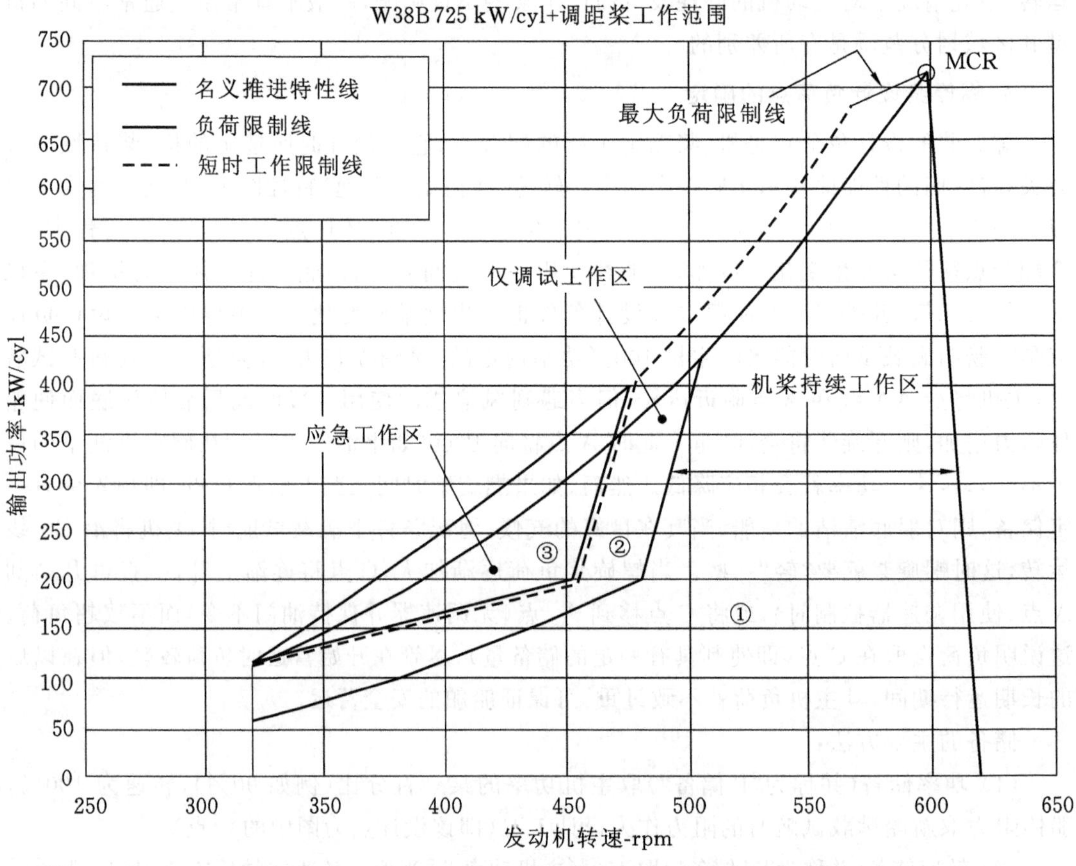


图 5-16　柴油机带调距桨的机桨工作范围

图 5-16 中，MCR 为柴油机 RTA 38B 标定负荷点：每缸功率 725 kW，转速 600 r/min。

粗实线表示螺旋桨标定推进曲线，实线包围的范围①为柴油机持续工作范围。虚线与其下方黑色细实线构成的区域②为短时工作区域。区域③（For Emergency Operation only）为紧急操作时允许的工作范围。

最大负荷限制线对应柴油机最大油门。MCR 点包含 15％的功率储备，即在设计工况下（螺旋桨为设计螺距比，船速为设计航速），机桨配合点为：转速 100％标定转速 600 r/min，功率为 85％标定功率 616 kW。最低稳定转速为 320 r/min。

由图 5-17 可知，柴油机 RTA 38B 标定负荷点：每缸功率 675 kW，转速 600 r/min。

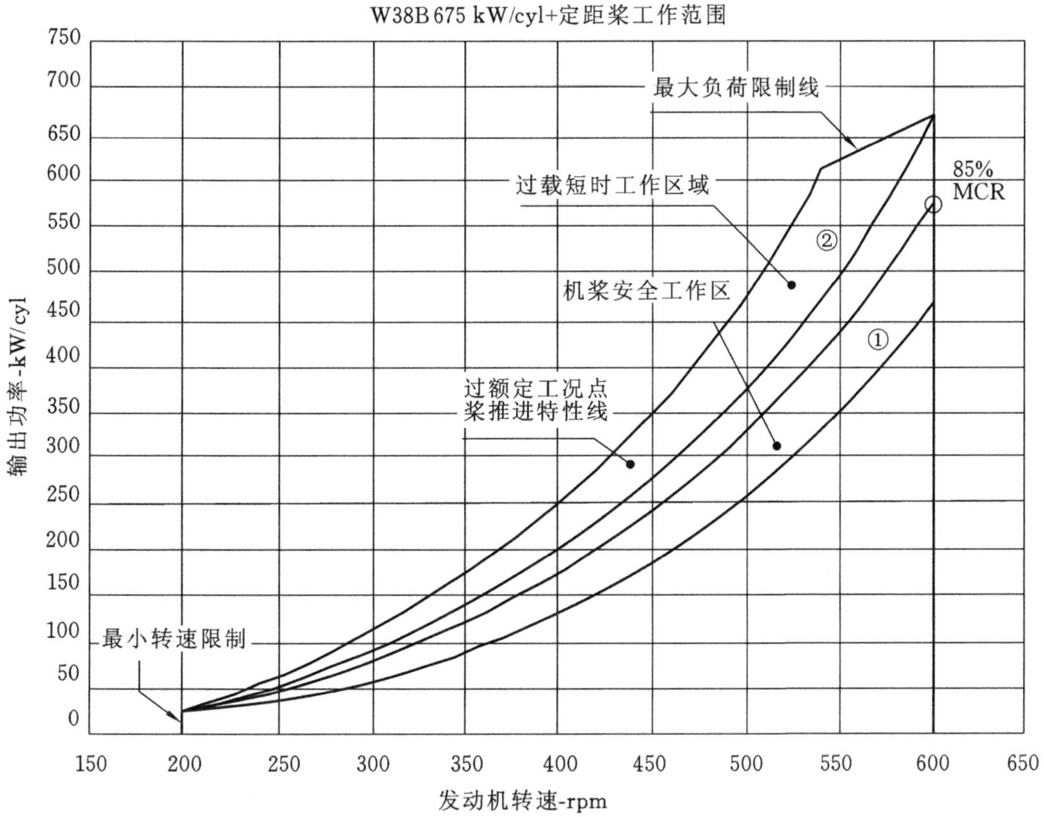


**图 5-17　柴油机带定距桨的机桨工作范围**

图中，黑色曲线表示螺旋桨标定推进曲线（通过 MCR 点的推进曲线），持续服务功率为 85％MCR 574 kW、100％标定转速 600 r/min，下方为螺旋桨设计负荷区域①，上方为短时工作区域②，只能在加速等机动操作时使用。

最大负荷限制线对应柴油机最大油门，最低稳定转速为 200 r/min。

**2. MAN B&W MC-C/MC-E**

如图 5-18 所示是 MAN B&W S60MC-C 型柴油机不带轴带发电机、螺旋桨为定距桨、不带 VIT（可变喷油正时机构）泵时的工作范围图。

如图 5-19 所示为该型发动机不带轴带发电机，螺旋桨为定距桨，VIT 泵时的工作范围图。图 5-18 与图 5-19 均采用的是对数坐标，因此功率与转速成线性关系。

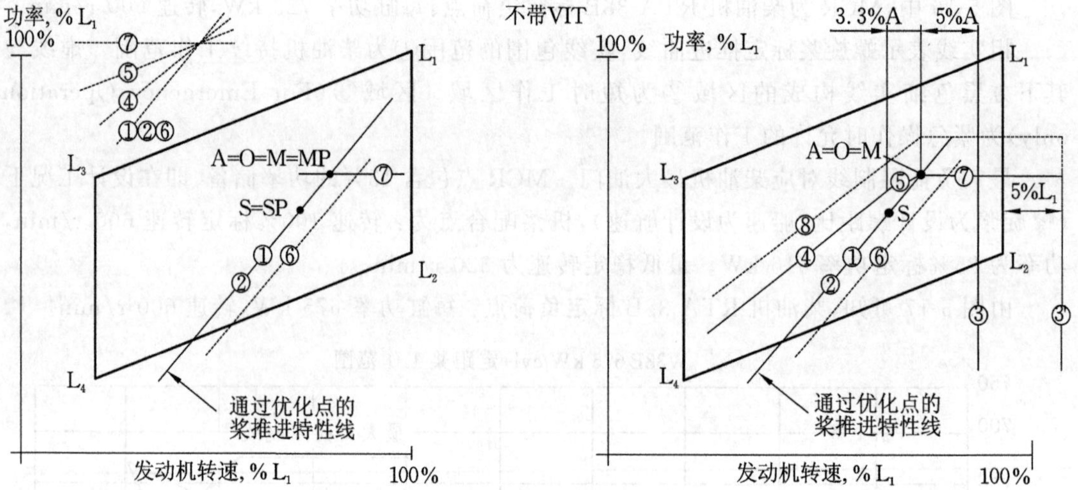


图 5-18　不带轴带发电机,螺旋桨为定距桨,非 VIT 泵机桨工作范围

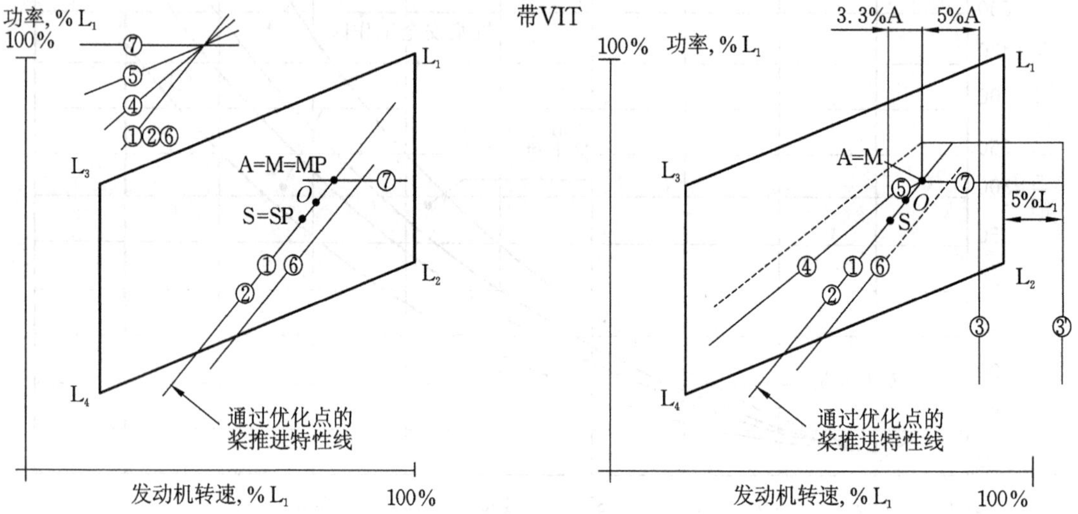


图 5-19　不带轴带发电机,螺旋桨为定距桨,VIT 泵机桨工作范围

$$P_B = C \times n^i \qquad \log(P_B) = i \times \log(n) + \log(C)$$

图中线 7,5,4 与线 6 的 $i=0,1,2,3$ 分别表示直线的斜率分别是 0,1,2,3。例如轻载螺旋桨推进曲线 $i=3$ 是因为根据柴油机的推进特性

$$P_B = c \times n_p^3$$

对数化后：

$$\log(P_B) = 3 \times \log(n_p) + \log(c)$$

其中,M 为发动机的最大持续功率点;S 为发动机的持续服务功率;O 为发动机的优化点;A 为负荷图的参考点;MP 为螺旋桨的最大持续功率;SP 为螺旋桨的持续服务功率;线 1 为通过优化点的螺旋桨推进曲线;线 2 为重载工况螺旋桨推进曲线;线 3 为速度限制线;线 4 为涡轮增压器限制线($i=2$);线 5 为平均有效压力限制线($i=1$);线 6 为轻载工况螺旋桨推

进曲线（$i=3$）；线 7 为持续运转功率限制线（$i=0$）；线 8 为过载限制线；线 3′为试航最大速度限制线。

MAN B&W S60MC-C 发动机的基本机型不带 VIT 泵，O 点与 M 点重合（图 5-18）。优化点是指发动机带 VIT 泵，在匹配了合适的涡轮增压器及合适的定时与压缩比后，可以得到的燃油消耗率较低的点。

在图 5-19 中，发动机带 VIT 泵，优化点位于线 1 上，其功率范围可在 85%～100%内。

如图 5-20 所示给出了 MAN B&W MC-C/MC-E 柴油机的机桨运转工作点。

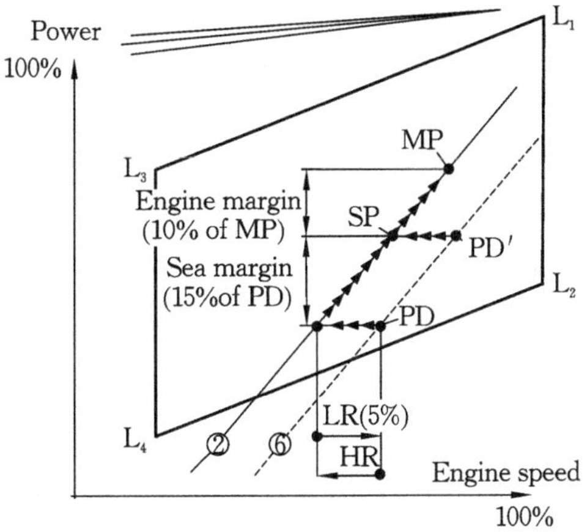


**图 5-20　机桨的运转工作点**

图中：

$$LR=\frac{n_{\text{light}}-n_{\text{heavy}}}{n_{\text{heavy}}}\times 100\%$$

# 5.5　典型推进装置的配合特性分析

## 5.5.1　船—机—桨配合工作的稳定性

现在讨论一个最简单的船—桨—机配合特性，设发动机直接驱动螺旋桨，并忽略中间轴承等传动损失。据此，发动机和螺旋桨之间存在：$n_p=n_e$，$M_p=M_e$，即机—桨各自有一扭矩—转速特性曲线，将此两曲线绘在同一图上，如图 5-21 所示发动机的 $M$-$n$ 为某一油门开度 $Z_1$ 位置，桨的 $M$-$n$ 为某一 $\lambda_p$ 的情况，他们的交点 $A$ 即为机—桨之间的工作配合点，即运行设计点。

通常这一对曲线的交点只有一个配合点，使机—桨之间达到一个稳定的平衡。若船舶阻力突然增加、桨负荷变重，即从 $\lambda_p \rightarrow \lambda_{p1}$，在发动机油门开度不变的情况下，发动机转速自动降低 $\Delta n_2$。一旦增加的阻力消失，$\lambda_{p1} \rightarrow \lambda_p$ 这时发动机扭矩 $M$ 大于桨的阻力矩 $M_p$，差值 $\Delta M_2$，在该扭矩作用下，发动机自动加速，使之恢复到原转速 $n_A$。同理，若阻力突然减少，桨负荷变轻，有 $\lambda_p \rightarrow \lambda_{p2}$，则发动机转速会自动增加 $\Delta n_1$，但一旦外界负荷恢复至桨负荷 $\lambda_p$。由

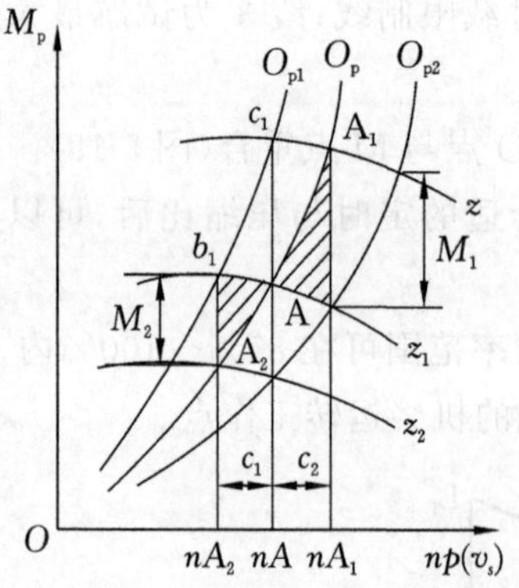


图 5-21 桨运行工况的配合原理图

于发动机扭矩 $M_e$ 小于阻力矩 $M_p$（差值 $\Delta M_1$）的作用，发动机自动降速至 $n_A$，工作点恢复至原配合点 $A$。由此可见，无论外界负荷如何变化，若一旦消失，偏差会自动地降低至零，说明该配合工作点的平衡是稳定的。

实际的推进装置常用传动机组，对于这类装置，可将齿轮等线性传动设备和发动机视为一体，主动扭矩只要扣除有关传动损失、乘上减速比即可。对于多台发动机驱动一个螺旋桨和轴带辅机之类的推进装置，在讨论配合工作特性前应作适当处理，基本原则如下：

（1）总的动力扭矩应是多台发动机输出扭矩之和，将各自转速通过改变比例关系后可进行简单叠加，扣除传动设备的传动损失后就得到总的动力扭矩和转速特性曲线。

（2）总的负荷扭矩应是螺旋桨阻力矩和其他负载如轴带发电机、轴带辅机等扭矩之和，同理在扭矩－转速坐标系上改变比例关系，得到总负荷扭矩和速度特性曲线。

这样处理后，就变为单一的动力和单一的负荷配合问题，由于两者扭矩－速度特性曲线是同一比例，故两条特性曲线可简单相交。不同形式的推进系统具有不同的动力特性，它们的动力配合性能也各有不同。发动机、传动设备和推进系统可根据需要配置成不同形式的推进系统，如单机单桨、多机单桨和多机多桨等，以及间接传动、直接传动等各种形式，这里仅讨论几种典型的推进系统。

## 5.5.2 单机单桨推进装置的配合特性

单机单桨推进系统是船舶推进系统中最基本、最典型的形式。

**1. 设计点附近、重载工况配合**

前面已经说明了设计点附近机—桨工况配合的稳定性问题，这里要指出的是，此稳定性是基于影响轻、重载的因素，一旦消失之后，机—桨配合工作点会自动恢复至原设计配合点。如果在一定时间内船舶一直处于轻、重载工况的配合情况，如图 5-22 所示，可以证明，在额定推进线 $\lambda_{pH}$ 左上方为重载区，右下方为轻载区。

$\lambda_{pH}$，$\lambda_{p1}$，$\lambda_{p2}$—桨的额定、重载和轻载推进特性线；$\lambda_p=0$—桨的系缆推进特性线。

轻载工况时，设 $\lambda_p=\lambda_{p2}$ 配合条件为：

$$n_p=n_{pH}\ P_e<P_{eH}\ V_s=V_{sh}$$

显然，虽然船舶维持在设计航速下行驶，但发动机功率没有发足，螺旋桨也偏离了原特性，桨效率下降。此时由于 $P_e$ 降低，油耗率有一定减少。

重载工况时，设 $\lambda_p=\lambda_{p1}$ 配合条件为：

$$n_p<n_{pH}\ P_e<P_{eH}\ V_s<V_{sh}$$

在重载工况下，虽然发动机油耗率变化不大，但长期运行会加速气缸及其排气系统的积碳积污，工作性能变坏，使重载程度更加严重，大大增加发动机的热负荷，甚至导致发生事故，因而一般对发动机在重载区内运行的累计时间有一定的规定。

不论是轻载还是重载，螺旋桨工况均偏离了设计条件，推进效率有所降低，而发动机工况也离开了设计条件，均发不足额定功率。

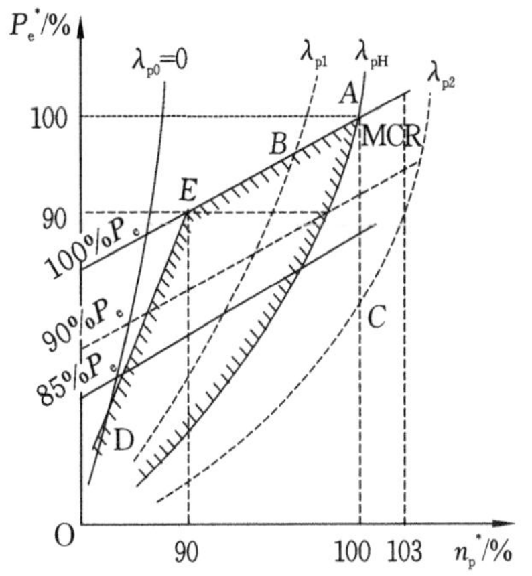

图 5-22　轻、重载配合图

**2. 系泊工况配合**

所谓系泊工况，即船舶在系缆的情况下，对推进系统作运行试验，一般是试航之前，必须进行系泊工况实验。其最主要的特性是 $\lambda_P \equiv 0$，即航速 $V_s \equiv 0$。

由螺旋桨特性图可知，当 $\lambda_P = 0$ 时，推进系数和扭矩系数都达到最大值，即为 $K_{T0}$ 和 $K_{M0}$，这时桨的推力和扭矩都有可能超过允许值，因而在系泊工况下，对桨转速 $n_{p0}$ 有一定限制。图 5-22 中，$\lambda_P = 0$ 曲线是系泊工况下桨特性线，由此看来，由于热负荷曲线的约束，系泊工况下发动机的油门不得推至最大位置，这时的 $P_e$ 值一般控制在 80%$P_{eH}$。在短时间内加大油门，使 $P_e$ 达到 100%是允许的，这时发动机冒黑烟严重，只允许工作几分钟。

若已知螺旋桨特性，系泊工况下配合点 $D$ 的转速可近似估算：

$$\frac{M_{p0}}{M_{pH}} = \frac{K_{M0}}{K_{MH}} \left( \frac{n_p}{n_{pH}} \right)^2 = 0.80 \sim 0.85 \tag{5-5-1}$$

由于 $\dfrac{K_{M0}}{K_{MH}} > 1$，$\dfrac{n_p}{n_{pH}} < 1$，一般 $n_p = (70 \sim 75)\% n_{pH}$

**3. 部分工况配合和发动机的剩余功率**

由于船舶航行的要求，在外界条件和装载负荷不变的情况下有时要降低航速，这时机—桨配合点将沿原推进特性 $\lambda_{pH}$ 往下移动，如图 5-23 所示。B、C、D、F 均是部分负荷下可能的运行配合点，显然，这些配合点都符合条件：

$$M_p < M_{pH} \quad n_p < n_{pH} P_e < P_{eH}$$

上述各工况配合点的转速和功率可参考油门位置来确定，在实际操作中，油门的手柄位置与 $P_e$ 几乎成线性关系。如油门位置在 3/4 的全开位置，则平均有效压力为原额定的 3/4，那么转速为原转速的 $\sqrt{\dfrac{3}{4}} = 86.6\%$，功率为原额定功率的 64.9%。

从图 5-23 中可以看到，在部分负荷工况下，螺旋桨特性线与发动机外特性线之间存在一差值，即柴油机能发出的功率和扭矩均大于螺旋桨所需的功率或扭矩。因此这相当于车辆在非最高车速情况下，可用作加速或爬坡的后备功率，然而对于船舶来说，常称这部分没能发挥的功率为剩余功率。

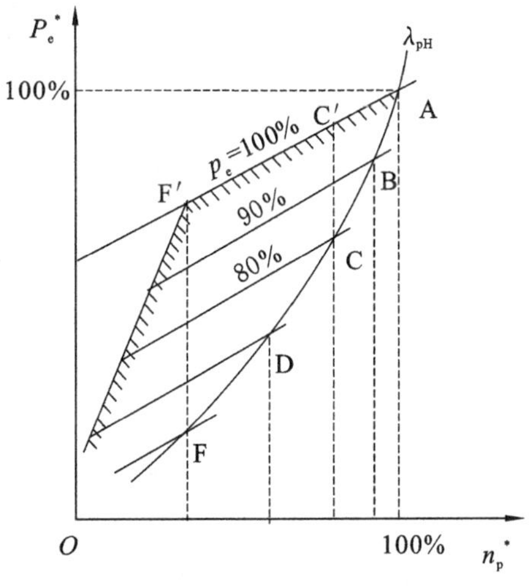

图 5-23　部分负荷图

若不考虑发动机热负荷限制线的约束，则对某一部分工况的配合运行点来说，剩余功率是一具体值，如工作于C点，则 $\Delta P_c = \overline{CC'}$，或 $\Delta P_c = P_{C'} - P_C$；如对整个 $100\% P_e$ 和 $\lambda_{pH}$ 特性而言，剩余功率是该两曲线所围的区域，称为剩余功率区，如图 A、B、C、D、E、F、F′、C′、A 所围范围。

大家知道，发动机功率与速度成线性关系，而螺旋桨功率与速度成三次方关系，因而若设 $\frac{d(\Delta P)}{d_n}=0$，即有 $\frac{d(n'_p - n'^3_p)}{d_{n'_p}}=0$，则 $1-3n'^2=0$，$n'^2_p=\frac{1}{3}$，$n'_p=\sqrt{\frac{1}{3}}=57.7\%$

其中 $n'_p=\frac{n_p}{n_{pH}}$，即螺旋桨相对转速。

这表明，最大的剩余功率 $\Delta P_{max}$ 发生在桨转速相当于57.7%的额定转速处，这时发动机转速也为额定转速的57.7%，而螺旋桨所需功率仅为额定功率的1/3，即 $57.7\% \div 3 \approx 19.23\%$，于是得到 $\Delta P_{max}=(0.577-0.1923)\% \approx 38.5\%$。这说明，若部分工况在 $57.7\% n_{pH}$ 下运行，则从理论上讲发动机尚有38.5%的潜在功率可以发挥。实际上由于热负荷线的限制，在 $57.7\% n_{pH}$ 下，不可能使油门调到最大位置，亦即 $P_e$ 不可能达到 $100\% P_{eH}$，一般为 $70\% P_{eH}$。

**4. 轴带负荷情况下机一桨工况配合分析**

现代船舶，主发动机除驱动螺旋桨外，常附带其他负载，如水泵、空压机、发动机或液压泵等。如果轴带负荷的功率占推进发动机功率的百分比值不太大(如1%～2%)，则一般不会影响原设计配合点的确定，也不会影响主发动机的选择。但某些船舶，轴带负荷的功率往往较大，则在确定发动机的额定工况点时应考虑这一因素，否则会使推进功率下降，以致达不到设计航速，且使发动机工况偏离最佳范围。

以上讨论的是单机单桨直接传动推进装置在阻力变化和航速变化时的工况配合特性。对于航行工况比较稳定的船舶，这种推进装置能充分发挥其优越性，可选用高热效率、长寿命的低速柴油机，能选配低速高效率的螺旋桨，并能燃烧低质燃料等，且这种推进装置结构简单，不需减速齿轮，一般情况下就可以实现机一桨的合理配合。故这类推进形式在工况稳定的沿海和远洋运输船舶上得到广泛应用。这种推进装置，除了质量尺寸较大以外，比较突出的问题是螺旋桨的转速受到发动机最低稳定转速的限制，不能做低速和微速航行，同时在非设计工况下，其功率、机和桨的效率都要下降，所以不宜应用于工况多变和载荷多变的船舶。

**5. 多速比传动推进装置的工况配合分析**

某些船舶，如拖网渔船、工程船舶、扫(布)雷艇等，航行和作业工况与普通船舶有显著差别。这类船舶一般都有自由航行和拖带航行(作业)或巡航工况和加速工况等两种以上的工况，我们称之为多工况船舶。对这类舰船，设计工况点无论怎么选择都存在着问题：如以自由航行为设计工况，那么当拖带航行时，发动机功率一般要下降到30%左右；若以拖带航行为设计工况，则在自由航行时发动机将处于严重的部分负荷。20世纪50年代开始，设计师开始采用多速比传动方案来改善这一问题。所谓多速比齿轮箱实际上类似于车辆的变速器，具有两档以上的换挡变速能力。如发动机输入转速不变，通过双速齿轮箱传动，可获得相应的螺旋桨 $n_{p1}$ 和 $n_{p2}$，若第一速比 $i_1$ 用于自由航行，第二速比 $i_2$ 用于拖带航行，由于 $i_2 > i_1$，则可使拖带航行时输出较大扭矩，从而提高推力。采用多速比传动后，发动机输出功率逐级接近理想的等功率，从而使这类舰船在自由航行时能发出发动机全功率、提高航速，而且在拖带工况下发动机也能发足功率，使推力增大，从而大大改善了拖带的工况特性，一般能提高近 25%～30%的推进力。

如图 5-24 所示是某船的双速比传动配合性能，(a)是 $P_D-n_p$ 图，(b)是 $P_D-V_s$ 图。

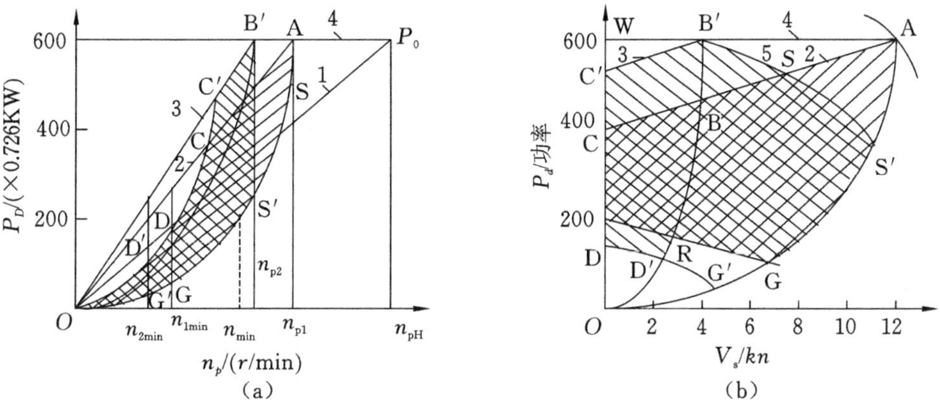


**图 5-24　某 440 kW 拖网渔船配合特性图**

1、2、3—分别为桨吸收的等 $M_H$、等 $M_1$、和等 $M_2$ 扭矩线；4—桨吸收的等 $MH$ 功率线；5、6、7、8 分别为等 $n_{p1}$、等 $n_p$、等 $n_{1min}$、$n_{2min}$ 线

图 5-24(a)中，$n_{1min}$是第一级速比时的最低稳定转速；$n_{2min}$是第二速比时的最低稳定转速。OGA 是自由航行时的推进特性，OBB′是拖带工况的推进特性，设计点选择正好是拖带时达到额定功率。OCC′是系泊工况推进特性线，C 和 C′为两速比下系泊工况的最高功率点，C 点和 C′点转速可由下式求得：

$$n_c=\sqrt{\frac{M_1}{K_{Mp}D^5}},\quad n_c=\sqrt{\frac{M_2}{K_{Mp}D^5}} \tag{5-5-2}$$

若已知转速和扭矩，功率也可求得。该图中阴影部分即为拖带工况时可能的工作范围。图 5-24(b)更直观地反映了双速比传动配合特性。图中 B′点是拖带工况推进特性的端点，推进特性 OB 的延伸，B′点可达到发动机额定功率，扭矩为 $M_{p2}$，B′C′就是等扭矩 $M_{p2}$上限特性线。采用第二速比后，最低稳定转速由 $n_{1min}$的等速线 DG 下移到等速线 D′G′。在网具阻力特性不变情况下，就可使用拖曳阻力较大的网具。

第二级速比可按网具阻力来选择，确定后显然只有 B′点才能达到发动机额定功率。若网具阻力特性发生变化，就不能使机—桨配合于 B′点。因为若网具阻力减小，拖航速度势必增加，于是机—桨配合点将沿 B′SS′线移动，此时，螺旋桨吸收功率也逐渐降低，当达到 S 点后，网具阻力再减小，第二级速比就起反作用。相反若网具阻力增加，则机—桨配合点将沿等扭矩线 $M_{p2}$线沿 B′C′移动，这时螺旋桨所吸收的功率也愈来愈小，当阻力进一步增大到达 C′点，就是第二级速比下的系泊工况了。

通过以上分析，这种双速比传动的推进装置能使发动机功率得到充分发挥，基本上可以到达全功率，因此无论自由航行还是拖带航行，发动机工况基本可维持在额定功率。虽然在拖带工况时螺旋桨效率相对于自由航行时较低，但与直接传动或单速比传动的定距桨相比，其自由航行时桨转速或航速较高，这对高增压中速柴油机尤为适宜。从图中还可看到，采用第二级速比后，桨的最低稳定转速相应下降，工况范围的下限扩大了，或者说微速推进性能有所改善。

## 5.6 船机桨在变工况时的配合

偏离设计平衡点的稳定工况称为变工况。船舶在实际航行中，需变换航速、改变航向，停车、倒车。从深水进入浅水、有时还会遇到风暴等。在千变万化的航行条件下，船、机、桨的配合特性也会发生明显的变化。如果处理或配合不当，就很容易发生主机超载和桨过重或过轻的情况。下面介绍几种常见的变工况。

### 5.6.1 过渡工况

过渡工况主要反映船舶在起航、加速、转弯、制动与倒车等变化过程的动态特性。机桨按这些工况工作和配合，条件往往比较恶劣，容易发生超负荷现象，驾驶和轮机人员操作时必须特别注意。

**1. 起航和加速工况**

船在刚起航时，犹如系泊工况，桨的推进曲线较陡，油门不宜开得过大。

船舶在起航和航行中的加速过程，螺旋桨所发生的有效推力除用来克服船舶在该航速时的阻力外，有一部分尚须用作为克服船舶加速时的惯性力之用，即：

$$T_c = R + (m + \Delta m)\frac{dV}{dt} \tag{5-6-1}$$

式中，$T_c$ 为有效推力；$R$ 为船的阻力(kN)；$m$ 为船的质量(kg)；$\Delta m$ 为船的附水质量(kg)；$V$ 为船体与水的相对速度(kn)。

从上述可知，船舶加速航行时要求的螺旋桨推力比作等速航行时要大。这一特点也可以从图 5-25 机、桨配合特性中的加减速特性曲线变化过程看出：图中曲线Ⅰ为螺旋桨在某一等速航行工况时的推进曲线，Ⅱ与Ⅲ为加、减速时桨的推进曲线；1、2 则为主机不同供油量时的主机外特性曲线。从前面分析得知，欲使船舶加速，就必须增加螺旋桨推力，亦即要求主机开大油门。假定以主机外特性 1 的 a 点为起始点，当主机供油量增加后，主机的特性从 1 变为 2，主机与桨的转速 $n$ 也相应增高，而在此瞬间，船速却因其惯性作用尚未增加，致使 $V_a/n$ 值下降，推进曲线变陡(如曲线所示)，配合点由 a 沿Ⅱ线变为 a′。从图中可知，在 a′ 点时主机供大于求，使工作点沿曲线 2 到达 b 点才稳定下来，促使桨的推力增加和船速提高。由此可见，加速过程中(非稳定过程)发动机工作点的变化不是沿Ⅰ线上的 a-b 变化。而是沿上述的 a-a′-b 变化。如果把 a 至 b 的加速过程分为许多小阶段进行，即把原来一次增加的喷油量分为多个分量进行，则每一小阶段成为一个小加速过程。阶段分的愈细，加速过程的工作点的变化路线则越接近于 a-b 线。船舶起航时，航速从零逐渐增加至全航速。对于这个最长的加速过程，实际操作都是把喷油量分段提高，使发动机的负荷随着航速一起逐渐增加，这对发动机的运转有好处。

减速情况则相反，当主机减油后，主机的外特性就会从 2 变为 1，这时转速 $n$ 就下降，而

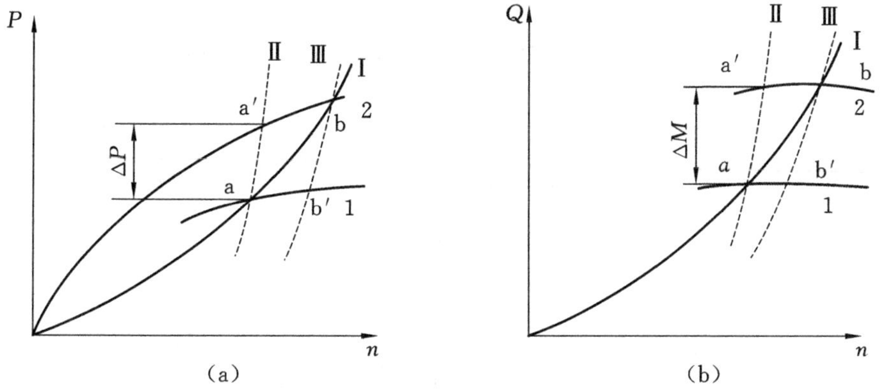


图 5-25　加减速特性

$V_a$ 却暂时未变，$V_a/n$ 值将增大，在 b 点以下的减速时的推进曲线Ⅲ将低于Ⅰ，平衡点也将从 b 点转向 b′，并因求大于供的关系，再沿 b′点回到 a 点。

图 5-26 表示船在起航和加速时螺旋桨的转速、航速和扭矩随时间变化的情况。实践证明，迅速地起航和急剧加速，将导致发动机的机械负荷和热负荷过重。除紧急情况外，不宜采用这种起航办法，特别当发动机的温度还很低，尚未达到正常运转温度时，更不宜采用。起航时慢慢提高螺旋桨转数，使航速较缓和地提高，对发动机的磨损和负荷都有利，虚线所示即为这种操作情况。

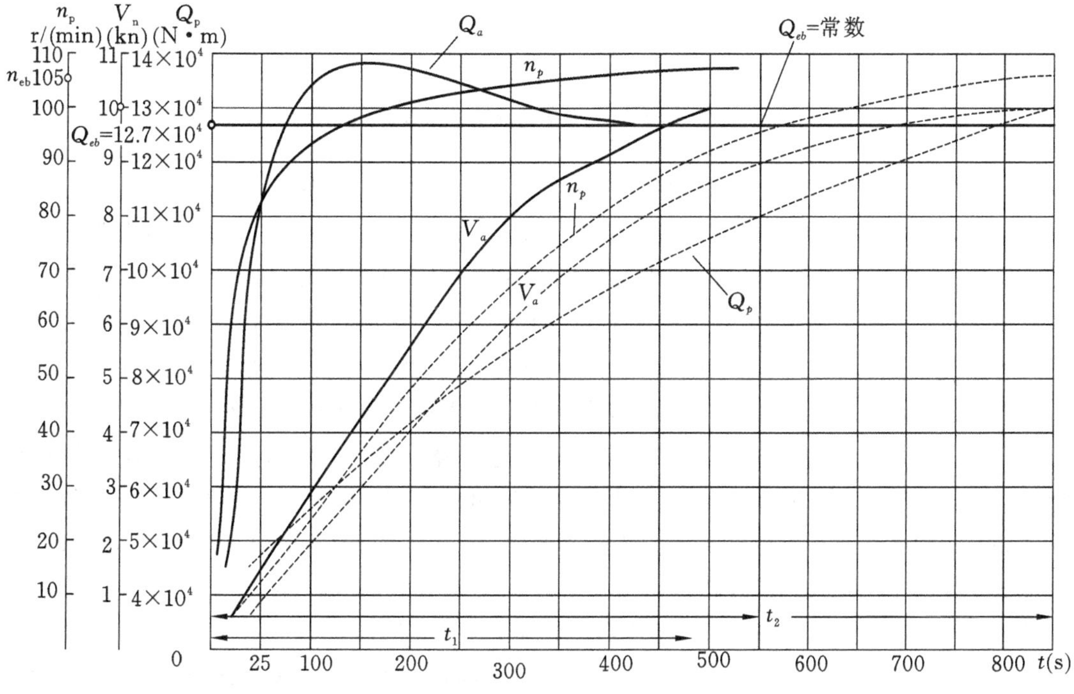


图 5-26　起航加速时有关参数的变化

### 2. 倒航(反转)工况

船舶在进出繁忙的港口，过狭小复杂的航道，或在气候恶劣等情况航行时，经常要进行频繁的倒车操纵，以防两船相碰，触礁等事故。

如图 5-27 所示为螺旋桨的倒车特性曲线。图中纵、横坐标分别为螺旋桨转矩和转速的百分数。曲线 A、B 和 C 分别为船舶在全速、半速和系泊情况下根据船模试验测出的螺旋桨倒车特性曲线。在主机全部换向过程中，假定船速均没有变化，图中虚线 D 为船舶在全速前进时实际的螺旋桨倒车特性曲线（它已考虑主机在制动和换向过程船速逐渐降低的影响）。

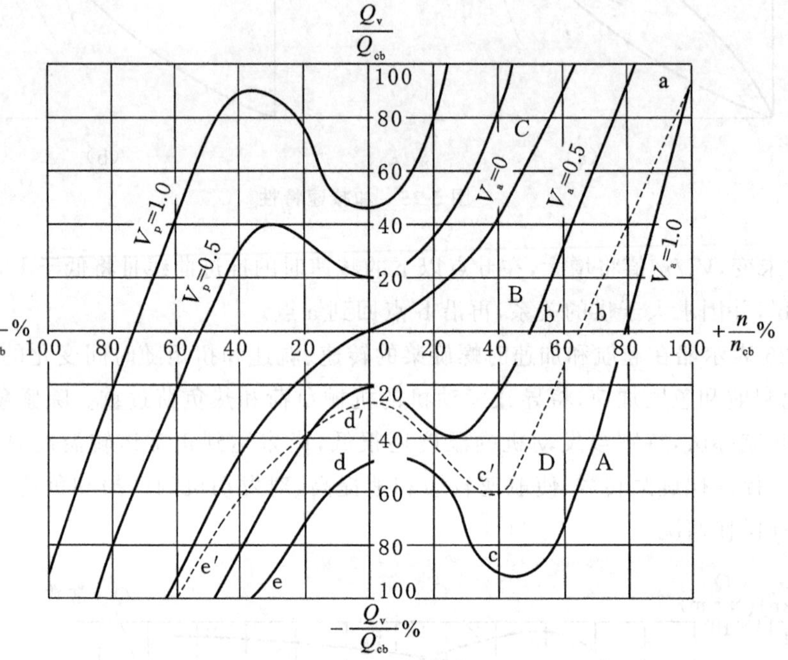


图 5-27 倒车工况桨的特性

分析船舶在 $V_p=1$ 全速前进时，主机从正车紧急换向为倒车的运转情况（参见曲线 A）。主机在紧急换向过程中，一般经过三个阶段：第一阶段（a－b），接到倒车命令后先要停止向主机供油，主机转速便迅速下降，使螺旋桨的进速系数 $J$ 急剧增加，螺旋桨的推力系数 $K_T$ 和转矩系数 $K_Q$ 也明显下降，当下降到 b 点，约（0.6～0.7）$n_{cb}$ 时，螺旋桨的转矩为零；第二阶段（b－c－d），在 b 点以后，由于船舶仍在全速前进，$J$ 在继续增加，一般会使 $K_T$、$K_Q$ 转为负值，螺旋桨被水冲击产生负转矩，像水涡轮一样带动主机曲轴等仍按正车方向回转，此负转矩为主机各运动部件摩擦损失所消耗，使转速迅速下降。当转速降为（0.3～0.4）$n_{cb}$ 时，负转矩达到最大值点 c，c 点为临界点，过 c 点转速再降低时，负转矩就开始逐渐减小。当负转矩下降到与主机各运动部件的摩擦阻力矩相平衡时，螺旋桨就停转（点 d）；第三阶段（d－e）；在 d 点之后，如果倒车起动主机，其起动力矩必须大于螺旋桨的负转矩，使螺旋桨的负转矩产生推力，对船速起制动作用。然而，从图可知，按全速前进时曲线 A 上的 e 点表明，在倒车转速为－（0.3～0.4）$n_{cb}$ 左右时，螺旋桨所吸收的转矩即达到额定值 $-Q_{eb}$，此时随着主机转速的下降船速已经减慢，因而是按图中的虚线 D 工作（在曲线 A 左方）。尽管如此，按额定转速作全速倒车也是不允许的，因为从图可知，无论是将 de 或 de′线延长至额定转速线上时，所要求的转矩将相当于额定转矩的 3～4 倍，故倒车转速必须限制在 70%～80% $n_{cb}$ 以内。当然，如果船速按 $V_p=0.5$ 或 $V_p=0$ 实行倒车，则情况就比较缓和。

由于各种机型操纵系统的紧急刹车性能不同，当启动空气系统刹车紧急换向时，还必须根据它们的特点进行正确操作。一般来说必须遵守一个原则，即刹车有效转速为额定转速的 40%左右，且在刹车过程中，只能向气缸供给压缩空气。刹车时不能一次把主机刹住，应该刹刹停停，直到停车，再倒车启动和进油反转。因为如果在主机处于最大转矩时，一下子把主机刹住，将使曲轴受到很大的反力矩，易使缸套处产生滑移及增加其他零部件的受力和冲击等。

在图中 $V_p=0$ 曲线上方的 $V_p=0.5$ 和 $V_p=1$ 时的转矩变化曲线则是船以全速后退时螺旋桨作正转的情况，它们与前进时桨作反转的情况类似。

### 3. 双桨推进装置的转弯工况

(1) 双桨船转弯过程

船舶的转弯是靠舵来实现的，左转弯时，左侧桨为内桨，右侧桨为外桨，如两只桨均为外旋，船舶在左转弯时，一般先使船舶外移。当转左舵时由于水在舵面的作用力，使船舶一面外移，一面围绕重心旋转，并使船尾外扬，使重心瞬时旋转速度 $V$ 与船中线形成夹角 $\gamma$（即所谓偏流角），偏流角的出现，加上转弯时舵的阻力，使船舶运动的阻力增加，航速也相应下降。船舶在转弯时船速及螺旋桨处水流的大小与方向均在不断变化，两只螺旋桨的负荷也是在不断变化的。

(2) 转弯时桨的负荷变化

现取内、外桨的各一个叶切面来分析，从图 5-28 中的(a)和(b)可以看到：在螺旋桨处除作用斜向水流外，还有螺旋桨本身旋转而产生的切向流速（$2\pi rn$），一般主机均装有调速器，可认为转弯时螺旋桨的转速及切向流速保持不变。这样便可以画出桨的速度（负荷）三角形。

图中的虚线表示转弯开始前的水流情况。对于内桨[见图 5-28(a)]在左转弯开始时，由于船尾外扬使攻角进一步加大，在转弯过程中，一般内桨的扭矩往往是在不断上升的；而对于外桨[见图 5-28(b)]，在转弯开始时，由于船速降低很少，加之船尾外扬在桨处所产生的速度，使 $V$ 增大并导致攻角 $\alpha_k$ 减少使主机负荷降低，水流的攻角也相应增大，又使扭矩增大起来，但其数值较内桨要小得多。

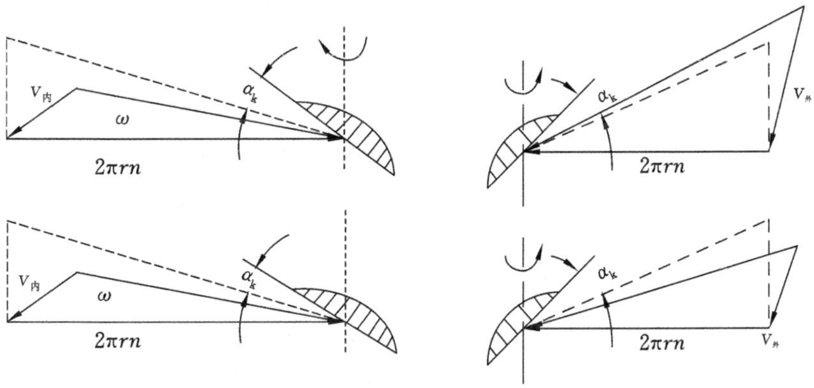


(a)　　(b)

**图 5-28　船舶在转弯时内、外桨的负荷**

如图 5-29 所示为某船在转弯时,内外桨负荷变化试验结果。该船以 14 kN 的船速向左转弯,在半分钟之后船转到 20 度,此时外桨的负荷降至最低,此后随进速的减小重新上升超过额定负荷 6%～7%后稳定下来,内桨的负荷一直不断上升直到船转至 180 度,此时需要经过 4～5 min,功率将超过原来的 60%。转弯时所用的舵角,航速及螺旋桨转速愈大,机桨的负荷也随之增大。为了避免主机超负荷,一般宜在低航速、低转速及较小舵角的情况下进行转弯。特别是带有调速器的主机,在转弯时宜适当减少内桨的转速(或减小该主机的油门),以免其超负荷。

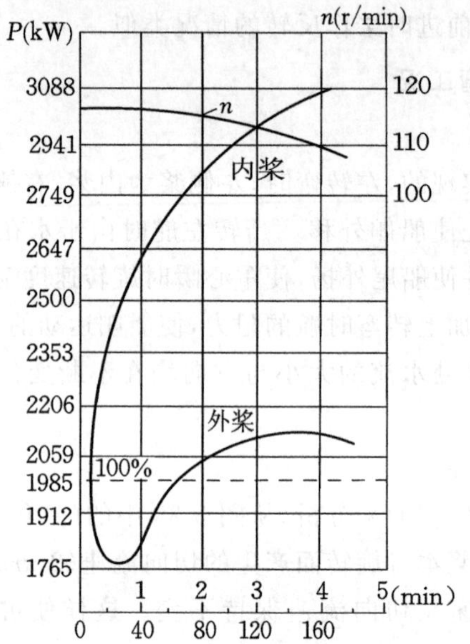


图 5-29　转弯时双桨推进装置负荷变化示例

## 5.6.2　船舶在营运时的变工况

### 1. 装载或吃水的影响

对于货船和客货船,当其装载量变化时,船舶的吃水也受其影响,使船舶航行时的阻力发生变化,导致桨过重或过轻,特别是载货量变化幅度较大时,操作管理尤应注意。有关载货量对机、桨配合的影响,前面已有介绍。

### 2. 推(拖)船的航行

推船、拖船及拖网渔船在推(拖)状态航行时,螺旋桨所产生的推力除用来克服船体本身的阻力外,尚须克服推、拖驳或拖网的阻力。在营运中由于拖带量常发生变化,对其配合性质(见图 5-30)及航速亦将产生很大影响。

### 3. 船舶进入浅水或窄航道航行

船舶从深水进入浅水航道时,由于浅水航道中摩擦阻力和兴波阻力都比较大,船的阻力将增加,螺旋桨的扭矩和推力也相应增加。船舶在这种情况下航行,对船舶动力装置也应提出相应要求,轮机管理人员必须认识这一特点。如果船舶在深水中航行时其主机已处于额定负荷,当其进入浅水区域或窄航道航行时,必须降低航速,以免导致主机超负荷。船舶进入狭窄航道航行时阻力增加,其原理类似。

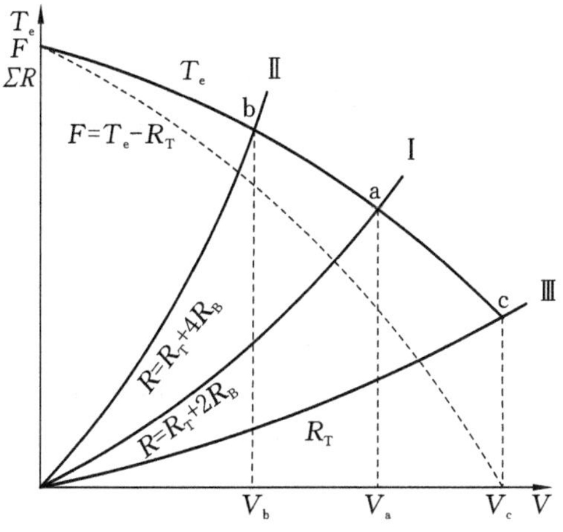


图 5-30　推、拖船航行时的配合特性

**4. 船遇风浪**

船舶在实际营运中，必将遇到风浪，风浪将使船舶产生摇摆、升沉、拍击等一系列运动，并需消耗能量；水线以上的船体部分受到风力的作用，风的方向与航向一致时船舶阻力就减少，逆风时则阻力增加，如风从侧向吹来则影响船舶的航向，并要通过舵的作用来抵消，以维持既定的航向，船舶偏舵航行亦会使船舶的阻力增加。这些对机桨的配合特性均将产生影响。

**5. 偏舵对航行的影响**

船舶受到侧向风力的作用时，为保持航向必须偏舵航行。此时船的阻力相应增加。如图 5-31 所示为偏舵航行时推力变化的情况。从图中可以看出，偏舵航行时船所需的推力随舵角的增大而增大。

**6. 摇摆的影响**

船舶摇摆时螺旋桨在斜流中工作，造成螺旋桨的攻角加大，扭矩和推力也相应增加，其增加值随斜流的角度和摇摆周期而变。对排水量为 2000 t，平均航速为 20 kN，在 6～7 级风的海面航行，转速为 230 r/min 的某螺旋桨进行了计算，结果指出，船舶在纵向摇摆航行时，螺旋桨的扭矩和推力是随着摇摆的周期变化着，如图 5-32 所示。图中 $\Delta Q_p$ 和 $\Delta T_e$ 是螺旋桨扭矩和推力的增额，纵坐标表示推力和扭矩增加率的百分数，横坐标为摇摆周期。

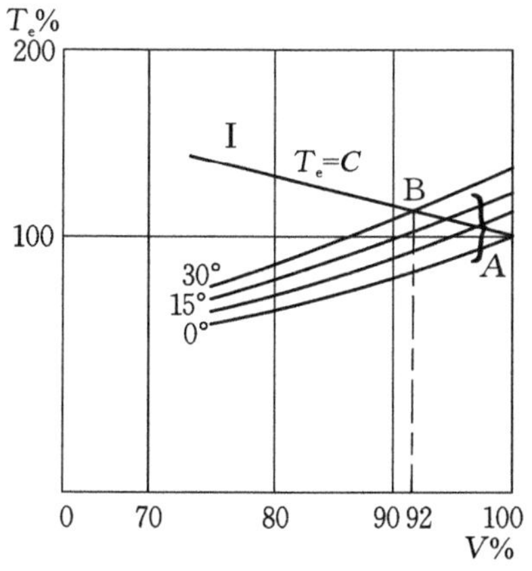


图 5-31　偏舵航行对推力的影响

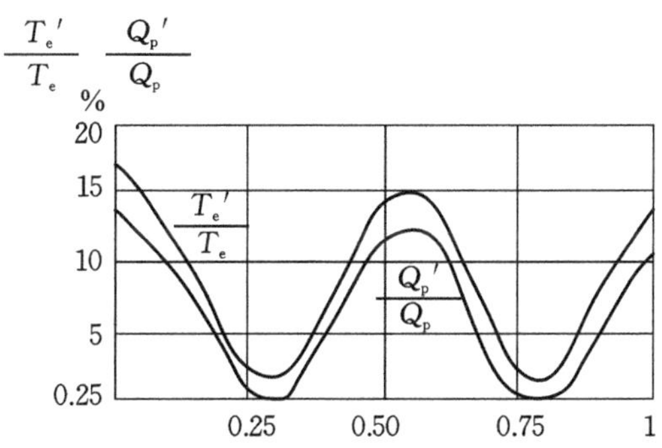


图 5-32　船舶纵摇对扭矩和推力的影响

**7. 污底对船舶航行的影响**

水线以下的船壳表面，随着营运时间的增加，油漆的机械浸蚀，船壳的锈蚀以及船壳表面生长生物等，导致其粗糙度日渐增加，摩擦阻力和摩擦伴流也逐步增加，导致航速逐渐下降。这种现象称为污底影响。在船舶设计、管理和在选定机桨设计负荷点时，必须计及船壳污底所造成的影响。

（1）停泊期间的污底

海洋中的海草、贝类等的生长因气候、海区不同而异，温度越高，盐度越大，则生长越快。停泊不动的海船更容易生长。污底的产生在一定时期内按线性规律增加，超过一定时期后，其增长速度逐渐减缓。在淡水中航行的船舶要好一些，但油漆的脱落、船壳的锈蚀及附着污泥等，也将使船壳表面的粗糙度增加。污底的影响程度与涂料、水的温度、碱度等周围环境条件有关，目前仍靠积累有关经验数据作大致估算。

（2）营运期间的污底

目前很多船舶研究部门已着手研究此工作。挪威船舶研究协会提出，在保持船速不变时功率增长率计算的经验公式为：

$$Y \cong K \lg \frac{X}{b} \tag{5-6-2}$$

式中，$Y$ 为功率增长率；$K$ 为随船型而异的系数，对于大型肥大船 $K=0.50\sim0.93$；$b$ 为新船竣工时的表面粗糙度，挪威取 $b\cong125\mu$，英国取 $b\cong142\mu$；$x$ 为竣工 $t$ 年后的表面粗糙度，$x=at+b$，$a$ 为表面粗糙度增长率（$\mu$/年）。

船龄在 6～7 年间粗糙度随时间的关系大致上与式 5-6-2 一样成线性关系增长，以后增长率就变缓了。对于肥大船型，若新船粗糙度为 $125\mu$，年增长率约为 $20\mu$/年，则第一年的功率增长量约为 3.2%，8 年后约为 18%。

通常营运期间的功率增长比停泊期间要小得多。

**8. 弯曲航道对船舶航行的影响**

船舶或船队在弯道中航行时，漂角能使运行阻力增加，推进器所受的偏斜流能使其工作条件恶化，这些都会使船舶或船队航速降低。

船舶在内河弯道中航行的特性及对桨负荷的影响，同船舶在稳定回转运动时极为相似，其航速计算常采用后者的计算办法进行模拟。

# 第6章　船舶新能源推进装置

## 6.1　概　　述

目前，化石能源仍是世界能源结构的主体，在较长时期内是人类生存和发展的能源基础。随着经济全球化进程的加快，国际贸易和船舶运输得到了空前发展，海上货运量逐年大幅度增长，船舶吨位和尺度也在不断增加。在繁荣世界经济的同时，以石油产品为燃料的船舶废气（$NO_x$，$SO_x$ 和 $CO_2$）排放造成的环境污染问题也日趋严重。

随着全球环境的日益恶化和人们环保意识的逐渐加强，控制发动机有害气体排放的要求日益强烈，船舶柴油机有害排放对大气环境造成的污染已引起国际社会广泛的关注。在全球范围内，船舶柴油机废气排放造成的大气污染和温室效应已受到国际海事组织（IMO）、海洋环境保护委员会（MEPC）、世界卫生组织（WHO）等国际机构和各国政府部门的重视。

船舶大气污染已经到了不容忽视的地步，特别是在港口、海峡和一些航线密集、船舶流量大的海区，船舶排放的废气甚至成为该地区的主要污染源。随着世界各国对环境保护的日趋重视，船舶废气排放物的污染也引起人们的关注。

在国际石油市场大环境下，各国的石油资源战略环境良莠不齐。对于其航运企业而言，在燃油占船舶运输成本越来越大的情况下，直接影响就是会造成船用燃油价格的剧烈波动，从而对整个航运企业的发展造成严重冲击。由于船用燃油价格和原油价格走势高度趋同，燃油成本一般占到航运公司总成本的30%左右，油价大幅上升必将影响到其盈利能力，是影响企业进一步提高经营效益的主要因素，因此节能减耗已成航运企业的自觉行动。国际上的各大航运企业都在积极寻找船舶节能减排的新方法，从保护环境、节约燃油消耗，提高企业的经济效益的角度，特别是随着国际油价的不断升高，世界上各大航运企业都加大了对可再生清洁能源在船舶中的应用的关注和投入。

根据我国交通运输部等部门的政策要求，航运企业要从源头上把好设备的能耗准入关，引入能耗低、性能稳定、可靠性较好、与使用环境相适应的运输设备；开展高耗能设备的改造与淘汰工作，不断优化运输船队的吨位结构，促进船舶向大型化、先进化、节能化方向发展。然而，最近几年在国家要求节能减排的政策推动下，在油价上涨、企业节约成本的推动下，船舶常规方法的节能减排潜力已经挖掘到了一定的阶段，很难再有大幅度的提高，而清洁能源的开发利用却还有很大的潜力和空间可挖。

传统的推进系统主要采用柴油机作为船舶的主动力，其经济性和排放性已难以满足航运业日益发展的需要，因此对传统推进系统进行优化显得尤为必要。一种可能的替代办法是天然气(LNG)的使用,其相比重燃料油(HFO)便宜并广泛应用于陆上发电站。在航海领域中,液化天然气的使用具有广泛的前景。在过去的40年中,液化天然气被用作LNG运输船的推进燃料。近年来,研究主要集中在非LNG运输船上使用LNG燃料作为推进动力,国内外学者对此进行了大量的研究,例如,Curt、Smith等人讨论了采用液化天然气作为船舶的推进燃料的优点和相关营运问题;Scholz等人在研究了燃料加注和基础设施建设的相关问题,Flusund、Levander等人针对应用LNG为动力的船舶进行了其推进系统的优化设计方面的研究。许多研究表明,LNG发动机的应用可以减少预期运营成本、降低排放。随着LNG发动机技术的逐渐成熟,采用LNG发动机替代传统推进系统中的柴油主机及发电主机已是大势所趋;此外,轴带发电机可以吸收主机的10%～15%的功率储备裕量,并使主机运行在高效率、低能耗的状态,不仅可以大大节约能源,而且可以减少船舶发电机组的数量。无刷双馈轴带发电技术的发展使得轴带发电机代替主发电机为全船提供高品质的电能成为可能。武汉理工大学可靠性工程研究所针对5000级吨散货船,对其传统的推进系统进行了优化设计,主要采用LNG双燃料发动机作为船舶推进的主动力,并且采用无刷双馈轴带发电机供电以减少发电机组的数量,降低燃料消耗,提高船舶能效。经论证分析,优化后的推进系统形式比传统推进模式的EEDI值约降低12.32%。

在2010年上海世博会上亮相了中国第一艘混合动力船——“尚德国盛”号游船,该船采用太阳能和柴油机组作为混合动力,时速约15 km,节省电力和减排达30%以上。该船拥有柴油发电机组、动力锂离子电池、太阳能电池板三种动力源,是目前世界上推进模式最多、功率等级最大的多模混合动力船舶。该船动力系统有三种推进模式:纯柴电模式(完全由推进发电机推进的主营运工况)、纯电池模式(由电池组推进用于展示静音效果)、混合模式(由推进发电机和电池组混合用于展示节能效果),可在驾控台由驾驶员根据需要选择各模式间无缝切换。

清洁推进系统的设计与应用技术是清洁能源在船舶上应用的具体体现,针对不同船型设计合适的清洁推进系统配置形式,充分发挥清洁能源的优势,提高系统的推进效率,从而可实现船舶节能减排的目标。

目前以风能、太阳能、核能、燃料电池、潮汐能、氢能和生物质能为代表的清洁能源已能够在船舶上得以应用,并且在这些能源的应用方面也已经有了可以参考和借鉴的实用案例。值得注意的是,纵观清洁能源在船舶上应用的各种技术方案或设计概念,仅利用风能或太阳能等单一能源并非为最优化的应用模式。根据船型结构、航行区域和营运特点的不同,多种能源的综合利用已成为新能源船舶的重要发展方向。

2010年6月,Sauter Carbon Offset设计公司推出一种新型零碳排放油船Black Magic船型的设计方案,设计效果图如图6-1所示,其希望以此方案为契机在未来20年里减少约6×109 t的温室气体排放。

Black Magic船型是一艘4 000 t级的太阳能混合动力船,被称为目前唯一具有可行性的大型油船节能减排方案船。其通过有效利用太阳能、风能和波浪能,同时采用Mercedes Benz的Bluetec引擎系统,预期能够减少单船75%～100%的温室气体排放量。

太阳能光伏电池、大容量锂电池和航海电力再生系统足够提供船员日常生活所需的电力。锂电池UPS系统可以保证“Black Magic”以16 kn的航速实现零排放行驶。在上述技术装备的基础上,加装的300～1000 kW风帆推进装置,可以实现10 kn航速的无排放航行,

图 6-1　“Black Magic”船型设计效果图

而如安装使用可操作式天帆，则航速能达到 12 kn。

由 MTI（日本邮船的一家全资子公司）以及 Garroni Progetti 科学研究实验室（意大利一家船舶设计单位）和 Elomatic 公司（芬兰一家海洋技术顾问公司）共同设计的日本邮船超级环保船 2030（NYK Super Eco—ship），如图 6-2 所示。

图 6-2　NYK Super Eco ship 效果图

该船通过综合利用液态天然气燃料电池、太阳能电池、风帆助推等技术，可使该船 $CO_2$ 的排放量减少 69%。与传统集装箱船相比，该船由柴油机、太阳能（1～2 MW）、风力（1～3 MW）提供动力。该船可用于安装薄膜蜂窝状太阳能电池板的面积达 31 000 $m^2$，根据 2030 年 30%的转换系数日均输出功率将达到 1～2 MW。该船安装有 8 个金属薄膜式风帆，每个面积约为 500 $m^2$，风帆在不使用时可通过伸缩机构将该帆降下储存。风帆推进可节约功率达 1～3 MW。

# 6.2 风能动力技术

## 6.2.1 应用现状

自1980年日本钢管公司(NKK)设计研制的第一艘现代风帆助推船“新爱德丸”出现，40年来世界各国已经相继开发了多种帆型，其中有些帆型已在实船上进行试验或者应用。

与日本相比，欧、美等国家和地区侧重于“帆—机配合”的方式，即以风帆为主，主机为辅。但是“帆—机配合”的难度大，风险性也大，船东不敢贸然投资。经过7～8年的研究、试验和论证，得到明确可行的结论后，欧洲国家进行了相关实船的设计与建造。

20世纪80年代初期，英国航空工程师J·Walker提出三平面结构的所谓Walker帆翼，采用对称翼剖面，总升力系数可达3.0。Walker帆翼采用的是厚翼结构，省去桅杆和吊索。在其之后英国曾组建Walker帆具公司，生产Walker帆翼的商船。

1985年法国研制了一种效率更高的抽气式涡轮帆，其利用控制边界层分离的技术提高风帆的空气动力性能。它是利用圆柱两侧的抽气装置，使升力系数达到5.5～6.0，并且能自动适应风向，所以节能效果更佳。

1920年德国工程师Flettner利用Magnus效应建造了转筒帆船，转筒帆具有很好的气动特性，若转速比(转速和风速比)在实际使用中可达到5左右，则其升力系数可达9.0以上。1983年美国风力发展中心的一艘18 t“追踪”号船上安装了一个直径1.159 m、高7.32 m的转筒帆，材料为铝合金，重量为81.72 kg，并进行了相关的试验。

苏联也进行了这方面的试验与研究，并开展了一些卓有成效的研究项目，如转子一帆翼组合体，由Flettner转子和刚性或半刚性帆翼组合而成，两个转子安置在帆翼的两侧，转子内可收放呈流线型剖面的帆翼，这种转子一帆翼组合体的空气动力特性比普通帆翼更佳。

与此同时，德国将冲压式伞翼应用于船舶的辅助推进。2007年12月15日全球第一艘用风筝拉动的货轮“白鲸天帆号”由德国汉堡市起航，横渡大西洋驶往休斯敦，2008年3月14日成功完成了它的初航。

俄罗斯涅维尔斯基国立海事大学的Nadazhda号学生实习船于2010年6月菲律宾马尼拉外交大会期间停泊在港口供会议代表们参观。该船采用了机帆混合动力技术，在采用全风帆动力下航行时，船舶的平均航速为5～8 kn。

上述这些帆型已经在实船上应用，并取得较好的节能效果。

此外，英国将仿生学应用到现代风帆设计中，根据蝙蝠翅膀的原理，设计出一种新型的仿生帆，仿生帆的结构和蝙蝠的翅膀相仿，可以进行伸展和收缩。该风帆为模块化风帆，风帆装置安装在一个胶囊状舱中，该舱可以由起重机吊到甲板上，可单独或多个安装在甲板空间相对较为广阔的船上，如散货船或者液货船。该帆具有收放方便、安全性更高等特点。目前该种风帆只是概念性设计阶段，未有实际应用和推广。如图6-3所示为一条概念船的效果图。

图 6-3　仿生帆概念船效果图

挪威一家船舶设计公司提出零污染 E/S Orcelle 未来船，现正处于研制阶段，将在 2025 年完成并面世。该船不配备发动机，也就是不消耗燃料，主要以太阳能、风能、海浪能推动船舶运行，不会产生任何污染排放物。

我国从 20 世纪 80 年代初期开始，在武汉、广东、浙江、上海等地区相继开展风帆助推技术的研究，并取得了可喜的成果。其中，由华南理工大学、广东省水产局、广东省航运研究所共同研制的小型渔船帆翼助推装置在广东省各渔区近千艘渔船上推广应用，但是多为小吨位的渔船，帆装置和操帆系统都较为简单。武汉水运工程学院（现武汉理工大学）与江苏、湖南航运部门共同研制了多艘小型风帆助推货船。708 所和 711 所设计、宁波海运公司承建的 2 500 t风帆助推综合节能多用途集装箱船“明州 22 号”于 1996 年 2 月 14 日轮首航日本，船身总长 85.8 m，型宽 15 m，型深 7.3 m，设计航速 11.5 kn。风帆为钢制圆弧形帆翼，面积 120 $m^2$（高 12 m，宽 10 m），可以在 3～20 m/s 风速下使帆，采用计算机控制液压系统操帆，风帆全折全张时间约 1～2 min。该船安装主机一台，功率为 1080 kW。该船行驶在日本、宁波、厦门、香港之间，可载运 146 个集装箱。同时作为交通运输部七五规划中交通重点科技项目，我国还对风帆助推 5000 t 级江海直达油船进行了研究和设计。

武汉水运工程学院（现武汉理工大学）对风帆助推技术进行了大量系统的基础理论研究工作，主要包括对各种风帆的空气动力性能、控制系统等方面进行的研究，通过风帆和风帆助推船模风洞试验，着重研究了帆翼（日式矩形硬帆）的剖面形状、拱度比、前缘半径、展弦比等要素对风帆的空气动力性能的影响，并通过风洞试验对多帆之间干扰和船舶上层建筑对风帆的影响等问题进行分析和探讨，还对可控环量帆翼做了大量深入的研究。与此同时，对风帆助推船节能效果与经济性评估、稳性校核和船舶操纵性等方面进行了深入的研究，并出版《风帆和风帆船论文集》（共 3 册），其中收录发表和翻译论文近百篇。

在理论研究的基础上，武汉水运工程学院（现武汉理工大学）与江苏、湖南航运部门共同研制的 60 t、120 t、300 t 内河帆翼助推货船通过鉴定并投入运营，取得了良好效果，受到航运部门的欢迎。其中 300 t 内河帆翼助推货船外形如图 6-4 所示。

图 6-4　300 t 内河帆翼助推货船

1991 年武汉交通科技大学(现武汉理工大学)研制出一种可控环量帆翼试验装置,可利用船舶动力装置排放的废气在帆翼尾部壁面切向喷流产生的 Coanda 效应来控制帆翼尾缘分离点位置,获得比普通帆翼更大的推力系数,特别在较低风速和逆风航行时仍能获得较大的推力。

在理论研究和实践的基础之上,武汉理工大学于 2008 年进行了风帆太阳能技术在大型远洋船舶上应用的可行性研究,之后也积极参与了国家高技术研究发展计划课题"大型远洋船一风翼柴油机混合动力低碳控制技术"的相关研究工作。

由上海市科委资助的"远洋船舶风帆助航应用研究"项目已经在上海海事大学进行了多年的研究,对帆的形状、风帆与船体的力的耦合及风帆对船体的稳性变形影响等方面已取得很好的成效,并获得了大型远洋船舶助航用百叶风帆等专利证书,通过进行相关力学、强度计算及风洞试验等工作开发出一套适合现代大型远洋船舶的百叶风帆系统。

此外,上海海事大学根据圆弧形风帆流体动力学特性的数值分析和风洞试验结果,提出贝壳式风帆中部卸载方式,并在卸载区域加设风轮机增加风帆在特殊风向攻角下的综合性能。贝壳式风帆中部的风轮机卸载方式改善了传统风帆在小角度迎风角下的助航效果,可为开发风帆助航船舶提供一定的指导。

中国远洋运输(集团)公司于 2012 年开始承担的国家高技术研究发展计划项目《新型船舶节能环保技术》课题"大型远洋船一风翼柴油机混合动力低碳控制技术",在前期理论分析、模型试验、数值计算分析的基础上,以实船验证为目标,开展风翼系统设计与制造关键技术、风翼一推进一操纵系统联合控制关键技术、风翼-柴油机混合动力系统集成技术以及风翼一柴油机混合动力船舶设计与建造标准规范等研究,实现风翼助航关键技术的突破,最终完成风翼一柴油机混合动力系统集成技术实船验证。

## 6.2.2　风帆助航系统

### 1. 风帆的类型

目前世界上共有十余种风帆，各种风帆的形状、结构不尽相同，但是彼此之间却有着紧密的联系。按照工作原理风帆可分为以下几种：

(1) 翼型原理。采用翼型原理或与翼型原理相仿的风帆称为帆翼，又称作翼型帆或者翼帆，主要有矩形帆翼、三角帆翼（简称三角帆）、Walker 型风帆、天帆（Skysail）等。

这几种风帆的共同特点在于其横剖面均为翼型，不同之处在于纵剖面形状有所不同，如矩形帆翼的纵剖面为矩形，三角帆翼的纵剖面为三角形或近似为三角形等。

(2) Magnus 效应。利用 Magnus 效应产生推进力的风帆，主要为转筒帆（又称转柱帆）。

(3) 机翼原理与 Magnus 效应。将两者结合而产生的一种帆型，如转子—帆翼组合体。

(4) 其他风帆。采用控制边界层分离的原理的抽气式涡轮帆等。

下面针对几种主要的帆型的基本原理与结构、空气动力性能及应用现状等方面，进行一些简要的介绍：

(1) 矩形帆翼

1) 基本结构。

矩形帆翼按照横剖面的形状分类，主要有以下几类：层流型、圆弧型、普通翼型和卧背型。根据试验结果分析表明，层流翼型的空气动力特性最优，其次为圆弧翼型、普通翼型、卧背翼型。按照其有无端板又分为有端板和无端板两类。

以日式矩形硬质帆翼为例，其基本结构如图 6-5 所示，帆翼的剖面基本是层流形，边带圆角。采用液压装置对风帆进行控制，当风速和风向达到可利用范围时，扬帆航行；当风速和风向不在可利用范围内时，收帆航行。

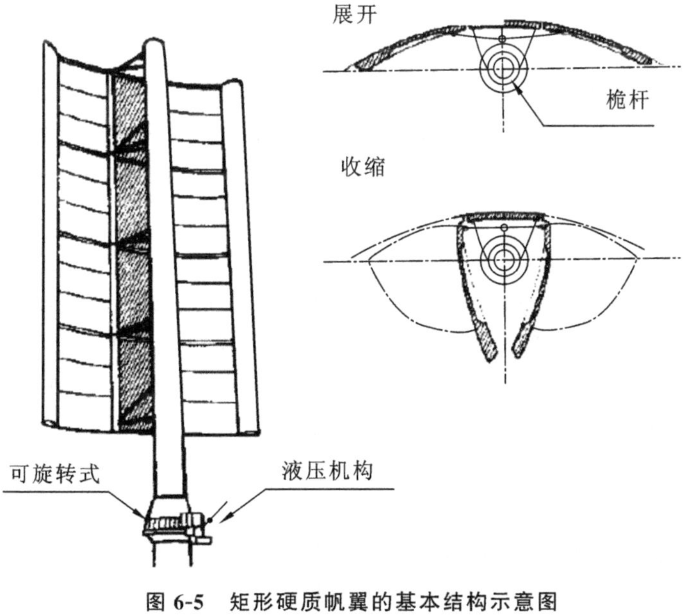


图 6-5　矩形硬质帆翼的基本结构示意图

2）应用现状。

20 世纪 80 年代，日本在风帆助航的研究和利用方面有了新的突破。由于石油危机，1978 年日本船用机械开发协会（Japan Marine Machinery Development Association，简称 JAMDA）与日本钢管公司（Nippon Kokan）联合开展关于风帆的基础研究，后日本钢管公司建造了一艘模型船“DAIOH”号，并进行了风帆船体的相关测试。1980 年日本建造了第一艘装有现代帆具的“新爱德丸”（Shin Aitoku Maru，如图 6-6 所示）油船，在这之后，日本又于 1982 年和 1983 年相继建造了“爱德丸”号、“扇蓉丸”号、“日产丸”号等机动风帆货船，1984 年日本又设计和建造了 26 000 t 的“臼杵先锋”号（Usuki Pioneer，如图 6-7 所示）和另一艘 31 000 t 的现代风帆助航远洋货轮。

日本船用机器发展协会曾着手设计更大型的现代风帆船，包括 66 000 t 的巴拿马型散装货船和 80 000 t 的油船。但是由于石油价格的回落，以及矩形帆翼的维修保养费用较高，所以普通帆翼并未得到更为广泛的推广。

**图 6-6** Shin Aitoku Maru **油船**

**图 6-7** Usuki Pioneer **运木散货船**

（2）天帆（Skysail）

1）基本结构。

天帆的基本结构如图 6-8 所示，其基本结构与冲压式翼伞相同，该风帆由高强度、抗风化、超轻合成纤维制成，为双层结构，整个风帆做有气室。风帆由牵引绳索与船体相连，风帆下面垂挂一个控制吊舱，该装置用于控制风帆的飞行姿态，风帆的电子控制器件和机械驱动器均安装该装置上。

2）应用现状。

2007 年 12 月 15 日，全球第一艘用天帆提供辅助动力的货轮“白鲸天帆”号（Beluga SkySails）由德国汉堡市起航，横渡大西洋驶往美国休斯敦，并于 2008 年 3 月 14 日成功完成了其首次航行。该船由德国天帆公司和布鲁格船舶公司联合建造，悬在货轮上方的天帆在风力的作用下为船舶提供辅助动力，风力最理想的状况下最高可省下一半的燃料。

（3）三角帆

1）基本结构。

三角帆是一种传统的帆型，其结构如图 6-9 所示，该帆主要由桅杆、支架、卷筒构成，该帆为一种软帆，在不使用时可以转动卷筒将其收拢。

图 6-8　天帆基本结构

2）应用现状

美国设计、法国建造的世界最大风帆客船之一 Windstar 号于 1986 年交付。如图 6-10 所示，其船长 134 m、宽 15.2 m、吃水 3.7 m。该船的四个 50 多米高的桅杆上装了 6 个聚酯三角帆，帆面积为 2000 $m^2$。与传统的客船相比，该船的特点是风帆装置由计算机经液压装置控制，因此风帆的稳定效果较好，并能使船保持理想的航向。该艘船装有 3 台 Normed-wartsila 6R22D 柴油辅机，每台功率为 1020 kW，还装有 1235 kW 的发电机组，不仅向客房供电，在无风时还驱动一台小型螺旋桨和一台艏推进器的电机。该船在航行中有 90% 的时间使用风帆提供辅助推进动力，有风时航速达 12～13 kn。

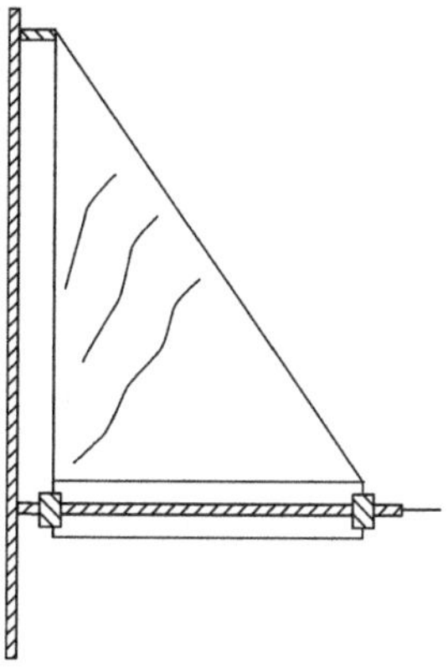

图 6-9　三角帆的结构图

图 6-10　Windstar 号风帆助航船

1988 年法国开始建造一艘风帆客船 Club Med 1 号，如图 6-11 所示。该船长 187 m、宽 20 m、吃水 5 m、7 层甲板、5 桅 7 帆，风帆的总面积为 2500 $m^2$，可容纳 620 人，帆由计算机控制。该船采用柴油机电力推进，配有四台 2280 kW 的发电装置、两台 2940 kW 的柴油机、两只调距桨和一台应急发电装置，还配备了两套卫星系统及现代通信设备。利用柴油机推进时航速达 15 kn，用风帆时航速达 11 kn，用帆的节能效果可达 25%。

**图 6-11** Club Med 1 号风帆助航船

1989 年法国又建造一条大型客帆船 Nostalgy 号。该船的船体尺寸、帆装置、推进装置等的配置均与 Club Med 1 号相似，满帆时航速在 10 kn 以上，电力推进时可达 13.5 kn，其特点是噪声比一般客船低 4 dB，目前这些船大都仍在服役。

（4）涡轮帆

1）基本结构。

涡轮帆的基本结构如图 6-12 所示，是一个可定向转动的椭圆形筒，在其后缘左右两侧各有一个由许多小孔组成的抽气面，并设置有一个活动的分流板，可随风向不同而转动到关闭左边或右边的抽气面，当风速超过极限风速时，它置于零位。椭圆上下设有端板，在上端

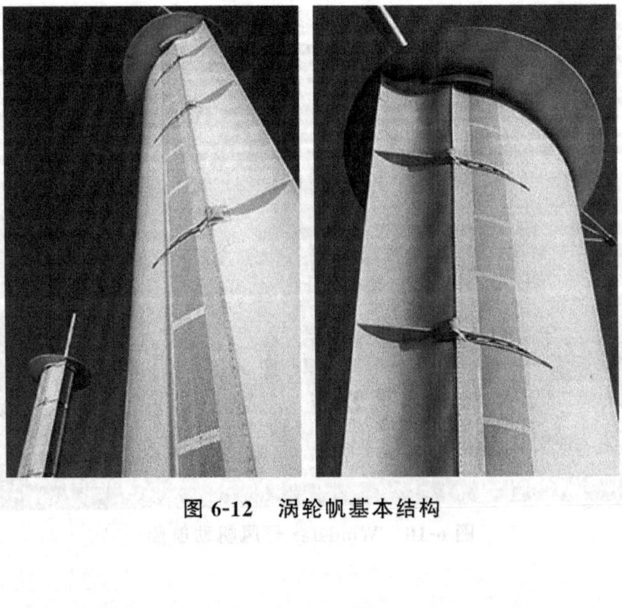

**图 6-12** 涡轮帆基本结构

板设置一个水平的涡轮抽气机，按风速、风向及船速等条件控制抽气量，使涡轮帆达到最佳推进效率。

2）应用现状。

1980年，巴黎Pierre和Marie Curie大学的L.Malavard教授和来自Cousteau本部的小组发明了一种更为可靠和高效的新型风帆——涡轮帆。随后他们在样船Moulina Vent号上进行了海上试验，并在1984年末与Peehiney公司达成协议，制造了一艘Alcyone号船，如图6-13所示，此船总长31.1 m，半载排水量76.8 t，配有2台115 kW柴油机。铝风筒高10.2 m，表面积21 $m^2$，重1600 kg。此船于1985年6月从法国开往美国纽约，成功地横渡了大西洋。试验表明，在25 kn左右的风速下，可节能55%～60%。

**图6-13**　Alcyone**号试验船**

（5）转筒帆

1）基本结构。

转筒帆的基本结构如图6-14所示，主要由可以旋转的转筒和转筒两端的端板构成。该帆利用马格努斯效应，圆柱体在流动的气流中旋转时，会产生一个垂直气流方向的横向力，推动船舶前进。

2）应用现状。

1926年，德国航海家安东·弗莱特勒（Anton· Flettner）建造了转筒帆，并安装在Buckau号和BarBra号两艘船上，并驾驶460 t的Buckau号横渡了大西洋。1979年，瑞士对一艘拟建造的Stallan号转柱帆船做了系统的风洞试验和水上船模试验。1983年美国风力发展中心在一艘18 t的“追踪”号船上安装了一个转筒帆，其直径1.16 m，转筒高7.22 m，采用铝合金，净重82 kg。试验结果表明，在关闭主发动机和在27.78 km/h风速的条件下，利用转柱帆可获得11.11 km/h的航速。转柱所需的功率约为输出功率的10%。若将转筒帆与柴油机推进相结合，可使该船节省燃料10%～30%。

2008年德国Enercon公司投资建造装有转筒帆的E-Ship 1号货船，如图6-15所示。该船船长130 m、船宽22.5 m、吃水6～9 m、总吨12 810 t、船速17.5 kn、主机功率2×

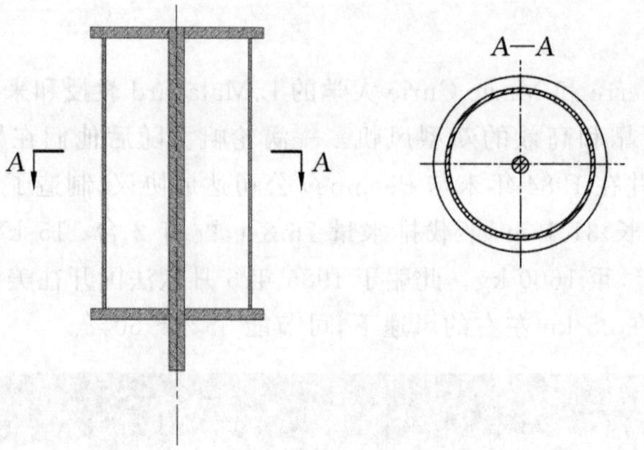


**图 6-14　转筒帆基本结构**

3 500 kW、3 个货舱共 20 580 $m^3$。E-Ship 1 号使用的是 4 个高 25 m、直径 4 m 的转筒帆，计算节能效果可达到 30%。2010 年 8 月 10 日该船首航至都柏林。

**图 6-15**　E-Ship 1

（6）Walker 型风帆

1）基本结构。

Walker 型风帆的基本结构如图 6-16 所示，是英国航空工程师 J. Walker 提出的三平面结构帆翼。Walker 型风帆与机翼原理相似，帆翼后安装有导流翼，以提高其空气动力学性能。

2）应用现状。

Walker 风帆的应用主要为试验研究，在小型船舶上有所应用，并未得到广泛的推广和应用，其中安装该帆型的小型实船 Zefyr 43 号如图 6-17 所示。

该种风帆曾安装在一艘 1560 t 的 Robotham 号油船上，帆高约 12.5 m，是由两个相互靠得很近的对称机翼组成，升力系数很高（CL＝3.0）。帆具用微型计算机控制，并与主机相配合，以达到节能的效果。

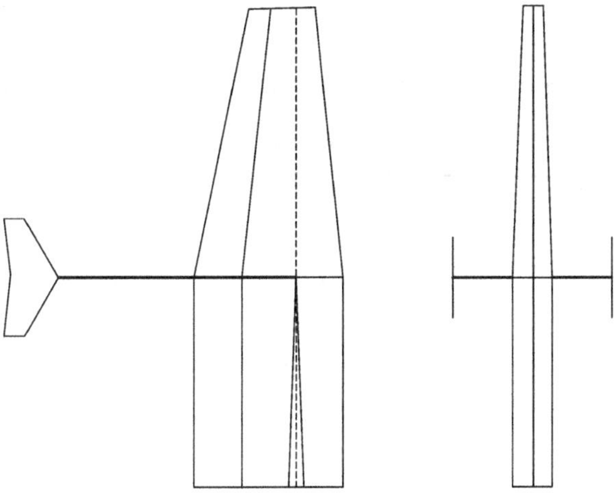

图 6-16　Walker 型风帆基本结构

图 6-17　Zefyr 43 号 Walker 型风帆船

**2. 风帆的选择**

风帆的布置主要包括这几项内容：船型、选定帆型的几何尺寸、船舶上的安装位置等。风帆的布置受到多种因素的影响，例如船舶甲板的空间、船舶的稳性、船舶航线气象条件、桥梁或航道对风帆几何尺寸的限制等。

(1) 适宜风帆助航技术的船型与帆型

不同的帆型，由于结构、控制等方面的特点，其应用的船型也有所不同。不同的船舶，由于其用途不同、结构不同,适用的帆型也不尽相同。

民用船舶按功能可分为运输船舶、渔业船舶、工程船舶、海洋测量船舶、高性能船舶、港务船舶、豪华旅游船舶和海洋工程船舶。由于其用途、功能以及结构特点的不同,适宜风帆助航技术的船型主要为运输船舶、渔业船舶和豪华旅游船舶。在这些船型上适用风帆助航技术,对船舶的用途、功能和结构的影响较小,因此这几种船型较为适宜风帆助航技术的应用。

1) 集装箱船。由于其货舱和甲板均装载集装箱,考虑到除天帆外的其他帆型对集装箱的装卸的影响较大,因此天帆适宜安装于集装箱船。

2) 散货船和杂货船。散货船与杂货船的甲板空间较大,甲板上层空间较为空旷,适合安装帆翼、天帆、转筒帆、抽气式涡轮帆、仿生帆等,这些帆型对散货船和杂货船的装卸货物、视线等的影响较小。

3) 滚装船。滚装船的上甲板平整,露天甲板无起货设备,安装风帆对其货物装卸的影响较小,因此滚装船适宜安装帆翼、天帆、三角帆等。

4) 大型邮船。邮船的上层甲板较为空旷,安装风帆对船舶的正常运行带来的影响较小,因此较为适合帆翼、三角帆、天帆、Walker 型风帆等。而且从三角帆的应用情况来看,大型邮船比较适合三角帆的应用。

具体各种帆型适宜的船型如表 6-1 所示。

**表 6-1 各种帆型适宜的船型**

| 帆型种类 | 适宜的船型 |
|---|---|
| 帆翼(日式矩形硬帆) | 散货船、杂货船、滚装船等 |
| 天帆 | 散货船、杂货船、滚装船、集装箱船、大型邮船等 |
| 三角帆 | 大型邮船等 |
| 转筒帆 | 散货船、杂货船等 |
| 抽气式涡轮帆 | 散货船、杂货船等 |
| Walker 型风帆 | 小型游船、大型邮船等 |

(2) 风帆的面积

风帆面积的大小对帆的推力和节能效果有直接影响,一般认为风帆面积越大,产生的推力越大,节能效果越显著。但帆面积的确定,主要取决于外界风力的大小、航线、船舶的稳性和操纵性、船舶所运输货物的装卸工艺等诸多因素。其中,船的稳性是制约帆面积大小的关键因素,在满足船的稳性和使用要求下,可选择较大的帆面积,以增大帆的推力。

目前,尚未有风帆船的稳性规范。有一种较常用的方法,即假定一定百分比的节能要求,初估帆面积,然后校核船舶稳性是否满足要求。此方法有一定的局限性,一是在未知帆收益的情况下去追求一定的节能效果,这种提法不科学;二是按所要求的节能百分比所设计的帆装置,并不一定能最大限度地利用风力。此外还有一些常用的方法,如根据近似公式初估帆面积,然后利用有关稳性的气象标准予以校核。此外还有把帆面积与船舶尺度相联系的近似公式等。但所有这些公式都显得粗糙,不能确切反映帆面积与船舶稳性的关系。根据日本已造的 10 多条现代风帆助航船的统计数据分析,可知帆面积与载重量之间具有很大的离散性,但它们都基本分布于一个扇形域内。由此可知,利用仅与排水量相关的近似公式来估算帆面积将给船舶设计者带来很大的盲目性。

确定风帆面积是设计现代风帆助航船的一个组成部分,关于该类船的主要要素的设计,可参考常规船型的设计方法,同时兼顾其特殊性,其设计流程如图 6-18 所示。

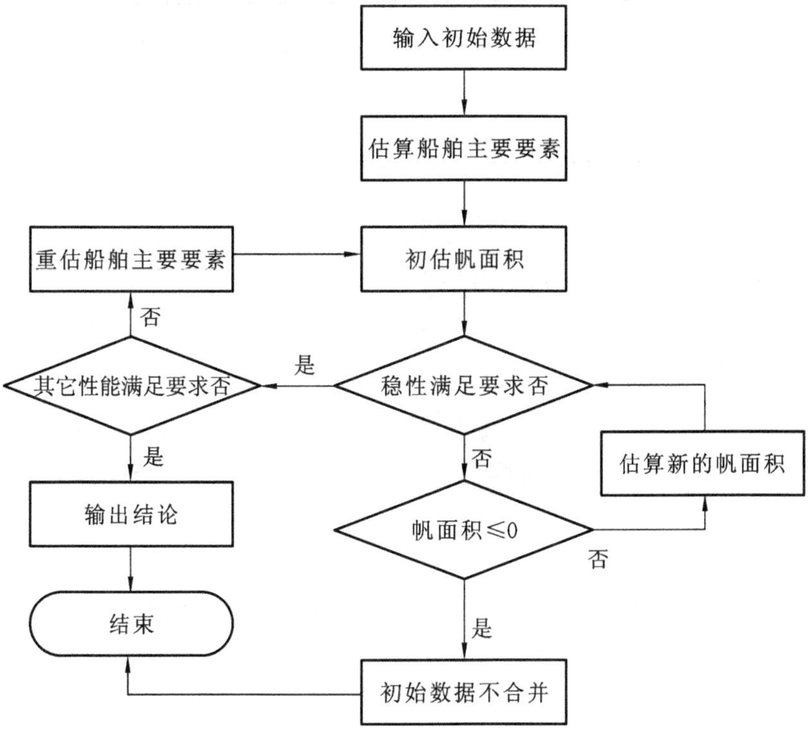


**图 6-18　风帆助航船主要要素设计流程**

# 6.3　太阳能动力技术

## 6.3.1　应用现状

国外对太阳能船的研究开始于 1993 年的世界太阳能船舶大赛 SOLAR SPLASH。该赛事由美国机械工程学会和相关企业赞助,于 1993 年开始了第一届比赛,以后每年举办一届,现已发展成为世界各国大学生的竞赛平台,称为世界大学太阳能电动船大赛。该比赛对船舶的船长、船宽、太阳能电池板的额定功率、蓄电池的容量、船用电机的功率等一系列参数都有严格的上限规定,现在已经成功举办了 16 届。

1997 年,瑞士在日内瓦湖上从洛桑到圣叙尔皮斯区投入使用了两艘由太阳能驱动的客运船。船的电动机由覆盖在船顶的近 14 $m^2$ 的太阳能电池组件提供电力。另一艘为长达 27.5 m 的“沙锥”号,其由一个 1.8 kW 的光伏阵列驱动,能量存储在一个 180 V、72 Ah 的蓄电池中,可有效承载 60 名乘客。

2000年澳大利亚开发出世界第一艘商用的太阳能/风能混合动力双体客船，如图6-19所示，这是一种既可将太阳能和风能单独作为动力，又可合二为一的新型船舶，可载100人。该船如果只用太阳能，其航速为6.5 kn，用风能航速会更高些。船的每个单体都由首尖舱、蓄电池舱、机舱和尾尖舱组成，配有GPS、罗经、自动舵、测深仪、电子系统、测风仪和液压操舵装置等。船体和上层建筑为玻璃增强复合材料，每块太阳能翼板上所采集的太阳辐射能转换成275V、6A的直流电，再储存到272V的蓄电池中，用来驱动电力推进器的电机。

**图6-19　澳大利亚“Solar Sailor”号**

2006年10月16日瑞士太阳能船“太阳21号”（如图6-20所示），从瑞士巴塞尔起航前往美国纽约，并于2007年5月8日顺利抵达目的地。这是世界上船舶首次依靠太阳能提供的动力能源横穿大西洋。

**图6-20　瑞士“太阳21”号**

2008年8月26日，日本邮船株式会社与新日本石油公司合作耗资1.5亿日元在旗下一艘船长200 m、排水量达60 213 t的滚装船“御夫座领袖”（Auriga Leader）号上装上太阳能光伏系统，如图6-21所示。其由328块太阳光板组成电池阵列，电能输出功率可达40 kW，能满足该船6.9%的照明需求或0.2%～0.3%的动力需求。滚装船的动力燃料依然是重油，太阳能发电主要是用在机舱内的机器和发动机的制动等动力系统中。

图 6-21　日本邮船"御夫座领袖(Auriga Leader)"号

2010 年 2 月 10 日，亚洲最大的全太阳能船在中国台湾高雄下水，正式投入营运。这艘船耗资 150 万元，船长 13 m，采用双体船型，并搭配目前台湾厂商所能提供的最大电池 54 kW·h 锂蓄电池组，两台 20 kW 电动机，最高航速可达 9 kn，以 3 kn 航速至少可行驶 9 h，可搭载 36 名乘客。

2010 年 2 月 25 日，世界最大的全太阳能动力船 Turanor Planet Solar 号(见图 6-22)，在德国基尔下水，该船长 31 m、宽 15 m、重 60 t。船体上方安装有 500 $m^2$ 的太阳能板并由其提供动力，最高船速可达 14 kn。

图 6-22　全太阳能动力船"Turanor Planet Solar"号

2010 年 2 月，由英国考文垂大学的 Alastair Callender 设计的 Soliloquy Super-Green 游艇在阿布扎比游艇展出，如图 6-23 所示。艇长 58 m、型宽 9.5 m、吃水 3 m，动力机械包括 2 台单机 240 kW 功率的电力驱动推进器、4 台单机 109 kW 功率的发电机组、2 台单机 132 kW 功率的船首侧推器。Soliloquy 游艇采用混合动力、太阳能、风能为动力，以使噪声及振动达到最小值，并实现污染零排放，具有显著的运营成本节约效果。游艇上配备的混合船舶动力(Hybrid Marine Power，HMP)系统能将太阳辐射能存储在蓄电池中并为游艇提供电力。仅使用游艇上 600 $m^2$ 太阳能面板提供动力时，游艇航速可达 6～8 kn；仅使用风能动力时航速为 8～10 kn；使用发电机动力时航速为 14 kn；使用推进机械动力时航速可达 16～18 kn。

**图 6-23　环保动力游艇** Soliloquy Super-Green **号**

2011 年 6 月，韩国将设计容量为 3.2 kW 的太阳能光伏系统安装于一艘游船上，如图 6-24 所示，其电力系统主要由柴油发电机组构成。该套太阳能光伏系统的特别之处是安装有两台光伏逆变器，分别用于：①航行状态下离网带载运行模式；②停泊工况下与柴油发电机组并网运行模式；③光伏系统作为电力负载的首要电源，柴油发电机组则用于平衡电网总负载的波动。

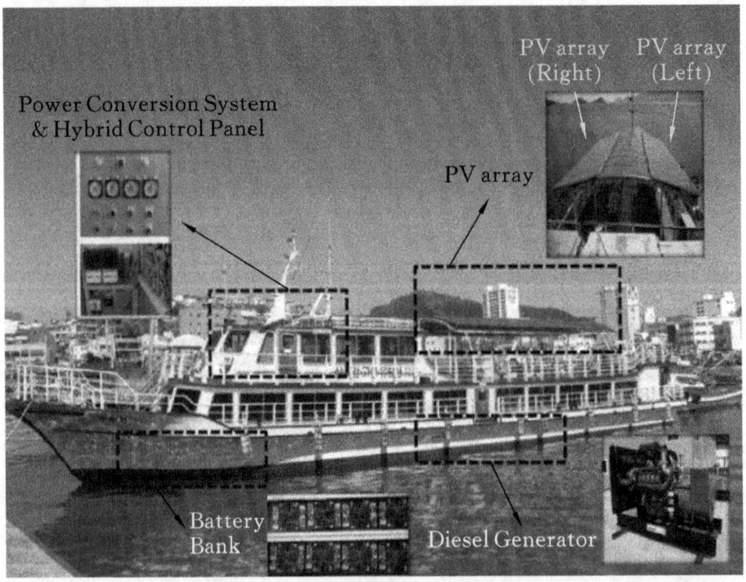


**图 6-24　韩国光伏-柴油发电混合能源游船**

2012 年 6 月，由日本三菱重工、三洋电机组及商船三井合作开发的一套 160 kW（总计 768 块光伏电池组件）太阳能光伏系统在 NK 旗下 60154GT 汽车运输船 Emerald Ace 号上正式投入使用，如图 6-25 所示。其储能系统由安放于船底压载舱的 324 480 块锂离子蓄电池组成，容量为 2.2 MWh。该系统最显著的运行特点是：由太阳能电池产生的电能储存在锂离子蓄电池组内，船舶靠港停靠时所需的电力全部由蓄电池组提供，柴油发电机组停车以实现在港零排放。

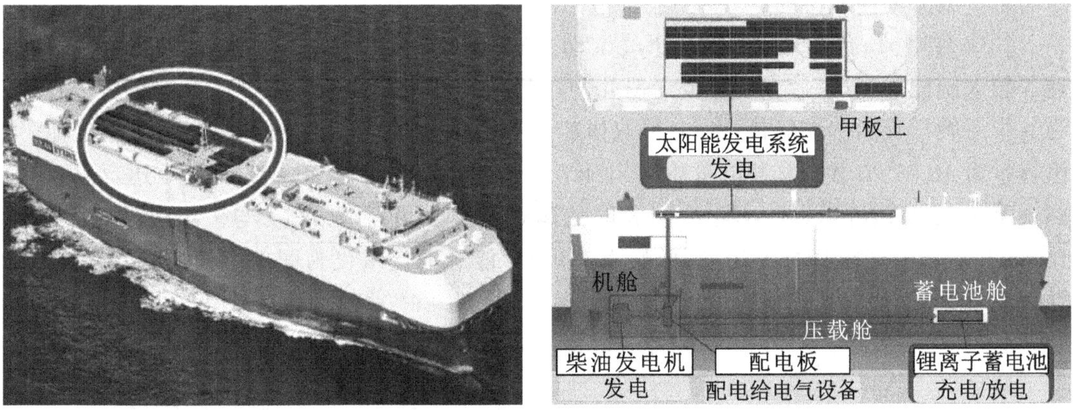


**图 6-25　安装有光伏系统的** Emerald Ace **号汽车船**

1998 年 12 月，台湾嘉鸿集团与德国知名太阳能船设计制造公司 Solar Water World 共同合作开发世界首款量产太阳能船 Sun Cat 23 号游艇。船长 7 m，可搭载 12 人，船速可达 6.48 kn。所安装的高效能太阳能板发电功率 800 W，用以维持“Sun Cat 23”号的正常运作。船上蓄电池所储存的电力在无太阳能充电时，仍足够让船只航行一天。该船采用双体船壳设计，可有效降低船舶航行阻力及提高稳定性，使该船能够以最少的电力航行。

由北京市太阳能研究所设计完成的国内首艘太阳能动力游船于 2003 年 9 月在颐和园昆明湖投入营运。船长 11.8 m、宽 3.6 m，如图 6-26 所示，额定载客人数 30 人，顶部装配了 3.6 kW 单晶硅太阳能电池板，通过具有最大功率跟踪功能的智能充电器，将电能存储在蓄电池中。船的动力部分使用全新的脉宽调制技术实现无级调速，这种设计可以最大限度地节约能量，游船时速可达 4.32 kn，具有无污染、动力强劲、运行平稳、噪声低等优点。

**图 6-26　颐和园“桑普号”太阳能船**

2007 年 11 月我国沈阳泰克太阳能应用有限公司研制了“001”号太阳能旅游船，船长 6.2 m、宽 1.9 m、可载 9 人，航速可达 5.4 kn。船体的设计可分为单浮筒、双浮筒和三浮筒三种型号。这种太阳能旅游船在大于 4 级风的条件下可持续航行 6 h,并且操纵简单。其后获得辽宁省船舶检验局颁发的内河小船检验证书,并于 2008 年 3 月获得国家专利。这是我国建造的第一艘太阳能旅游船。

2010 年 2 月,台湾光宝科技旗下光宝动力储能(Lite-On Clean Energy)为高雄市设计建造 5 艘太阳能观光船—“太阳能爱之船Ⅱ”号(号称亚洲最大的太阳能船队),如图 6-27 所示为其中一艘样板船。该船长 13 m,采双体船设计,载客量为 36 人,船上配备 6 组蓄电池,每组容量为 48 V、90 Ah,总蓄电量高达 26 kW·h,船上配置 2 个 20 kW 交流马达,总动力约 38 kW,最高航速可达 9 kn,若以 3 kn 航速运行则至少可行驶 9 h。与传统燃油观光船相比,该太阳能电动船具有零污染、低噪声等优点,能源消耗量仅为同等燃油船之 1/4～1/3。在一般日照下,加上太阳能板所提供的电力,可再节省 25%能源消耗量。

图 6-27　台湾高雄“太阳能爱之船Ⅱ”号

2010 年 6 月 5 日,上海世博园企业联合馆联合尚德电力控股有限公司和上海国盛集团共同宣布,中国第一艘太阳能动力游船“尚德国盛”号首航,并被确定为上海世博会上海企业联合馆的“移动展馆”以及指定用船。“尚德国盛”号船长 31.85 m、总宽 9.8 m、高 7 m、吃水深度 2.35 m,如图 6-28 所示。该船是国内第一艘采用太阳能、锂电池及柴油发电机组多种能源混合供电的船舶,在不同的日照情况下,船体行驶所使用的动力可通过计算机在太阳能和柴油机组间进行自动调配,时速可达 8.1 kn,节省电力和减排均达到 30%以上。

2013 年,武汉理工大学以承担工业和信息化部高技术船舶科研项目研究为契机,设计了一套可满足苛刻海洋环境和船舶技术规范要求的船基太阳能光伏系统实船应用方案,随后于 2014 年 3 月在 5000PCTC 汽车运输船“中远腾飞”号上完成该套系统的实船安装调试工作并投入运行,如图 6-29 所示为采用该系统的汽车滚装船及其光伏电池阵列布置方式。该套光伏系统设计容量为 140 kW,蓄电池储能系统为 700 kW·h,其典型技术特征在于采用锂离子蓄电池储能的船用型离并网一体式太阳能光伏系统,可根据航线上太阳能辐照强度、负载功率需求、经济性和安全性要求等因素,进行四种运行模式切换,即光伏离网运行模式、并网运行模式、光伏出力不足条件下的船舶电网供能模式、光伏系统故障时的船舶电网供能模式。综合本项目各方面具体研究工作所取得的成果,已逐步形成具有国内自主知识产权的大型船舶太阳能光伏系统应用的成套技术,并可为我国推广发展绿色船舶,特别是大型太阳能船舶,提供切实可行的理论指导和技术支持。

图 6-28　“尚德国盛”号游船

图 6-29　140 kW 光伏系统船基平台——COSCO TENGFEI 汽车运输船

## 6.3.2　太阳能光伏系统

光伏发电应用首要解决的是如何将太阳能转换为电能。光伏电池就是利用半导体效应制成，它是一种将太阳辐射能直接转换为电能的转换器件。由若干器件封装成光伏电池组件，再根据需要将若干个组件组合成一定功率的光伏阵列，并与储能、测量、控制等装置相配套，即可组成光伏发电系统。

太阳能光伏发电系统(Photovoltaic Power Generating System，PV 系统)一般是由太阳能电池板、太阳能控制器、逆变器、蓄电池组和负载构成，如图 6-30 所示。

(1) 太阳能电池组件

太阳能光伏发电系统中的核心部分是太阳能电池板，其作用是将太阳能直接转换成电能，供负载使用或存贮于蓄电池内备用。太阳能电池单体是光电转换的最小单元，尺寸一般

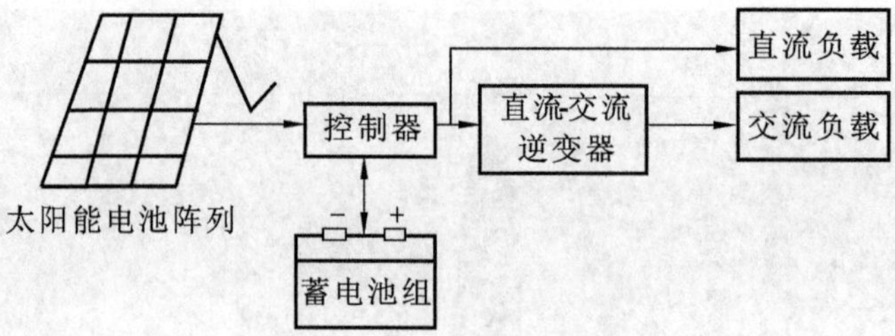


图 6-30　太阳能光伏发电系统的构成

为 4～100 $cm^2$,其工作电压为 0.45～0.5 V,工作电流为 20～25 $mA/cm^2$。表面衬底型光伏电池组件如图 6-31 所示。

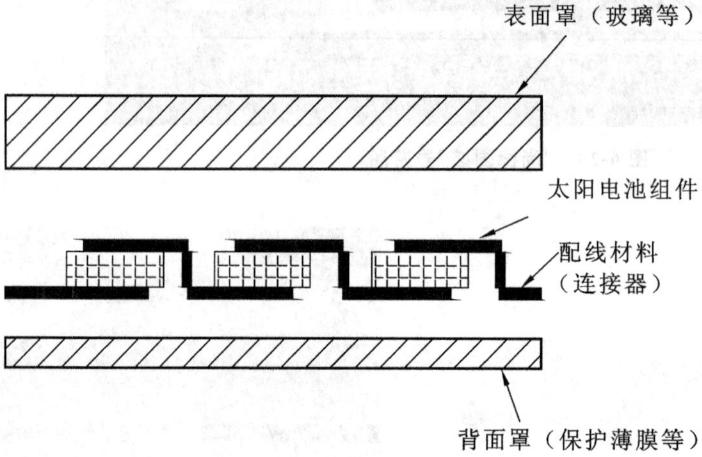

图 6-31　表面衬底型光伏电池组件

（2）太阳能控制器

太阳能控制器是对太阳能光伏发电系统进行控制与管理的设备。由于控制器可以采用多种技术实行方式,且实际应用时对控制器的要求也不尽一致,因而控制器所完成的功能也不一样。比较常见的有逻辑控制和计算机控制两种方式。智能控制多采用计算机控制方式。

（3）变换器

变换器分为直流变换器(斩波器,DC/DC Converter)和交流变换器(逆变器,DC/AC Converter)两种,直流变换器类似于开关电源,将直流电压和电流变换为不同等级的直流电压和电流;交流变换器是将直流电逆变为交流电。太阳能光伏发电系统中的变换器一般包括最大功率点跟踪太阳能控制器、蓄电池充放电控制器、光伏直流输电用升降压变换器、交流逆变器等。

（4）蓄电池

其作用是将太阳能阵列发出的直流电直接储存起来,并可随时向负载供电,如图 6-32 所示为工作电压 12 V、额定容量 90 Ah 的典型阀控式密闭蓄电池。在光伏发电系统中,蓄电池处于浮充放电状态,当日照量大时,太阳能电池除了供给负载用电外,还对蓄电池充电;当日照量小时,蓄电池储存的能量将逐步放出。

图 6-32　阀控式密闭蓄电池

根据不同场合和使用模式的需要，太阳能光伏发电系统一般分为独立供电的光伏发电系统、并网光伏发电系统和混合型光伏发电系统 3 种。

(1) 离网太阳能光伏系统

离网光伏系统也称为独立光伏系统，如图 6-33 所示，其由太阳能电池板、蓄电池、控制器、逆变器组成。太阳能电池板作为系统中的核心部分，其作用是将太阳能直接转换为直流形式的电能，一般只在白天有太阳光照的情况下输出能量。根据负载的需要，系统一般选用铅酸蓄电池作为储能环节，当发电量大于负载时，太阳能电池通过充电器对蓄电池充电；当发电量不足时，太阳能电池和蓄电池同时对负载供电。控制器一般由充电电路、放电电路和最大功率点跟踪控制组成。逆变器的作用是将直流电转换为与交流负载同相的交流电。

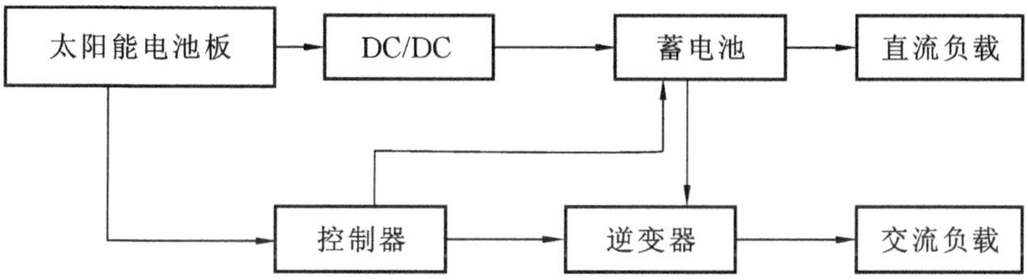


图 6-33　独立运行太阳能光伏系统结构框图

独立供电的太阳能光伏发电系统主要用于城市电网没有覆盖到的偏远地区或对环境保护有特殊要求的地区，这主要是考虑到架构传输电网在这些区域的成本和风景区保护等问题。由于离网系统需要同时供给多个负载，各负载用电与蓄电池充电之间的能量分配需要合理规划和管理，因此需要使用能量管理器，以期最大化地利用太阳能辐射能量。为了匹配光伏电池的最大功率点，负荷类型中应包括一定比例的可调节性负荷。离网系统在设计时，合理考虑蓄电池的有效使用是很重要的一个环节，尤其是对夜间用电或者白天存在用电高比率的电动机类动态负荷。该系统的缺点是系统整体能量利用率偏低、系统的供电可靠性和稳定性差，需要蓄电池加以储能以稳定供电电网电压和平衡发电与负载。同时，还存在蓄电池的更新支出和回收过程中存在的二次污染问题。

(2) 并网太阳能光伏系统

并网光伏发电系统如图 6-34 所示，光伏发电系统直接与电网连接，其中变换器(逆变器)将光伏电池所发电能逆变成为正弦交流电并入电网之中;控制器控制光伏电池最大功率点跟踪、控制逆变并网器并网电流的波形和功率,使向电网转送的功率与光伏阵列所发的最大功率电能相平衡。控制器一般是由单片机或者数字信号处理芯片作为核心器件构成;电压型变换器主要是由电力电子开关器件连接电感构成,以脉宽调制形式向电网送电。

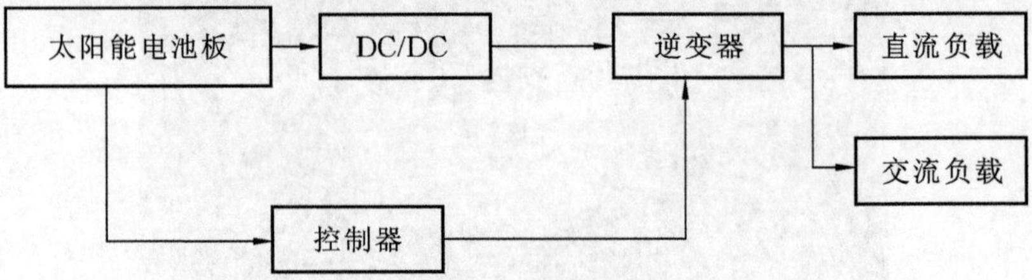


**图 6-34　并网运行太阳能光伏系统结构框图**

目前常用的并网光伏发电系统有两种结构形式,其不同之处在于是否带有蓄电池作为储能环节。带有蓄电池环节的并网光伏发电系统称为可调度式并网光伏发电系统,由于此系统中逆变器配有主开关和重要负载开关,使得系统具有不间断电源的作用;此外,该系统还可以充当功率调节器的作用,稳定电网电压、抵消有害的高次谐波分量从而提高电能质量。不带有蓄电池环节的并网光伏发电系统称为不可调度式并网光伏发电系统,在此系统中,并网逆变器将太阳能电池板产生的直流电能转化为和电网电压同频、同相的交流电能,当主电网断电时,系统自动停止向电网供电。当有日光照射,光伏系统所产生的交流电能超过负载所需时,多余的部分将送往电网;夜间当负载所需电能超过光伏系统产生的交流电能时,电网自动向负载补充电能。

与离网式光伏系统相比,光伏系统并入大电网有诸多好处:首先,不必考虑光伏电池在供电时的稳定性和供电质量问题;其次,光伏电池可以始终运行在最大功率点处,由大电网来接纳太阳能所发出的电能,可有效提高太阳能发电的效率;第三,可省略作为储能环节的蓄电池,降低蓄电池在充放电过程中的能量损失,免除其所造成的运行和维护费用,同时更可以消除处理废旧蓄电池所产生的间接污染。

(3) 混合型太阳能光伏系统

混合型光伏发电系统如图 6-35 所示,区别于以上两个系统之处是增加了一台备用发电机组,当光伏阵列发电不足或蓄电池储量不足时,可以启动备用发电机组,既可以直接给交流负载供电,又可以经整流器后给蓄电池充电。

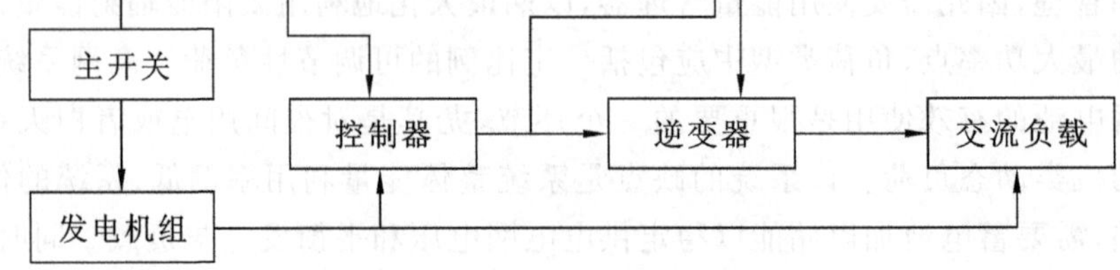


**图 6-35　混合型太阳能光伏系统结构框图**

此外,从系统所在区域和发电经济性考虑,还可采用风光一体化混合型发电系统,即按照自然条件和负荷情况配置风和光的发电比例，进而达到最佳的经济目标，同时可大幅度减少蓄电池的容量。所采用的柴油发电机平时可设计成备用状态或小功率运行待机状态，当风光发电不足或蓄电池储能不足时，由柴油机组补充发电，缓解发电系统发电功率不足的问题。作为备用补充发电的柴油发电机，其设计容量可以相对较小。

# 6.4　燃料电池动力技术

## 6.4.1　应用现状

近年来，由于能源紧缺和环境意识的增强，人们已经开始开发新的动力推进系统。燃料电池是绿色能源，由于其具有效率高、负载特性好、安装自由度高等优点，也非常适用于船舶的电力推进。

燃料电池电力推进船具有噪声低、振动少的优点，为船上工作人员创造了一个非常舒适的工作和生活环境。此外，船舶振动少对测量仪器的寿命及测量数据的精确度都有一定好处。

将燃料电池用于常规(非核动力)潜艇的 AIP(Air Independance Power)系统后，人们开始认识到它的优点。对于水面舰船，特别是商船来说，要广泛使用燃料电池还为时尚早，必须等到成本和技术可靠性都达到与常规推进系统一样才行。

水面船舶用燃料电池的种类如表 6-2 所示。原则上讲，燃料电池一般都适用于水面船舶的发电和推进系统。这些燃料电池所用的燃料有氢气、富氢气体(如甲烷)或液态碳氢化合物(如甲醇、柴油)，后者必须经过适当的重整才能用于燃料电池系统。纯氧或空气可用作氧化剂。

**表 6-2　水面船舶用燃料电池的种类**

| FC 类型 | 反应物 | 工作温度/℃ | 效率/% |
|---|---|---|---|
| 质子交换膜燃料电池 | 空气/重整气($H_2$) | 80 | 39～42 |
| 磷酸型燃料电池 | 空气/重整气($H_2$) | 300 | 38～42 |
| 熔融碳酸盐燃料电池 | 空气/甲烷 | 650 | 40～55 |
| 固体氧化燃料电池 | 空气/甲烷 | 900 | 45～60 |

为了保证所选择的燃料电池的构造能更好地适应船的要求，对船进行了分类，如表 6-3 所示。

**表 6-3　船的种类**

| | | |
|---|---|---|
| 水面船 | 商船 | 客船、渡船、集装箱船、油船 |
| | 军舰 | 驱逐舰、中型护卫舰、小型护卫舰 |
| 水下船 | 民用 | 载人或无人潜水艇 |
| | 军用 | 载人潜水艇、无人 AUV/UUV |

对各类船的性能范围和要求总结如表 6-4 所示。

**表 6-4　船的性能范围**

| | | | |
|---|---|---|---|
| 水面船 | 商船/军舰 | 推进 | 5～50 MW |
| | | 电网供应 | ＜10 MW |
| | | 应急电源 | 0.1～1 MW |
| 水下船 | 潜艇 | 单一推进 | 2～5 MW |
| | | 混合推进 | 200～400 kW |

燃料电池可以为船舶提供推进动力、为船上电网发电、作为应急电源等。此外，它还须满足静音运行等特殊要求。除了上述功能外，所选择的燃料电池的种类还必须满足特定的性能标准，比如系统的能量密度、负荷变化（负荷增加或减少、突然断路、短路）的能力或补充燃料的能力。

船舶上的电力供应主要是靠柴油发电机，并配有大量的二次电池等辅助电源。根据船的类型和操作状况，需要的驱动功率不同，简单列出了不同船舶需要的驱动功率，如表 6-5 所示。燃料电池系统既可以作为船舶的推进动力，又可以满足船舶上的各种用电的要求。

**表 6-5　不同船舶的功率要求**

| 类型 | 电力 | 推进器 | |
|---|---|---|---|
| | | 慢 | 快 |
| 小型游艇和船舶 | | 1～100 kW | |
| 民用船只 | 100～2000 kW | 500～1000 kW | 50000 kW |
| 海艇和海军舰艇 | 500～2000 kW | 1000～2000 kW | 50 000 kW |

质子交换膜燃料电池具有质量轻、体积小（能量密度可达0.82 kg），可模块化组装、成本低和寿命长等优点，是目前电动汽车主要采用的燃料电池类型。固体高分子燃料电池的输出功率大，以同等功率相比较，与柴油机体积相当，被认为是非常适合于小型船舶和潜水艇的燃料电池类型。德国西门子公司向海军提供的潜水艇采用了固体高分子燃料电池，潜艇安装有燃料电池和柴电动力组成的混合动力系统。混合动力系统由两套推进方式结合而成，一套动力系统是由柴油发电机组、推进电机、蓄电池组和配电设备等组成的常规推进系统，使用铅酸电池，需要潜艇定期浮出水面进行充电；另一套则是燃料电池系统。在实际作战中，潜艇会将燃料电池系统和柴电动力系统结合使用。前者用于在水下隐蔽的长时间航行，后者则用于获得作战所需的高航速。上述两套系统既可单独工作，也可以同时进行工作。

客船上的动力装置不仅用作推进装置，而且还必须为客舱服务提供所需要的电力和热力，与此同时还应使旅客尽可能少地受到噪声、振动和排气烟雾的影响。采用燃料电池推进装置，可以完全满足这些要求。燃料电池作为船的推进动力，可以直接为船上的设备和旅客提供电力，减少船上的柴油发电机组和二次电源。质子交换膜燃料电池和固体氧化燃料电池被认为是适合做动力的燃料电池系统。质子交换膜燃料电池由于在低温下工作，能提供的热力有限，熔融碳酸盐燃料电池和固体氧化燃料电池都在高温下运行，工作温度也非常有利于燃料的重整，但熔融碳酸盐燃料电池比固体氧化燃料电池的功率低、密度低、体积大。固体氧化燃料电池结构简单、效率高、对燃料的适应性强，与燃气轮机联合使用可大大提高发电效率，伴随发电产生的热可以提供热水供淋浴，还可以将排水处理成饮用水。但是固体氧化燃料电池运行温度过高，在制造技术和材料的选择上有一定困难。降低固体氧化燃料电池的操作温度，把操作温度从 850～1000 ℃降到 600～800 ℃，成为固体氧化燃料电池的研究热点。随着研究的不断进步，技术的成熟和成本的降低将使固体氧化燃料电池有很大的应用潜力。

运输液化天然气的 LNG 液货船是目前唯一的专门用蒸汽轮机推进的船型。在 LNG 液货船上，液化气在－162 ℃的温度下装在隔热舱中。尽管船舱高效隔热，但是液化气受到光照仍然会蒸发。蒸发的天然气可用做主锅炉的燃料，提供全部需要的推进功率。如果改用燃料电池电力驱动，可直接采用汽化的天然气做燃料，既经济又可以解决液化气的蒸发问题，而且燃料电池具有更高的效率。日本燃料电池电力推进船调查委员会曾对 LNG 船装备熔融碳酸盐型燃料电池做过分析，认为应用燃料电池来改进船舶动力是十分正确的。

燃料电池作为军事动力电源的一个大用途就是作为海军舰艇和无缆水下机器人的动力电源。目前世界各国海军所使用的潜艇按照动力源的不同可以区分为柴油发电机搭配铅酸蓄电池的传统动力潜艇以及应用核反应堆的核动力潜艇。核动力潜艇由于造价高以及退役时核反应设备的处理困难等因素，限制了核动力潜艇的发展。而传统的以柴油发电机和铅酸蓄电池作为动力的潜艇，因要为铅酸蓄电池充电而必须经常在通气状态下航行，在反潜技术高度发达的今天，传统动力潜艇的隐蔽性与安全性等受到影响。因此，在 20 世纪末，世界各国都在发展不依赖空气而可以在水下长时间航行的非核“闭气推进系统”潜艇。由于质子交换膜燃料电池具有能量转化效率高、工作温度低与噪声小的特点，是极为理想的 AIP 潜艇动力电源。例如，在携带相同燃料和氧化剂情况下，质子交换膜燃料电池动力潜艇的续航能力是柴油发动机的 2 倍，而工作温度和噪声与铅酸蓄电池差不多。在燃料电池动力潜艇发展的初期，各国大多采用混合动力系统设计，也就是在传统动力体系上加装燃料电池发动机，燃料电池以液氧为氧化剂，而燃料则采用以储氢材料储氢，或者是采用艇载的甲醇成分氧化重整器制氢。当潜艇需要隐蔽作战时，可以用燃料电池和铅酸蓄电池为动力，这样可以提高潜艇的潜航力和隐蔽性来增强作战能力，并提高安全度。当远离战区时，潜艇可转由柴油发动机驱动而达到混合驱动潜艇的目的。

世界第一艘燃料电池潜艇于 2003 年 4 月在德国基尔港下水，到 2004 年春服役后，就是“世界范围内最先进的常规动力潜艇”。它采用混合动力系统，即燃料电池动力系统和柴电动力系统混合使用。该系统的燃料电池由 9 组质子交换膜燃料电池构成，配有 14 t 液氧贮存柜和 1.7 t 气态氢贮存柜；燃料电池尺寸小、无腐蚀、功率密度大，使用寿命长；每组燃料电池的输出功率为 34 kW，9 组总功率 306 kW；它的燃料电池动力系统向海水辐射的热能很少，因此它的红外特征很小。由于它基本不向艇外排放废物，尾流特征也很小，能超安静运行，其声信号特征比柴电推进装置低。传统的柴电动力潜艇在水下潜航 2～3 天就会耗尽电池能量，必须浮上水面给蓄电池充电，而燃料电池潜水艇可在水下自行充电，连续潜行 3 周。其柴电动力系统中有 MTU 公司的一台 16V 396 型废气增压高速柴油机，功率 3.12 MW，系统中的蓄电池组能满足潜艇高低速航行及全艇电网供电要求。

日本研制的世界第一艘采用氢氧燃料电池动力的深海科学考察巡航船于2003年9月试航。目前我国的燃料电池研发课题主要集中在电动汽车方面，当燃料电池普及到轿车时，燃料电池船用化的时间也就到了。船舶电源的选择将发生两个变化：

(1) 替代铅酸蓄电池。尤其是在高速船上，选用燃料电池用作主机的起动电源、应急电源及无线电的专用电源。

(2) 替代船舶辅机。船舶电站将不再选用辅机带动发电机，船舶辅机舱将变得非常清洁安静，这将是船舶电站的一次实质性的变革。

在燃料电池在船舶上的应用上，今后在下面几个问题上可以作进一步探讨：

(1) 燃料电池公司开发出高密度、长寿命、小型轻量的燃料电池，降低电池成本；

(2) 研制单位应设计最佳的燃料电池的控制系统，使其达到实用化程度；

(3) 让公司、船厂接受燃料电池推进船，认识到它的优点及使用价值，共同开发研制试验船。

## 6.4.2 燃料电池应用系统

燃料电池发电系统主要由4个基本单元构成，如图6-36所示。

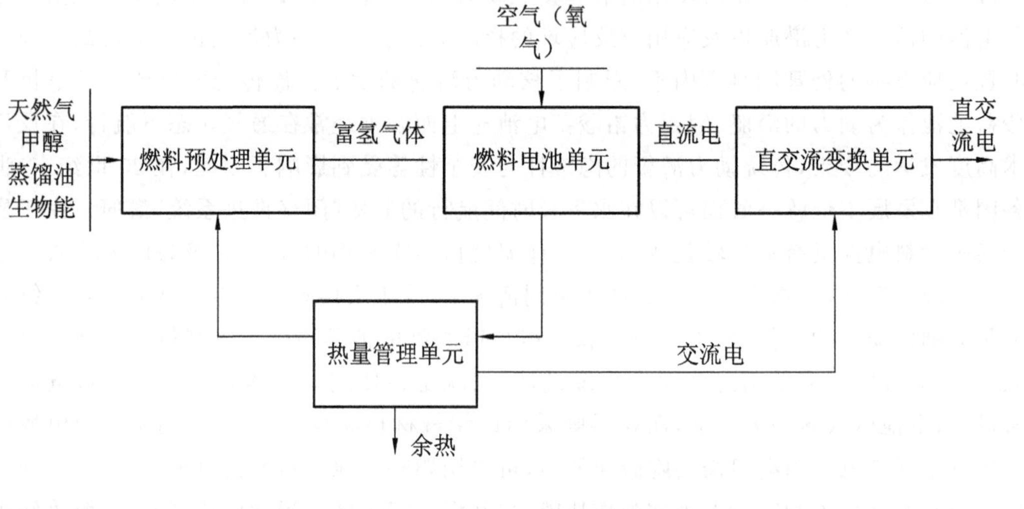


**图6-36 燃料电池发电系统方框图**

(1) 燃料预处理单元

燃料在进入燃料电池之前必须作预处理以适合于燃料电池使用。经转化后的燃料主要成分为 $H_2$ 和 CO，也含少量 $CO_2$。燃料预处理系统主要由燃料的特性决定。例如，天然气可用传统的水蒸气催化转化法，煤则须气化处理，重质油则须加氢气化。

(2) 燃料电池单元

单元是燃料电池的心脏。由许多单电池组合成电池堆，其中包括气体输送管、送风机、换热器以及操作控制系统等辅助设备。以离子交换膜为电解质的聚合物燃料电池为例，电池本体由离子交换膜、多孔扩散电极及气体通道组成。富氢燃料气进入阳极，氧化剂气体进入阴极。通常，约有75%～90%的燃料可以转化为电能，剩余气体经处理后可循环使用。反应气体不能透过电解质层，只有在两极之间传输电流的氢离子可以透过。为了尽可能保持低电阻，离子交换膜应尽可能薄。一般在多孔扩散电极表面均涂覆有电催化剂，以促进电化学反应速度。当电极与系统外的负载相联接时，电极反应所生成的电子就能自阳极流向阴极，产生直流电。

(3) 直交流变换单元

直交流变换单元的主要功能是将直流电转变成交流电，过滤与调节输出电流与电压，进行燃料电池系统中各个阶段的控制，确保系统运行过程的完善与安全。

(4) 热量管理单元

该单元与余热综合利用有密切联系。规模较小的燃料电池发电站的废热可以应用于燃料预处理中蒸汽转化或厂房空气调节；大规模的燃料电池发电厂可以设计成热电联产系统。

与其他动力系统相比，燃料电池性能优良，但燃料电池种类很多。为了比较哪一种能更好地满足船舶选用燃料电池的要求，对 6 类候选燃料电池设置了 20 项评选内容(后两项针对潜艇)。

6 类候选燃料电池是：碱性燃料电池、质子膜燃料电池、磷酸燃料电池、超酸燃料电池、熔融碳酸盐燃料电池和固体氧化物燃料电池。

20 项评选内容是：预选、优越性、冷却方式、阳极对燃料纯度的敏感性、燃料类型、燃料重整、阳极排放、阴极氧化剂、产物水的利用、废热、电流密度和功率密度、装置费用、效率和热速率与比燃料消耗、起动与应答、模块尺寸、辅助装置布局、电池模块易组合和人工移动、电气连接与控制、氧消耗速率及氧源、水下高压情况下工作性能。

在上面 6 种候选电池中，超酸燃料电池、熔融碳酸盐燃料电池、固体氧化物类燃料电池都有可能使转运费用进一步降低，但有些技术问题还没有解决。碱性燃料电池具有电化学活性高，可不用贵金属催化剂等突出优点，20 世纪 60 年代初曾被美国宇航局选作空间应用的 Apollo 电池，德国前一阶段在燃料电池 AIP 系统中也一直采用碱性燃料电池。然而随着近十多年来质子膜燃料电池技术的发展，质子膜燃料电池在无环境腐蚀、无电液循环、氢电极极化小等方面明显优于碱性燃料电池；在无腐蚀、便于模块化、工作温度低、功率密度大等方面优于磷酸燃料电池。因此，各国较一致地选用质子膜燃料电池作为船舶燃料电池。

下面以质子膜燃料电池为例，在应用技术方面作简要说明。

(1) 燃料电池模块

船用燃料电池供电系统可分为三大部分。第一部分是电池本体，第二部分是氢氧源，第三部分是保证电池正常工作的辅助装置。电池本体可根据船用要求模块化，这样既便于吊装、搬运，也便于根据不同的要求提供不同的电压和电流。

(2) 燃料电池模块性能参数

燃料电池模块是燃料电池本体的一个单元。德国西门子公司花了十年的时间研制成功用于新 212 级潜艇 AIP 系统的燃料电池模块，它的功率为 30～70 kW，电压为 60～70 V，电流为 600～1500 A，效率达到 70%，工作温度为 80 ℃，工作压力为 0.2 MPa，尺寸为 5 m×5 m×13 m。模块的外端板上设有正负极极柱，不同数目的模块串并联可满足不同的电压电流要求。

(3) 模块的核心部分

模块的核心部分是膜电极组合。质子膜燃料电池最主要的特征是没有液相电解质，而以质子膜为电解质。质子膜是一种全氟磺酸膜，以铂为催化剂，能导通质子。膜电极的两侧分别为氢气室和氧气室、导流板、冷却水室等。氢气在阳极催化剂的作用下，在阳极失去电子，变成质子穿过质子膜与氧在阴极还原形成的氢氧根离子结合形成反应产物水，从氧气室排出。膜电极和相应的气室及其他部件构成电池单体，若干单体叠加用螺杆紧固再加上相关的部件及外端板等就构成燃料电池模块。

(4) 氢氧源

钢筒内部的铝盒中存放着由真空炉制备的合金，氢的输入和导出都经过中央过滤管，第一次充氢是活化过程，合金块吸氢后瓦解为细的粉末，金属氢化物储存筒不需要维护，放在潜艇的耐压壳外。对于水面舰艇，将采用重整制氢装置制氢，原料是甲醇或廉价的柴油或煤油。对于潜艇，氧以液态形式贮存于耐压壳外的液氧贮槽内。液氧贮槽为双层真空绝热结构，贮槽带有一体化的蒸发器和安全装置，安装在有弹性的固体支架上。安装时要用特殊方法检验其稳定性和绝热性。水面舰艇采用的氢/空气燃料电池直接用空气中的氧气作氧化剂。

(5) 燃料电池供电系统的组成

燃料电池供电系统包括燃料电池模块、氢源和供氢装置、氧源和供氧装置、水热管理装置、氮气装置、安全控制装置等。水热管理装置用于维持电池的水平衡和热平衡，带走电池产生的热量，同时提供液氧蒸发及金属氢化物氧化所需的热量，多余的热量经热交换器排到船外。由于废热的充分利用，燃料电池的效率提高到85%左右。氮气装置用于维持压力平衡，减少泄漏。当燃料电池较长时间停止工作时，气室可充氮使其惰性化。液氧贮槽可以安装在耐压壳外的顶部，燃料电池及辅助装置可以安装在甲板上部，氢源和生成水贮槽可以安装在甲板下部。

过去人们的研究燃料电池能否作为船舶的主要动力装置，大多是通过将一艘正在运行的船舶的动力装置改为燃料电池来比较两种动力装置的优缺点，这种比较没有从设计开始就充分考虑燃料电池的特性和特点，对船舶动力装置进行优化设计，因此缺乏一定的可信度。为了充分发挥燃料电池的优点必须从方案设计开始，根据燃料电池动力装置的特点和特性，从设计上保证最大限度地发挥燃料电池的作用和功能。

## 6.5 船舶推进装置新能源综合利用

船舶推进系统是船舶的重要组成部分，船舶推进系统有多种形式，目前主要可以分为三类，即以柴油机为主推进动力的传统推进系统、电力推进系统以及混合动力推进系统。将LNG、太阳能、燃料电池等新能源技术综合应用到船舶推进系统中，降低燃油消耗，减少船舶污染，从而形成清洁的船舶推进系统。

### 6.5.1 优化传统推进装置

传统推进系统主要由原动机提供动力，通过变速齿轮箱直接带动螺旋桨或其他推进器推动船舶前进，目前柴油机推动仍然是主流推进形式。现在研究与实践中多利用LNG来替代柴油，与其他船用燃料相比，LNG燃料最主要的优点是对环境的影响小。瓦锡兰公司提供的数据表明：双燃料发动机技术可以降低20%～25%的碳排放，NOX排放降低90%。但以 LNG 作为船舶燃料，还要改变主机和燃料舱的设计布置。天然气压力罐所需空间为等量柴油所需空间的 3～4 倍，特殊的储气罐和舱室结构增加了 LNG 储存的重量，约为船用柴油的 1.5 倍，使建造成本增加了 20%～80%，同时也增加了维护成本。

现有船舶要以 LNG 或者 LNG/柴油为燃料，必须加装 LNG 储存舱等装置。通常情况下，在船舶改装过程中，加装的主要装置为 LNG 储罐和气体处理系统。此外，船上还需要安装一些辅助系统，如气体加热系统、惰性气系统、通风系统、遥控阀门及安全系统、自控系统等。典型的船舶使用 LNG 方案为：LNG 通过气体处理系统气化，天然气通过主控制阀供给到燃气发动机，从而使船舶获得动力。

2010 年 12 月，挪威船级社（DNV）公布了环保船的设计构想。该船总长 361 m，船宽 70 m，型深 27.52 m，载重量 291 300t。该船在 20 年内使用 LNG 燃料可以减少 24% 的 $CO_2$、80% 的 NOX、94% 的 SOX 排放量和颗粒物。据了解，一艘超大型油轮（VLCC）在每个航程中会损失 0.2% 的液货，为了减少货物蒸汽的排漏，该 VLCC 安装有货物蒸汽回收装置，将货物蒸汽提供给辅助锅炉作为燃料，为货物油泵提供蒸汽动力。2 个可以储存 6750 $m^2$ LNG 的 C 型压力罐设置在甲板室的货物甲板，便于操作和提高舱室的安全性，续航力达到 25 000 海里。主机采用 2 台 MAN Diesel & Turbo 高压双燃料低速发动机，可以燃烧压力为 300bar 的天然气，以船用汽油作为引燃燃料，辅机采用低压双燃料发动机或气体发动机，并配有三燃料锅炉。燃料供应系统包括主机的高压系统、辅机和锅炉的低压系统、增压装置和潜水泵等，并通过 LNG 船或燃料补给驳进行燃料补给。

### 6.5.2　清洁电力推进装置

船舶电力推进系统与传统推进系统的区别是：原动机不直接带动螺旋桨或其他推进器，而是通过电动机带动，一般由原动机、发电机、电动机、螺旋桨以及必要的控制设备组成。原动机可以是柴油机、汽轮机或燃气轮机。目前电力推进系统常见形式是：柴油机作为原动机，产生的机械能由电机转换为电能，经变频器把满足要求的电流输送到推进电机，电动机再将电能转换为机械能带动螺旋桨旋转，推动船舶前进。电力推进系统具有安装布置灵活、安全可靠性好、自动化程度高、操作灵活及机动性能好等优点，深受各国造船业的青睐。

如今，电力推进在民用船舶领域出现了前所未有的盛世，电力商船的应用范围日益扩大。但由于多数船舶电力推进系统的原动机仍然是柴油机，所以在日益严格的排放法规的压力下，船舶界也在研究如何将电力推进系统做得更加清洁。现有的电力推进系统改造方案主要有 LNG 燃料电力推进、燃料电池电力推进、太阳能电力推进以及综合能源电力推进。

（1）LNG 电力推进系统

M/F Glutra 号是世界首艘采用 LNG 燃料的渡船，由挪威阿克尔船厂于 2000 年建造。该船采用的是 LNG 电力推进系统，其推进原理是：LNG 从卡车储气罐注入船上的不锈钢储气罐，不锈钢储气罐布置在甲板下的双壁不锈钢容器中。LNG 通过发动机冷却剂蒸发后进入 4 台超稀薄燃烧天然气发动机中。每台发电机与对应的发动机相匹配，通过变频器将电能供应到 1000 kW 的异步电动机，电动机驱动位船尾的双桨，以提供较好的操纵性。

LNG 储存在 2 个真空珍珠岩绝热不锈钢低温储气罐中，每个 LNG 储气罐容积约为 32 $m^3$，最大填充率为 85%。储气罐的外层是不锈钢容器，不锈钢容器可以防止 LNG 逸出，还能避免低温液体对船体钢板的冷却侵蚀。2个储气罐分别设置在两个独立的舱室中，每个舱室还配有蒸发器，蒸汽通过双管输送至压力为4bar的主机舱。采用4台超稀薄燃烧天然气发动机，4台发动机分布在4个不同的通风性良好的机舱，可以通过一套系统中的气体检测器进行监控，能够确保在气体浓度超过某一水平时切断气体流动，泄漏的气体通过管道进入桅杆顶部。当任意机舱中的气体混合物达到最低爆炸水平的20%时，气体检测器会发出报警并且在发动机达到60%LEL时，自动切断气体供应。机舱的爆炸分析表明：在最坏的情况下，主机的两扇窗格门将爆裂并立即释放压力而不影响其他主机室。在正常操作下，2台主机可以为推进和其他能量消耗提供足够的功率，第3台发电机作为备用或用于增速及用于恶劣条件下，第4台发电机为其他主机维护时使用。通过这种配置，该船能够进行2～3年的全年持续航行。

(2) 太阳能电力推进系统

一般电力推进系统是由柴油机驱动发电机发电为全船提供推进动力，所谓太阳能推进即利用太阳能发电装置取代主柴油发电机组，所产生的电能经变频器整流输送到推进电机，驱动螺旋桨。太阳能动力船需要在船舶上安装太阳能电池板，利用太阳追踪控制系统追踪太阳以吸收太阳光能。而太阳能光伏发电系统的转换效率比较低是制约太阳能利用的重要因素，所以世界上从事太阳能研究的学者都在花大力气提高太阳能光伏发电系统的效率。船舶要实现全天候以太阳能为动力，不仅靠提高太阳能光伏装置的效率，还要依靠储能装置。储能装置一般有蓄电池或燃料电池。该装置可储蓄太阳能转换而来的电能，作为船舶主动力电动机的能源，以实现全天候、高功率船舶动力供应。目前的储能装置有常规铅酸蓄电池、高性能蓄电池(如锂离子蓄电池)以及燃料电池(如氢燃料电池)。其中(氢)燃料电池具有容量大、比能高、功率范围广以及噪声小等优点，从长远来看是最有前途的储能装置。有研究学者做过将太阳能制氢技术与氢燃料电池技术结合应用于太阳能动力系统，并进行了“太阳能—氢能”系统的探索，如图6-37所示。

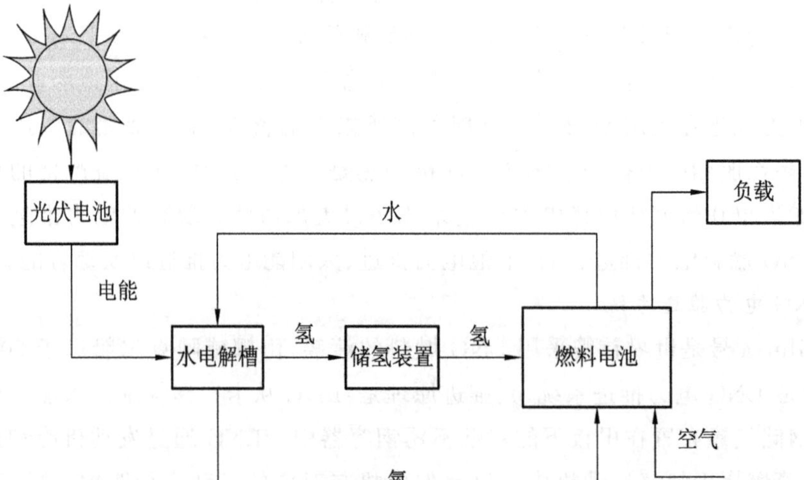


图6-37 “太阳能-氢能”系统示意图

(3) 燃料电池电力推进系统

燃料电池既可以作为储能装置，也可以替代主柴油发电机组作为单独的动力源为船舶提供动力。世界上已经有燃料电池电力推进船舶的应用。燃料电池电力推进系统主要由燃料电池、DC-DC 变换器、DC-AC 逆变器、推进电机、螺旋桨及控制系统等设备组成。

燃料电池是利用氢气和氧气结合生成水，将化学能直接转换成电能的装置。主要有碱性燃料电池(AFC)、磷酸燃料电池(PAFC)、熔融碳酸盐燃料电池(MCFC)、固体氧化物燃料电池(SOFC)、质子交换膜燃料电池(PEMFC)五大类。燃料电池用于推进系统的主动力装置还需要燃料储存装置、空气压缩机、气泵、加湿器、气体质量流量控制器、压力调节器、温度控制器、功率调节装置、燃料电池控制系统等周边辅助系统的支持才能正常工作。燃料电池电力推进系统由燃料电池供电，发出的是直流电，且电压不稳定，需要经过 DC-DC 斩波变换器转换为稳定的直流电压，再由 DC-AC 逆变器把稳定直流电变换成推进电机所需要的交流电来驱动推进电机，并对电机进行调速控制，推进电机带动螺旋桨旋转进而推进船舶前进，如图 6-38 所示。

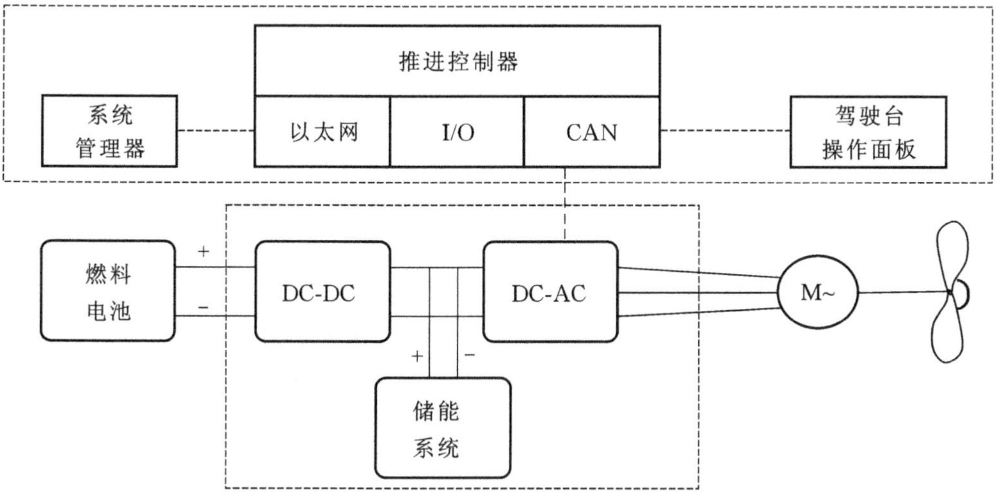


**图 6-38　燃料电池电力推进系统框图**

因为燃料电池的动态响应具有一定的延时，所以需要配置一个带储能设备的能量管理单元，即储能系统，来提高燃料电池的动态性能和减少快速的负载变化对其造成的损害，延长工作寿命。储能设备一般使用蓄电池或者蓄电池与超级电容的组合。储能系统作为船舶的辅助动力，在船舶起动、加速、过载等工况下需要的驱动功率大于燃料电池系统可以提供的功率时，释放存储的电能，从而降低燃料电池的峰值功率需求，同时也提高系统的动态响应速度；而在船舶怠速、低速或减速航行等工况下，燃料电池功率大于驱动功率时，存储富余的能量；在船舶制动时，吸收存储再生制动能量，从而提高系统的能量效率。

## 6.5.3　混合动力推进装置

目前混合动力推进系统主要有以下两种形式：一种是基于传统推进加电力推进的系统形式；另一种是完全基于电力推进系统的形式。

(1) 基于传统优化推进系统形式

基于传统优化推进的混合动力推进系统(如图 6-39 所示)是将机械(主柴油机)推进和电力(发电机组)推进结合在一起,根据不同工况、不同的需求,切换主柴油机驱动螺旋桨或者主柴油机与轴带电机同时驱动螺旋桨,有效解决了船舶短时间内工况多变和输出较大推力的需求,减少了船舶的总燃油消耗量和废气排放,可节省船舶的运营成本,同时提高船舶运行的可靠性。

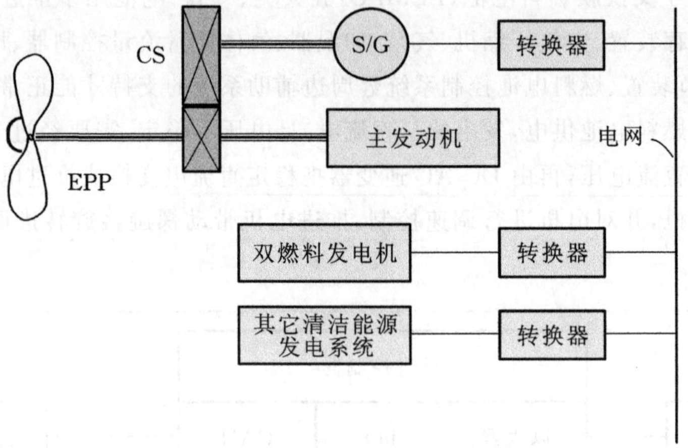


图 6-39 基于传统优化推进的混合动力推进系统结构原理图

此种混合动力推进系统形式主要由主发动机驱动螺旋桨推动船舶航行,此外,通过齿轮箱连接轴带发电机,当主发动机富有储备功率时,则带动轴带发电机进行发电,为船舶提供电力;当主发动机功率不足时,轴带发电机则从电网吸收电能通过齿轮箱驱动螺旋桨,为船舶提供航行所需动力。此外,双燃料发电机及其他清洁能源发电系统(风能、太阳能等)也可为船舶提供电力需求。

(2) 基于全电力推进系统的形式

此种混合动力推进系统形式主要由双燃料发电机发电系统、燃料电池发电系统、新能源发电系统作为混合动力船舶的动力源,相辅相成,互为补充并相互依赖。当船舶负荷需求较低时,首先采用新能源发电系统;随着负荷的增加,新能源发电系统不能满足负荷需求时,则增加燃料电池发电系统为船舶提供动力;如负荷继续增加,则启动双燃料发电机进行发电。对于某些中小型船舶,其负荷需求较小,没有必要安装双燃料发电机发电系统。此外,对于一些小型电动船,只需配备新能源发电系统即可满足全船的电力需求,因此混合动力系统的组成也相对简单。

这种混合动力推进系统形式还包括储能系统,作为燃料电池发电系统与新能源发电系统联系的媒介,如系统中有剩余电能时,则将其存储到储能系统中,如燃料电池发电系统不能满足全船的电力需求时,则可由储能系统补充少量的电能,当然这需要整流器和逆变器来协调工作。

船舶电网汇集船舶所发电能,通过变频器驱动电机从而带动螺旋桨推动船舶航行,通过变频器调节电机的转速从而控制船舶的航行速度。

下面以太阳能、风能、超级电容、蓄电池、燃料电池和发电机组作为动力源的混合动力推进船舶为例，论述其配置形式和工作原理，此种船舶的推进系统配置方案如图 6-39 所示。其中太阳能电池板通过单向 DC/DC 整流后，一方面与 48 V 直流总线相连，另一方面通过双向 DC/DC 与超级电容和蓄电池相连，并由双向 DC/DC 的控制信号决定是向超级电容与蓄电池充电还是由超级电容与蓄电池向直流电网放电；燃料电池通过单向 DC/DC 整流后与直流电网相连，为船舶提供源动力；风力发电系统一方面直接与船舶交流电网相连，为船舶提供航行所需的动力，另一方面通过 AC/DC、单向 DC/DC 后与超级电容和蓄电池相连，由单向 DC/DC 的控制信号决定是否向超级电容与蓄电池充电；48 V 直流总线汇集直流电后通过 DC/AC 与发电机组、风力发电系统一同并入 380V 交流电网，通过变频器驱动电机，推动船舶航行。此外，380V 交流电网通过 AC/AC 变换后给生活娱乐用电设备、辅助备用设备等供电。

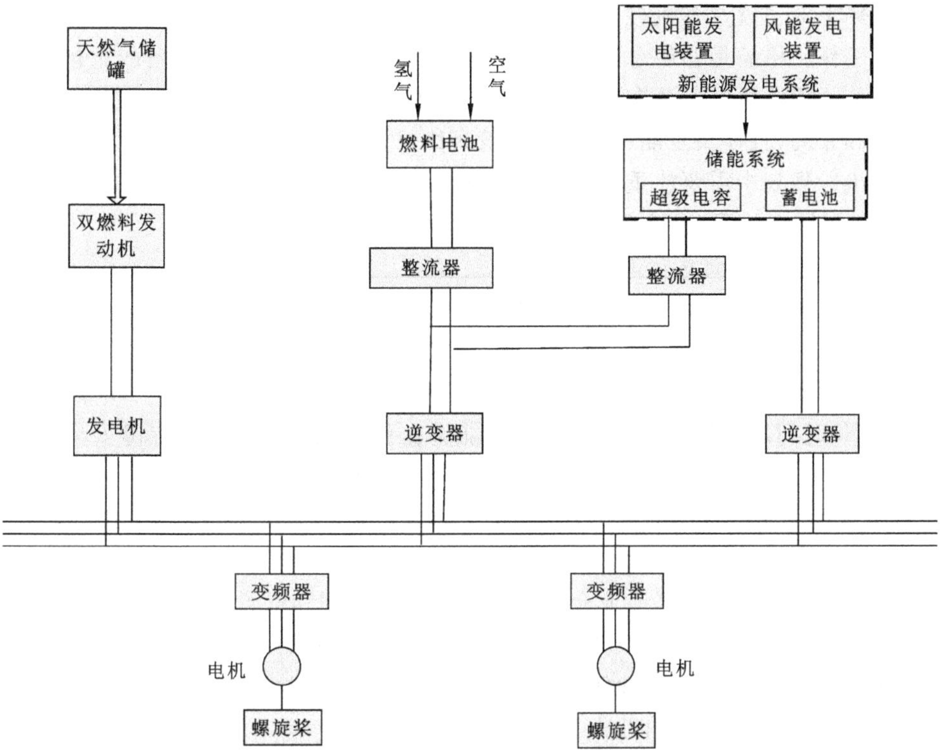


**图 6-40　基于全电力推进的混合动力推进系统结构原理图**

整个系统的核心为能量管理控制系统，根据船舶的工作情况输出相应的控制信号，使得各种发电机技术有机融合，互为补充并相互依赖，使系统在满足全船热电需求的同时最大程度地利用清洁能源，不仅保证了能源供给的可靠性，而且提高能源综合利用效率，达到节能环保的目的。

同样道理，当船舶所需的功率较少时，可以适当地减少发电机组的数量或不用燃料电池，其他部分工作原理相同。

# 第7章 船舶机舱规划与设备布置

船上专门用来放置动力装置和机械设备的船舱称为机舱。机舱规划与设备布置是指在设计过程中在机舱合理安排布置主机、辅机及有关机械设备。

机舱在船上的位置及其机械设备在舱室内具体布置的机舱规划，是新建船舶方案设计的一项重要工作。机舱是船舶总容积的一部分，安放在机舱内的机电设备的重量，又是船舶重量的一部分。因此机电设备在机舱中布置得合理与否，直接影响船舶上层建筑的形式、水密舱的划分和布局，且涉及全船性能、结构、管理维修以及安全可靠等多方面的指标。

在船舶机舱规划中需要注重相关设计理念，具体包括：

(1) 全局与综合的观点：综合考虑可靠性、经济性和机动性。

1) 不同用途船舶设计内容和要求各异。

2) 除完成船舶用途要求的各项任务外，还必须为船上人员（船员、旅客）提供生活、工作必要的条件。

3) 船舶作为水上的“活动建筑物”，在任何时刻都将受到风浪、水流、气候等环境因素的直接影响，且长时间离开陆地独立活动，必须能够在孤立无援的条件下保障安全、正常工作（续航力），并在船舶失去动力的极端情况下保证船上人员的基本生存条件（自持力）。

4) 在船舶排水量一定的前提下，有效分配动力装置的布置空间，为船舶提供尽可能多的营运空间。

(2) 相关与协调的观点：各专业充分协调，有效利用空间和资源，统筹完善设计的符合性。

1) 须符合船舶的特殊使用条件，即船用条件，包括环境条件、空间条件等。

2) 须设计成具有必要的目标任务条件和合适的保障条件，包括营运条件、作业条件、研究条件及工作条件、生活条件和生存条件。

3) 须全面地综合地进行设计，进行全局考虑，包括动力装置与船舶总体性能、动力装置与其他专业、动力装置内部各子系统之间的平衡和匹配，以实现预定的技术经济指标。

4) 须全面掌握动力装置所覆盖的各技术领域，如船舶推进技术、热能转换技术、电气与自动化和智能化技术、安全技术、消防技术、防污染技术、冷藏技术、通风和空调技术、仿真技术以及人员生活、生存技术等。

5) 须符合入级船级社规范、船旗国法规等规定，同时还要遵守国际公约、规则、港口国法规等要求和约束。

6) 须根据市场经济的特点，控制设备的选用和配套成本。

本章主要讨论机械设备在机舱内合理布置，使其在机舱内占用更小的容积，以及根据船舶设计的要求选定机舱的位置等。

# 7.1　机舱的位置及尺寸

## 7.1.1　机舱的位置

决定机舱位置的主要因素有两个方面，一是船舶的总布置规划要求，二是动力装置本身的要求。

对于一般民用船舶而言，按各类船舶用途的不同，机舱在整个船纵向长度中所居的位置也不同，归纳起来主要可分为中部机舱和尾部机舱。现在除客船外，机舱放在尾部的占绝大多数。

(1) 中部机舱位置及特点

中部机舱一般用于客船、拖船、军舰及动力装置重量占很大比例的船舶上。

机舱位于船中部时，货船货舱分布在机舱的前方和后方。这样布置的优点是：

1) 船舶在满载或空载时不会产生纵倾或者纵侧倾。即使不是满载而是部分装载的情况下，只要进行适当配载，就可以保持船舶的正浮状态而不产生纵倾现象，容易保持船舶的平衡。

2) 由于船舶的中部线形一般变化比较平缓，底部平坦或角度变化不大，机械设备规划布置和安装起来比较容易。

3) 中部机舱的船舶抗沉性较好。

机舱设在中部也有其缺点，具体表现为：

1) 货舱容积因此而减少，将货舱分成前后两部分，也会造成装卸货的困难。

2) 因为由机舱(中部)伸向船尾的传动轴系必须穿过尾部各货舱，因此在这些货舱的底部，必须沿纵向开设轴隧，将传动轴与货舱完全隔开，保护轴不受损伤。由于轴隧占用了一部分空间，这样尾部的货舱容积减少了，船体结构也变得复杂，并且由于轴隧的存在，给舱内货物的堆积也带来不便。

3) 由于机舱设于船的中部，轴系的长度大大增加，轴系效率低，也给维护管理带来了很多麻烦。

(2) 尾部机舱位置及特点

尾部机舱一般用于油船、集装箱船、冷藏船等船舶。

其优缺点正好与中部布置的船舶相反。其主要的优点是：

1) 轴系短，重量及造价低。

2) 增加货舱容积。

3) 便于装卸。

4) 维护管理方便。

机舱布置在尾部的主要缺点：船舶在空载或轻载时，会发生较大的纵倾，这样必须使用压载来改善。

纵倾对于各种类型的船舶有不同的影响，有的船舶对纵倾有较严格的要求，例如，客船无论什么时候都不希望纵倾，因此客船机舱大多位于中部。有些船，如油船、矿砂船、冷藏船和一般货船，虽然也不希望产生纵倾，但由于机舱位于尾部的一系列优点，而对于纵倾变化很大和由此而带来的其他缺点，可以在设计上解决。因此在这种情况下，往往将机舱设在尾部，或偏后布置。

### 7.1.2 机舱的尺寸

机舱容积的大小是根据机舱中全部机械设备的数量、主要机械设备的尺寸和保证这些设备正常运行、维修等需要的空间而决定的。机舱的容积越大，货舱的容积就越小，因此从载运经济性上考虑，机舱容积要尽可能小。但机舱尺寸过小，又将影响机械设备的规划布置，并给操作管理、维修等工作带来不便。所以，在合理的情况下，力求减小机舱的容积、长度、面积。

不同用途的船舶对机舱尺度的要求也不一样，如对客货船和货船、民用运输船和军用船都有不同的要求。在船舶动力装置上，通常利用面积饱和度和容积饱和度来衡量机舱底平面与机舱容积利用的情况。

机舱容积是由机舱的长、宽、高共同构成的，而机舱的长、宽、高与舱内机械设备的尺寸以及其在舱内合理安排所必需的位置有关。因此，应按照机械设备的实际需要来确定机舱的长、宽、高，然后定出机舱的容积。

在船舶方案设计时，必须初步确定机舱的尺度，这样在布置机械设备时也有了初步的依据。机舱尺寸的初步决定可参考母型船舶的实际数据，结合已知机械设备（尤其是船舶主机）的主要尺度等参数，经过初步计算作图而获得。最后的数值是经过详细计算和权衡利弊之后，才能定下来的。

(1) 机舱长度

机舱长度主要是根据船舶主机的长度和类型决定的。对于采用机桨直接传动方式的推进装置而言，机舱长度主要根据主机长度来确定；如果采用间接传动方式，机舱长度还要考虑传动设备的长度。此外，主机操纵台前的通道要保证一定的距离。

综上，机舱长度与主机长度、螺旋桨数目、机舱部位、船体线型、船体主尺度大小等有关，但主要取决于主机长度。

机舱长度可用式 7-1-1 表达：

$$L_{机舱}=L_1+L_2+L_3+L_{机}+L_{首} \tag{7-1-1}$$

式中，$L_1$ 是距尾舱壁的距离（m）；$L_2$ 是推力轴承（或减速箱）长度（m）；$L_3$ 是安装联轴器所需长度（m）；$L_{机}$ 是主机长度（m）；$L_{首}$ 是距前舱壁的距离（m）。

对多机装置来讲，当辅助机械（如辅发电机组）因机舱宽度不允许在主机两侧沿两舷布置时，这些设备可能布置在主机前方。当然这时机舱长度还须考虑安置这些机械设备所需的长度。

另外，对于尾部机舱，机舱长度不仅要考虑以上因素，还有以下两个因素要加以考虑：

1）要留有把螺旋桨轴向舱内抽出来的轴向距离，从而确定主机机组输出法兰相对于艉尖舱壁的位置。当然，如果船舶的螺旋桨轴是从船外取出，则这个因素可以不考虑。

2）根据船体尾部的结构，决定船舶主机机组允许安装的最靠近尾部的位置。

(2) 机舱宽度

机舱的宽度一般取为船宽，因为机舱两舷的空间有限，利用这部分空间作为货舱是有困难的，并且在一般情况下，机舱的长度按主机的要求做出决定后，不少机械设备就必须设置于主机的两侧，所以这两舷的地方又是动力装置所必需的。有时机械设备在机舱底层两舷的地方布置不下时，还需要在机舱内筑起一层或二层平台加以安排。

所以机舱宽度取为船宽，往往是动力装置本身的要求，尾部机舱的布置更是如此。

机舱宽度可用式 7-1-2 表示：

$$B_{机舱}=2B_{边}+KB_{机}+(K-1)B_{间} \tag{7-1-2}$$

式中，$B_{边}$是主机到侧壁的距离（m）；$B_{机}$是主机宽度（m）；$K$ 是主机台数；$B_{间}$是主机间的距离（m）。

（3）机舱高度

机舱高度一般取决于舱内大型设备本身的高度，特别是主机高度及其正常运行、维修等所必需的高度。首先要保证主机及发电用柴油机在修理时能顺利地进行向上起吊活塞等工作。此外，还需满足动力装置进行大修时能顺利地将需要在船外修理及更换的机械设备吊出船外。

机舱的高度在主甲板以下往往是一样的，而在主甲板以上常常是上层建筑，布置一些供船员生活用的舱室。这样，自甲板以上，机舱的长度和宽度都减少而形成直通大气的机舱棚通道。通道的大小依船舶的性质、吨位而定，中、小型船舶常利用机舱棚作为吊放主机的通道，因此其长度和宽度必须略大于主机外形极限尺寸；大型船舶由于主机过于庞大或小型船的甲板面积不允许有很大的机舱开口，此时机舱棚仅供通风和透光用。

## 7.2　设备布置的原则及要求

机舱设备布置的原则要求主要体现为：

（1）必须保证整个动力装置能够可靠而持续工作，保证船舶在各种海况和工况下安全航行，如倾斜与摇摆。

整个动力装置在船舶横倾 15°、横摇 22.5°、纵倾 5°以及纵摇 7.5°条件下能正常工作。在船舶上，有些设备对放置位置有一定的要求，否则不能正常工作。例如，主机冷却系统中的海水泵必须布置在船舶最小吃水线以下一定距离，以保证海水泵在任何时候都能够顺利吸水；又如，通海阀要布置在水线以下足够低的位置，以保证在船舶最小吃水或发生横摇时，海水的吸入不致中断。再如，应急发电机组一般应设在机舱以外的上层甲板，以备万一机舱进水时，仍能正常工作。

（2）平衡分布，重心在中线面附近，并尽量低。

机械设备重量分布对船舶平衡的影响通常是以设备的重量和重心位置来衡量的。在整个机舱布置完毕后应求出整个动力装置的重心并检查是否达到平衡，必要时要做若干调整。

动力装置总重量重心位置的计算可按下述方法进行：

（1）对于各种设备，特别是主机等重量较大的大型设备，首先计算出其重量和重心位置。在进行初步机舱布置且缺乏足够资料的前提下，可以用统计方法进行近似估算。

（2）当已知各机械设备的重量和重心位置时，则可按表 7-1 计算动力装置重心和总重量。

**表 7-1 动力装置重心计算表**

| 序号 | 设备项目 | 重量 $G$(t) | 与横中剖面的距离 $A$ (m) | 对于横中剖面的力矩 $M_1=GA$ (t·m) | 与纵中剖面的距离 $B$ (m) | 对于纵中剖面的力矩 $M_2=GB$ (t·m) | 与主水线平面的距离 $C$(m) | 对于通过主水线平面的力矩 $M_3=GC$ (t·m) |
|---|---|---|---|---|---|---|---|---|
| 1 | | | | | | | | |
| 2 | | | | | | | | |
| … | …… | | | | | | | |
| … | …… | | | | | | | |
| | | $\Sigma G$ | | $\Sigma M_1$ | | $\Sigma M_2$ | | $\Sigma M_3$ |

填入表 7-1 的动力装置的各个部件的距离应具有相应的符号，其规定是：当所布置的机械设备的位置离开横中剖面而处于船尾方向时，均取为正号，反之为负，如图 7-1(a)所示。

同理，各部件凡是离纵中剖面而处于右舷者，其到纵中剖面的距离均取为正号；反之取为负值，如图 7-1(b)所示。

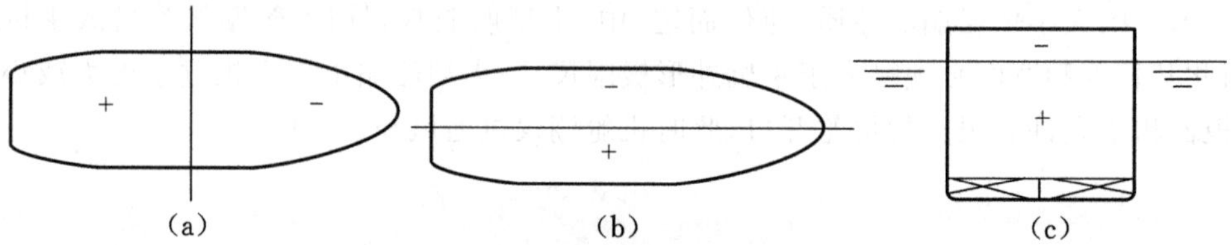


**图 7-1 符号的规定**

完成以上计算后，则可求得动力装置的总重量和重心位置。

动力装置的重心至横中剖面的距离为：

$$L_1=\frac{\sum M_1}{\sum G} \tag{7-2-1}$$

式中，$\sum M_1$ 是各动力装置到横中剖面的力矩和；$\sum G$ 是动力装置的总重量。

$L_1$ 值的大小是根据机舱的位置决定的，尾部机舱值大一些，但对于中部机舱，一般也不允许出现负值。

动力装置的重心至纵中剖面的距离为：

$$L_2=\frac{\sum M_2}{\sum G} \tag{7-2-2}$$

式中，$\sum M_2$ 是各动力装置到纵中剖面的力矩和。

对于 $L_2$ 的值，最理想状态为零，即各机械设备对船舶的纵中剖面保持平衡。

动力装置的重心至主水线面的距离为：

$$L_3=\frac{\sum M_3}{\sum G} \tag{7-2-3}$$

式中，$\sum M_3$ 是各动力装置到主水线面的力矩和。

$L_3$ 应尽可能大一些，以求船舶具有较好的稳性。

(3) 各机械设备按功能分区集中布置，既满足各设备相互之间的功能联系要求，又发挥出自身的功能。

对于机械设备的相对位置及这些设备安装位置的有关规定，在一些设计资料中均有推荐，列举如表 7-2 所示。需要说明的是，这些数字只是基本要求，在实际应用中，尚需依据船舶的实际情况确定。

**表 7-2　机械设备的安装布置**

| 序号 | 项目 | 海船(mm) | 内河船舶(mm) |
| --- | --- | --- | --- |
| 1 | 主机外部凸出部分与隔壁或辅机间最小距离 | 700 | 600 |
| 2 | 两台主机间最小距离 | 1200 | 1000 |
| 3 | 主机操纵台前通道的最小间距 | 1200 | 1000 |
| 4 | 辅机与辅机或辅机与隔舱壁之间的最小距离 | 700 | 500 |
| 5 | 花铁板与平台及平台与平台之间的最小距离 | 1850 | 1700 |
| 6 | 配电板的最大高度 | 2000 | |
| 7 | 总配电板前走道最小宽度 | 800($L<3$ m)<br>1000($L>3$ m)<br>$L$——配电板长度 | 600 |
| 8 | 总配电板后走道最小宽度 | 600(1.2 m$<L<$3 m)<br>800($L>3$ m) | 450(1.2 m$<L<$3 m)<br>600($L>3$ m) |
| 9 | 轴隧中轴或轴承最凸出部分与纵壁之间最小通道 | | 500 |
| 10 | 主要通道扶梯斜度 | 不小于 30° | 不小于 30°<br>小船不小于 15° |
| 11 | 主要通道扶梯宽度及阶梯宽度 | 不小于 600×100 | 不小于 600×100 |
| 12 | 平台与格栅杆的最低高度 | 900 | 800 |
| 13 | 花铁板每块最大重量 | 25 kg | |

(4) 为便于操作、管理、维护与维修，要合理考虑人员通道和各设备的维修空间。一切机械设备在使用过程中都要进行操纵、检测和维修，以保持其良好的技术状态，因此在布置时，设备周围必须留有足够的活动地方，以便进行上述各项工作。

(5) 应充分考虑各种安全措施，满足船级社规范及有关国际公约、规则、法规等的要求，尤其要考虑轮机人员的生命安全。

(6) 尽可能减小机舱容积，以增加船舶的装载容积，减少造船成本。

# 7.3　机舱规划的方法与步骤

## 7.3.1　机舱规划基本方法

随着信息技术的迅猛发展，数字化造船时代已经来临。数字化造船就是借助于计算机软件平台,以造船过程的知识融合为基础、以数字化建模仿真与优化为特征,将信息技术全面应用于船舶的产品开发、设计、制造、管理的全过程,最终达到快速设计、快速建造、快速检测、快速响应和快速重组的目的。

(1) 初步布局

机舱规划布置的时候,首先需要将设计重点集中在对布置影响较大的机械设备上,如主机和传动设备、操纵台、发电机组、锅炉等。因为这些机械设备不仅在动力装置中占很重要地位,而且所占面积和容积均较大、所占机舱位置又相对重要,对整个机舱起举足轻重的作用。

(2) 机舱分层规划

船舶机舱一般采用分层规划,与船体基本结构和典型横剖面结构设计规划协调一致,尽量做到一次确定,避免后期重大设计变更导致大量人力和时间的重复投入。规划时至少应充分考虑以下因素:

1) 预期或要求的净空高度。

2) 设备(特别是大尺寸设备)布置与安装。

3) 甲板下大尺寸横梁和纵桁的高度。

4) 结构风管、甲板下风管和主干电缆的布置。

5) 甲板下管子之间及其与电缆等的交叉穿越。

6) 管路大致走向,特别是设备间管路等。

以大中型船舶为例:

一般按系统功能相对集中的原则对各平台进行分区规划,布置机械设备与管系,设置各功能舱室与通道。

在机舱底部布置主机、齿轮箱、为主机服务的泵和热交换器、货油泵电动机(或柴油机)及各类水泵后,一般没有多余的空间布置大型设备。所以,发电机组等大型设备布置在机舱第一层平台和第二层平台。

燃油锅炉较高,在两层甲板之间一般难以布置,所以,将其安装在机舱第二层平台,其上部伸入机舱棚内。废气锅炉随主机排气管安装在机舱棚内尽量低的高度。

(3) 机舱功能舱室划分

大中型船舶,机舱一般包括如下功能舱室:

1) 机舱集控室。

2) 机修间。

3) 电工间。

4) 备件间。

5) 分油机间。

6) 发电机室。

7) 卫生间。

8) 泡沫消防或干粉消防间。

(4) 机舱内部液舱(柜)规划

大中型船舶,机舱一般包括如下液舱(柜):

1) 燃油舱,含重油、轻柴油、低硫油。

2) 燃油沉淀舱(柜)。

3) 燃油日用舱(柜)。

4）燃油溢油舱。

5）滑油储存舱、循环舱、污滑油舱。

6）海水阀箱及海水总管。

7）残油(油泥、油渣)舱。

8）必要时，舱底水舱。

（5）机舱脱险通道规划

1）工作通道。

2）逃生通道。

3）门。

4）甲板或平台格栅开口。

5）斜梯。

6）栏杆、扶手。

（6）机舱设备布置

1）从大到小。

2）按功能分区。

3）紧密联系设备相邻。

4）主操作面和仪表朝向通道。

（7）符合性审核与调整

符合性审核至少包括：

1）已确认的设计原则和基本要求是否已满足。

2）设计过程中补充的设计原则和基本要求、新近生效的公约、规则、法规、规范等要求是否能够满足。

3）相关专业设计过程中的变更是否已得到修订。

4）设计任务书或设计合同有无文件化的修订。

设计者本人对已经完成的机舱布置设计是否有进一步的优化或变更要求，如有，则就这些优化或变更与所涉及的相关专业人员协商制定调整措施。

### 7.3.2　机舱规划流程

（1）主机与传动设备的布置

多机装置，主机之间应留有足够的空间与通道，以便进行操作和维修。

主机在机舱中前后位置，一般应考虑主机后端布置传动设备及推力轴承的需要，并与机舱棚以及其他辅助机械布置等做适当的配合，如主机及主机大型备件均应置于主机起重装置作业的范围内等。另外，尚需考虑在主机后端留有一定的过道以便检修，在主机前端也要留有一定的余地，以满足管理、检修和安置在主机前的机械设备的要求。

主机曲轴中心线的高度是根据双层底或船底结构和花铁板的距离要求、主机油底壳的最下端与船体内底板或肋板的最小距离及主机的本身工作要求等因素决定的。但考虑到应尽量使轴线平行于基线，所以这个高度(包括螺旋桨的高度)还要根据实际情况加以调整。

安装主机减速器、推力轴承、联接法兰等传动设备的地方应留有适当的空间，以便进行定位、安装调试和检修工作，同时管路应尽量避免在此空间通过。

(2) 发电机组及配电板的布置

将其布置在主机操纵位置的同一层平面内,使管理人员能够方便地进行监视和操作。

对于尾部机舱,目前的倾向多为将发电机组布置在机舱平台上主机的后端,但要注意船体结构应采取加强措施。

对于中、小型船舶,常常将发电机组布置在机舱底层,对于多机推进装置的推、拖船,有时将其置于主机前端。

对于配电板的布置,如果船上设有集控室,配电板可布置在值班轮机室的后面或左(右)门,以便监视。为了操作和保养,希望在配电板周围留有必要的空间和距离。

(3) 锅炉的布置

在锅炉周围要留有拆除隔热材料及其外壳的地位,并能方便地对锅炉进行检查、清灰及修理。

锅炉的各附件周围必须有足够的操作和修理的空间,其水位表应安置在燃烧装置前易见部位。

锅炉必须安装在甲板或肋板上的坚固的锅炉平台上。

锅炉及其烟道的布置,务必使发生火灾的危险性最小。

废气锅炉的安装高度往往是根据主机的排气集合管(或废气涡轮)至废气锅炉的相互位置来决定的,应该尽量减少气流损失。

废气锅炉应安置在加固的平台上或甲板上。为了修理加热管,布置时还应留出充分的空间以保证抽出管道。

(4) 辅助机械设备的布置

相互关联或互为备用的辅助机械,应尽量靠近,并考虑合理分布,以便管理、交替使用和调节,同时应顾及管路的布置及安装方便,按不同系统和流体进行分区布置。

辅助机械尽可能沿机舱周围布置,辅机与主机、辅机与辅机之间均要考虑留出一定的间距,以便管理维修。

较大的辅助机械设备应先布置;有向上连接管道的机械如消防泵等,应尽可能布置在船的两舷,使管道沿舷侧边向上;对于可能引起火灾和妨碍清洁的辅机,应该设在单独的舱室内。

需要保证具有一定压头的容器和箱柜,应布置在适当的高度处,因此要设法高置。而输送液体的泵,为了保证可靠的吸入,则宜尽量低置,特别是离心式泵必须考虑这一问题。

对于电动机、起动器等电气设备,为了防止吸入水气、油气,应布置在不受高温而又易于通风的地方。如果这些设备上方设有油、水管路,则应在这些设备上装置罩壳或在水、油管上设水漏盘等。

布置那些卧式辅助机械如空压机、泵、通风机等机械设备时,原则上是将其驱动轴沿船舶纵向排列,并尽可能使其轴线水平布置,以防由于船舶横摇时,由于回转效应的影响,会使机械设备产生额外轴承负荷,而使机械运转产生困难或故障。但对于小功率的辅机,根据实际布置条件,亦可按左右舷方向布置排列。在尾机型船或小型船舶中,由于条件限制,在水平方向可以略有斜度。

与通海阀相连的海底门位置,应布置在舱底水、油渣柜、锅炉泄放等排出口的相反舷侧。如果有困难,只能布置在同一舷侧时,则应设在前面并尽可能相隔得远一些,以避免排放出的污水重新进入通海阀。

对于吸取海水的离心泵，其叶轮位置应比船的最低吃水线更低，特别是对于自动启停的泵，应布置得尽可能低，以避免船舶摇摆时吸入空气。

在布置各种热交换器时，至少在一端留有拆拉管道的空间，在此空间不能布置其他设备或管路。在特殊情况下，可以装设某些易于拆除的设备和管路。

大型空气瓶相对较重，所以安装处的船体部分应予以加强。一般布置在隔舱壁附近，假如布置有困难，也可以靠近支柱布置。横向布置时在安装支架处的结构要加强。一般希望将空压机和空气瓶作为一个机组，安装在尽量靠近主机操作手轮的地方。布置时可以倾斜或竖直安装，以减少安装面积及便于泄放瓶中残水。

各种水舱、油舱一般应设在双层底内，若无双层底，也应设在机舱下部。各种油柜的布置应有一定的高度，并宜与船体结构做在一起。主机、辅机的日用油柜、膨胀水箱等，均要设置在高于主机的一定位置上。

(5) 机舱棚、机舱出口及其他构件的布置

机舱上部的开口称为机舱棚。中、小型船舶的主机是通过机舱棚吊入机舱，故机舱棚尺寸应大于主机外形极限尺寸；大型船舶或小型船舶的甲板不允许有很大的机舱开口，机舱棚仅供通风与透光用。此时其有效面积应为机舱底层花铁板总面积的 1/8—1/6。若日用油柜或废气锅炉也设置在机舱棚中，其尺寸应适当增加。

机、炉舱至少应各有 1 个通向干舷甲板或舱壁甲板的出入口，两个出入口的布置应尽可能互相远离，并出入方便。

机器处所内具有高度危险性的部件，如旋转部件、高温部件等，应有防护措施或隔离。

安全设备(应急发电机、应急消防泵等)在船舶姿态发生一定变化时能正常工作。

每一机器处所应至少设置两类脱险通道，其中一类可以视作船员的“工作通道”，出入口应有通向机、炉舱花铁板的金属梯道，梯子与花铁板的倾角应不大于 60°，且在其底部安装有钢质护板。另一类可以视作船员的“逃生通道”，钢梯(可为直梯)应位于满足完全封闭的紧急脱险围井要求的受保护范围内，必须从底层向上通到机器处所以外的安全位置。

### 7.3.3　机舱布置图形成

机舱各种设备的规划(含计算及选型)考虑成熟之后，即可根据考虑的机舱大小绘制机舱设备布置图，包括机舱平面图、纵剖图和横剖图等。

绘制机舱设备布置图的总原则是：这些布置图能够说明各个设备的垂直坐标和垂直方向的相对位置、纵向坐标位置和纵向相对位置、横向坐标位置和横向相对位置。根据这个原则，机舱平面布置图应包括各层平台平面图(主要反映各设备的纵向、横向的坐标位置)。纵、横向剖面图一般根据机舱内设备密集处选取，通常需要数张类似的剖面图，并且在这些剖面图上注明剖面位置。

## 7.4　机舱布置实例

以某海洋多用途工作船为例，分析其机舱规划方案，机舱底层平面图、纵向剖视图、横向剖视图分别如图 7-2～7-4 所示。

该船主要用于基地到海上平台间的燃油、淡水、钻井水、钻井器材以及生活用品的运输，

并且能够对外进行消防等作业，也可以为海上平台值班守护和为海洋工程施工船舶提供供应服务。其动力来源于两台中速、四冲程、直列、水冷、直接喷射、废气涡轮增压船用柴油机，左、右各一台。其最大持续功率(MCR)为2460 kW，转速1000 r/min。主机的自由端通过增速齿轮箱各驱动一台对外消防泵和一台轴带发电机。另设两台柴油发电机组，一台应急发电机组。设置燃油/电热水锅炉一台，供应全船工作和生活所需之热水。外消防泵、对外供应淡水泵及对外供应钻井水泵一台。

机舱中主要通道的宽度×高度至少为600×1850 mm。主机转速和可调桨螺距采用跟踪操纵系统，在驾驶室和集控室控制。使可调桨螺距随主机转速变化而变化，通常，除轴发投运工作外，跟踪操纵方式应优先选用。

本船机舱机械设备尽可能按系统分区、集群的原则布置，并考虑到安装、维修保养方便，尽量采用单元组装化。机舱位于＃33～＃68肋位，属中机型机舱，型深6.3 m，型宽14 m，长21 m。在机舱前、后各设置一个局部平台，机舱底层设双层底舱，距基线1.0 m。底层铺设花铝板，在＃33～＃54之间距内底板800 mm，在＃54～＃68之间距内底板600 mm。

机舱底层左右舷设主机各一台，主机为CATC28-8TIER4，功率2460 kW，转速1000 r/min，主机后部通过齿轮箱驱动轴带发电机和轴系，前部通过增速齿轮箱驱动对外消防泵。机舱前中部设两台发电机组，机组功率354 kW，在主机两侧按系统设置滑油冷却器、滑油备用泵、燃油供给备用泵、高温水备用泵、高温水冷却器、缸套水预热单元等为主机服务的备用系统，两台主机当中设有三台低温水泵，两台中央冷却器及三台海水泵。在＃33和＃36左右舷分别设置高、低位海底门，其通过海水管与海水箱相连。在海水箱附近设置舱底泵，消防泵，对外供钻井水及对外供淡水泵。

机舱首部左舷设热水锅炉及其附属设备和甲板机械液压单元，首部右舷设压力水柜及泵、分油机等。首部当中设置对外供油泵、油柜等。机舱后部平台设置主空压机，空气瓶等设备。机舱前部平台设集控室，集控室两侧为机舱烟囱开口，烟囱内设置高温水膨胀水箱及低温水膨胀水箱，主机火星熄灭式消声器等设备。尾管重力油柜置于首楼甲板的救助艇液压泵站室内。

图7-2～7-4中主要机械设备如下：

1—主机；2—增、减速齿轮箱；3—轴带发电机；4—柴油发电机组；5—高弹性联轴器；6—增速齿轮箱；7—船用对外消防泵组；8—主海水泵；9—低温淡水泵；10—低温淡水冷却器；11—锚链舱喷射泵；12—滑油手摇泵；13—空气压缩机；14—齿轮箱滑油备用泵；15—控制空气瓶；16—燃油备用供给泵；17—CPP伺服油备用泵；18—高温淡水冷却器；19—主机滑油备用泵；20—主机高温水备用泵；21—通海阀；22—海水滤器；23—蜡阀；24—卫生水泵；25—卫生水压力水柜；26—饮水处理装置；27—淡水泵；28—主机火星熄灭器消声器；29—对外供油泵；30—油渣泵；31—舱底总用泵；32—消防总用泵；33—对外供淡水泵；34—对外供钻井水泵；35—热水锅炉；36—热水锅炉蓄压罐；37—锅炉热水循环泵；38—冷藏冷却水泵；39—空调冷却水泵；40—燃油手摇泵；41—舱底水油水分离器；42—主机滑油自清洗反冲洗滤器；43—缸套水预热装置；44—主机滑油冷却器；45—滑油预热加热泵；46—滑油预加热器；47—尾管滑油手摇泵；48—滑油手摇泵；49—滑油储存柜；50—辅机滑油储存柜；51—手拉葫芦

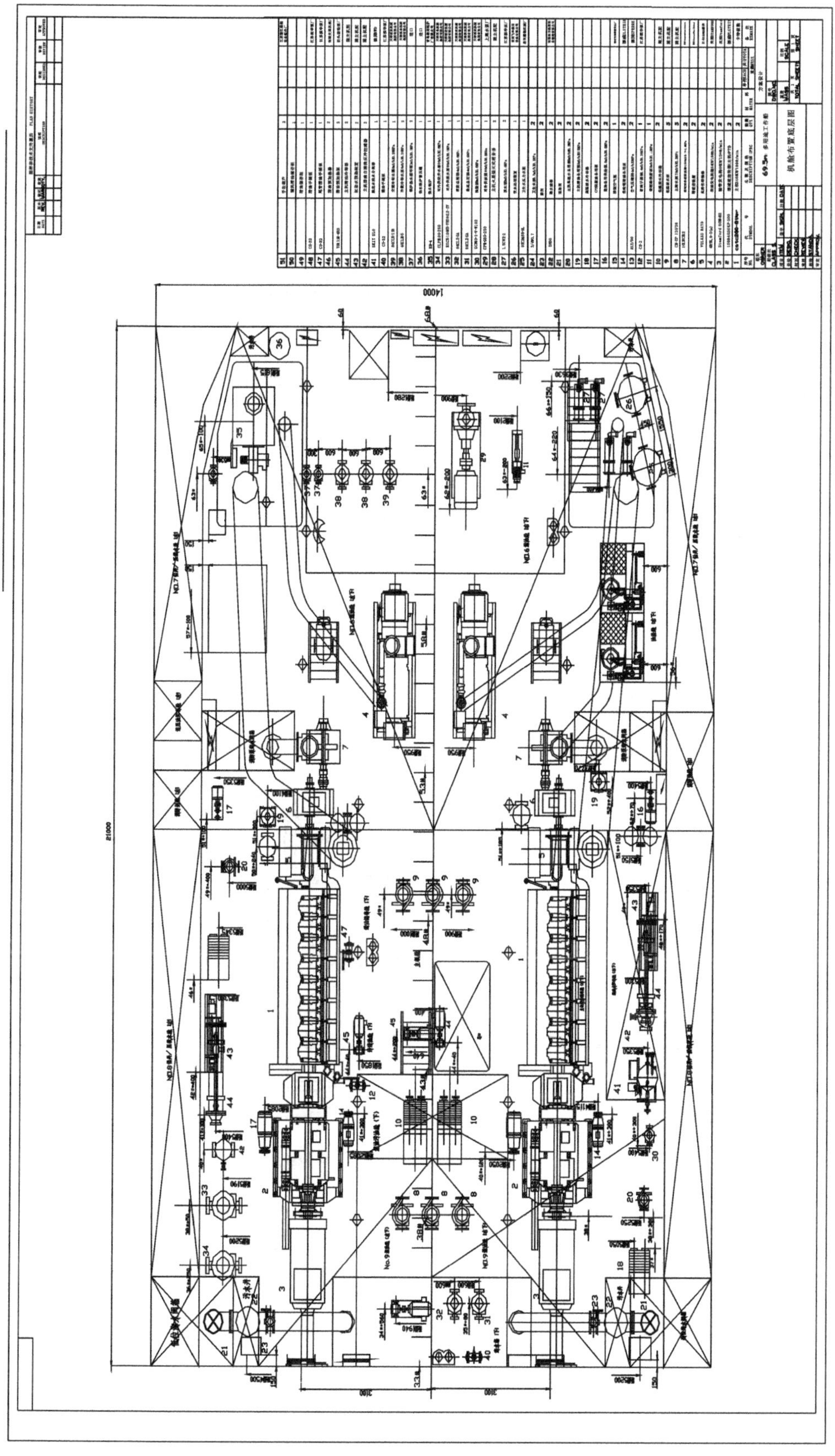

图7-2 某海洋多用途工作船机舱底层平面布置图

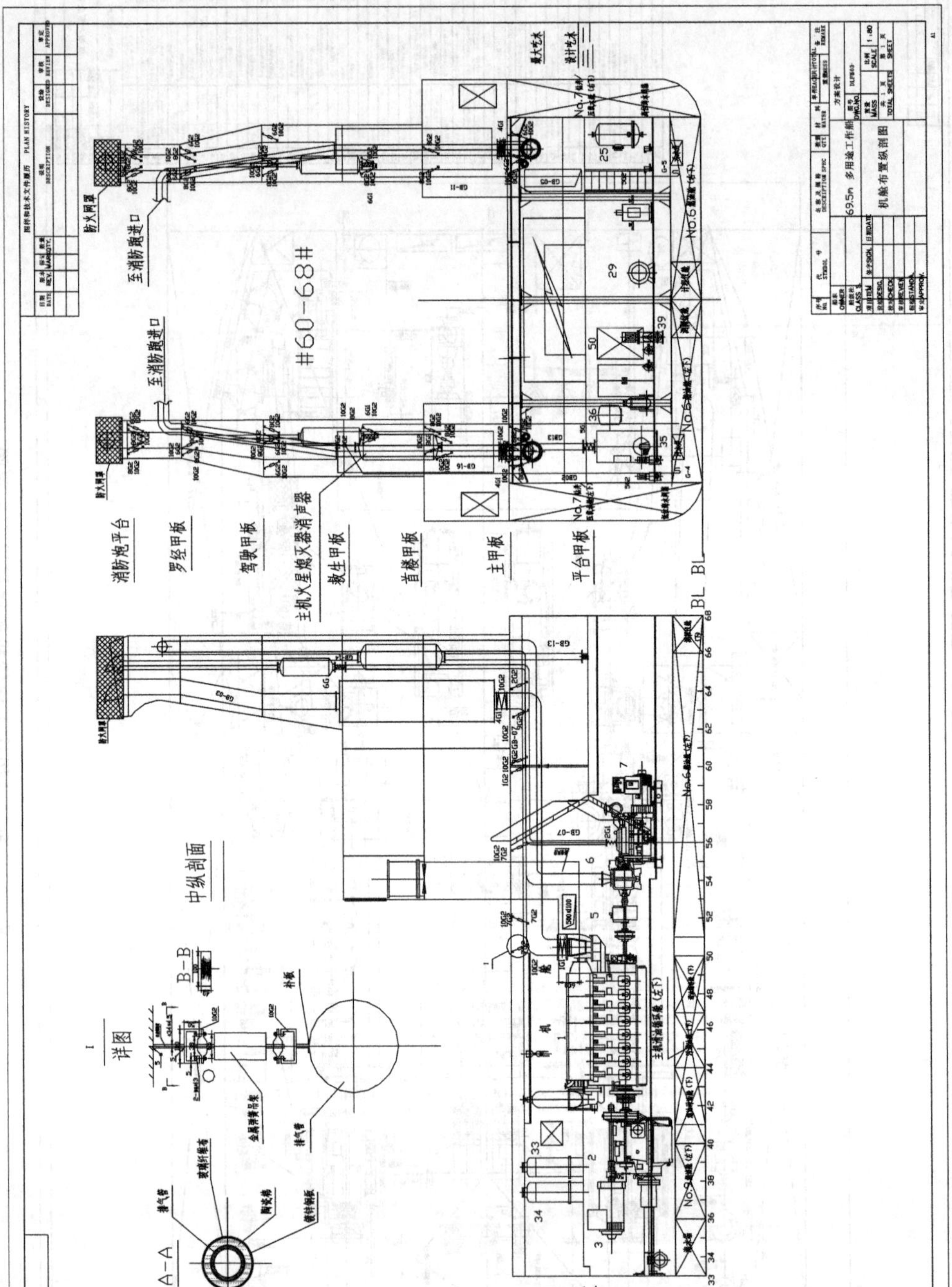


图7-3 某海洋多用途工作船机舱纵向视图

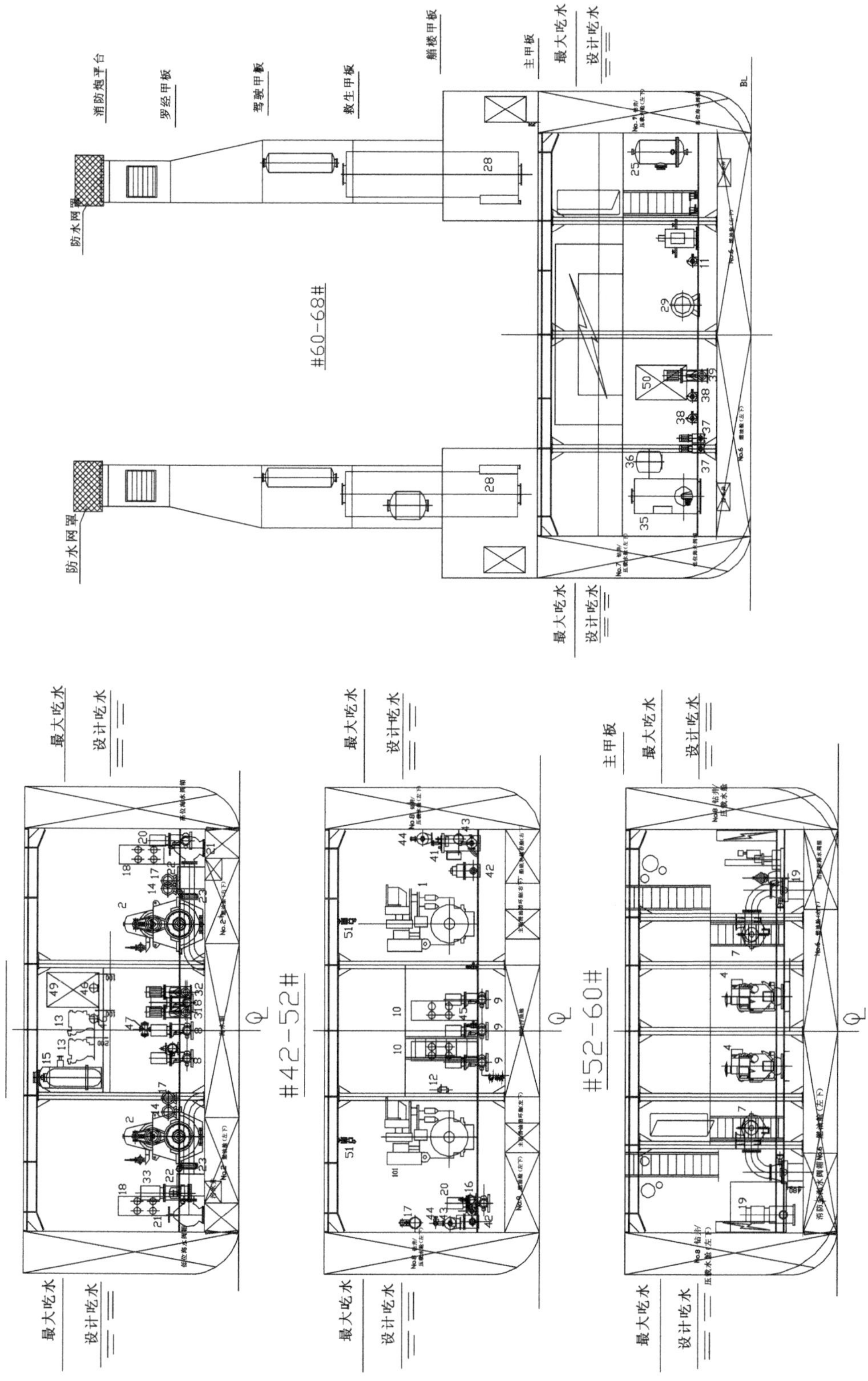


图7-4 某海洋多用途工作船机舱横向视图

# 参 考 文 献


[1] 中国船舶工业集团公司，中国船舶重工集团公司，中国造船工业学会. 船舶设计实用手册轮机分册[M]. 3 版. 北京：国防工业出版社，2013.

[2] 中国船级社. 钢质海船入级规范[M]. 北京：人民交通出版社，2023.

[3] 程国瑞. 船舶动力装置原理 [M]. 北京：人民交通出版社，2001.

[4] 张乐天. 民用船舶动力装置 [M]. 北京：人民交通出版社，1987.

[5] 轮机工程手册编委会. 轮机工程手册 [M]. 北京：人民交通出版社，1994.

[6] 中国船级社. 钢质内河船舶建造规范 [M]. 北京：人民交通出版社，2016.

[7] 严新平，徐立，袁成清. 船舶清洁能源技术[M]. 2 版. 北京：国防工业出版社，2015.